古典文獻研究輯刊

六 編

潘美月・杜潔祥 主編

第1冊

六 編 總 目

吳騫及其拜經樓藏書研究

闕曉雲 著

國家圖書館出版品預行編目資料

吳騫及其拜經樓藏書研究／闕曉雲 著—初版—台北縣永和市：
花木蘭文化出版社，2008〔民97〕

目 4+158 面；19×26 公分
（古典文獻研究輯刊 六編：第 1 冊）

ISBN：978-986-6831-997（精裝）
1.（清）吳騫 2.學術思想 3.藏書家 4.私家藏書 5.私藏目錄

029.77   97000805

ISBN - 978-986-6831-99-7

9 789866 831997

古典文獻研究輯刊

六 編 第 一 冊   ISBN：978-986-6831-997

吳騫及其拜經樓藏書研究

作　　者　闕曉雲
主　　編　潘美月　杜潔祥
企劃出版　北京大學文化資源研究中心
出　　版　花木蘭文化出版社
發 行 所　花木蘭文化出版社
發 行 人　高小娟
聯絡地址　台北縣永和市中正路五九五號七樓之三
　　　　　電話：02-2923-1455／傳眞：02-2923-1452
電子信箱　sut81518@ms59.hinet.net
初　　版　2008 年 3 月
定　　價　六編 30 冊（精裝）新台幣 46,500 元

六編總目

編輯部　著

《古典文獻研究輯刊》六編　書目

《六編》各書作者簡介‧提要‧目錄

第一冊　吳騫及其拜經樓藏書研究

作者簡介

　　闕曉雲，民國五十九年生，臺北市人。私立輔仁大學中國文學系學士班、國立臺北大學古典文獻學研究所碩士班畢業。在校期間曾獲得國立臺北大學金鳶服務獎、品學兼優獎。教學經驗多年，曾任私立樹人家商、國立華僑高中的國文科教師。

提　要

　　吳騫（1733-1813）是清代乾嘉時期著名的藏書家之一，他不僅在藏書數量上有一定規模，而且更注重藏書的品質。當時黃丕烈嘗命其室「百宋一廛」，吳騫即自題其居「千元十駕」，因而成為中國藏書史上傳頌百年之佳話。

　　本論文共分為八章，首章「緒論」，首先對於研究動機、研究目的與方法、前人研究成果之檢討作一必要的說明與探討。次章則為「吳騫之家世與生平」，旨在考論吳氏家世與吳騫生平的情況。

　　第三章為「吳騫之著述與《拜經樓叢書》之輯刊」，先就吳騫之著述作分類，再針對其著作之自序或其內容作探討；並專就現存所輯刊的《拜經樓叢書》作說明。第四章為「吳騫之交遊」，說明吳騫與浙江、江蘇藏書家及學者之交遊狀況。第五章為「吳騫之拜經樓藏書」，詳述拜經樓藏書之緣起與散佚、徵訪圖書之方法及其藏書特色。第六章為「拜經樓藏書之現況」，以吳騫與拜經樓藏書印作為檢索條件，綜理出約 109 部現存吳氏藏書的流向，以經史子集四部內容分作四節，再分別依館藏地及見載於《藏園群書經眼錄》者、見載於《嘉業堂藏書志》者，列表敘述其書名、卷數、版本、版本簡述、藏書印摘錄等事項，並有筆者的備註說明。第七章為「吳

騫藏書題跋之分析」，專就《愚谷文存》與《拜經樓藏書題跋記》中吳騫所撰之藏書題跋，依目錄學、版本學、校勘學角度，一究吳騫所撰藏書題跋之義例。第八章爲「結論」，即就吳騫的學術成就與貢獻，作整體性的總結與闡述。

目 次

第二冊　孫從添《藏書記要》研究

作者簡介

張家榮，1979 年生，臺灣屏東人。淡江大學中國文學學系（2002），臺北大學古典文獻學研究所碩士（2006）。研究領域為古代藏書理論、古典文獻學、數位圖書館。現任職於中央研究院歷史語言研究所傅斯年圖書館數位典藏組，主要負責「傅斯年圖書館藏印記資料系統」、「傅斯年圖書館藏善本古籍數位典藏系統」之建置與維護。

提　要

常熟——中國歷史上著名的藏書之鄉。眾多藏書家生於斯也長於斯，該地亦逐漸孕育了富有特色的藏書傳統。清初孫從添（1692～1767）身處常熟藏書家之林，亦雪抄露校孜孜收藏，於經驗累積與總結前人理論的條件下，撰寫了《藏書記要》。該書對「購求」、「鑒別」、「鈔錄」、「校讎」、「裝訂」、「編目」、「收藏」與「曝書」等方面皆作了完整的闡述，全面系統地論述圖書管理的理論與技術，成為古代經驗圖書館學理論的集大成之作。

本書共分為八章，首章「導論」，首先對於研究緣起、前人研究成果與研究方法做一必要的說明與檢討。次章則為「孫從添的傳略與著述」，旨在探討孫氏家世生平交遊、學術著述的情況。第三章為「《藏書記要》撰述的時代背景」，專就《藏書記要》成書的時代、學術環境去討論，重點在於該書之所以產生的學術文化背景上。第四章為「《藏書記要》問世前後有關理論傳承的重要著作」，對於該書藏書理論承先啟後的問題做一整體性的梳理。而第五章、第六章與第七章分別為「《藏書記要》藏書建設思想與方法（上）：有關『蒐集』方面」、「《藏書記要》藏書建設思想與方法（中）：有關『整理』方面」與「《藏書記要》藏書建設思想與方法（下）：有關『維護』方面」，則是深入去探討《藏書記要》中關於藏書理論精髓的八則之內容特點，與其各別對古今圖書收藏單位的影響與貢獻。第八章為「結論」，即是就該書在中國圖書文獻學史上的貢獻作一整體性的總結與闡述。

目　次

第三冊　歐陽脩著述考

作者簡介

許秋碧

　　本書為許秋碧老師於生前授權本公司出版。茲為紀念許老師，由本公司編輯部同仁負責校對，收入《古典文獻研究輯刊》第六編。於此謹以本書之出版告慰許老師在天之靈。

提　要

前人著作目錄，有自定者、有他人代撰者。自定之目錄，始於魏之曹植。若晉《稽康集目錄》、宋鄭樵《夾漈書目》一卷，亦是。蓋其時撰述繁富者，每自爲目錄，或附載別集，或單行問世。至他人代撰者，近代於先哲之著作，多所考訂，故「著述考」一類，作者滋多，追本溯源，清王昶《鄭氏書目考》實開其風。

歐陽公天才縱逸，文章道誼，世所宗仰。繼韓柳之後，倡明道宗經之說，天下靡焉從風，儼然宋代文壇之領袖也。其論經史，亦多所發明，影響後世至鉅。有關其人其事之論述，不勝枚舉，惟關於其著作之考述，尚付闕如。然公奮乎百世之上，令百世之下誦其詩、讀其書，而莫不躍然興起者，又舍此而莫由，余雖駑鈍，竊願從事於斯。以公著述浩繁，囿於識見，體例之未備，取材之不周，實所難免。儻承大雅碩彥，有以教我，則幸甚焉。

目　次

兩宋《孟子》著述考

作者簡介

趙國雄，籍貫福建省林森縣，政治大學中國文學碩士，現任基隆崇右技術學院專任講師。曾專研目錄版本學、唐宋詞、宋代學術思想、中國考制史、唐宋地理志，現行專研辛棄疾其人其詞，教學研究則以考查地方文史資料爲主，兼及國文作文教學法研發。

提 要

　　《孟子》一書，北宋初猶與荀揚並列子書，南宋始列入十三經，此間宋人對於《孟子》的態度，多因時代背景與《孟子》書中蘊義之相互激揚，使《孟子》於宋代學術中更形突出，特別是理學家揭櫫《孟子》，以爲接承孔子遺緒，並藉此得窺儒學堂奧，因此注解衍義紛出。加以王安石主新政，改士試以經義，《孟子》亦列科場考試之用，論文之法行於當世，評點筆抹《孟子》之作絃夥。本書旨在考述兩宋有關《孟子》著作之初步面貌，期能藉此辨章兩宋各學派研究孟子之流源本末，並可由各家討論《孟子》仁義、心性、王霸等問題，得以探尋宋代理學之一端。

　　全書分現存書目考述、亡佚書目考述二大單元，約十萬言，大旨如下：

　　一、現存書目考述：不予分類，惟以作者時代先後排列，就作者、宗旨、內容、評述、版本（著錄）分項敘述，期能便於學者尋檢。

　　二、亡佚書目考述：分可輯佚書目及不可輯佚書目二類。可輯佚者，則於後人著作中搜羅，以補闕失，並予評述。其不可輯佚者，則查考文集、墓誌銘、史志、方志等資料，詳其作者，探其《孟子》著述旨趣，以見其書之大概。惟里氏生平不可考，又無文集留存，後人亦未述及者，則列目以存，俾爲參考。

目 次

第四冊　宋刊劉禹錫文集版本研究

作者簡介

　　劉衛林　1958 年生，廣東東莞人。1988 年畢業於香港中文大學，獲哲學碩士學位。2000 年畢業於香港大學，獲哲學博士學位。專攻版本文獻學及唐宋詩學理論。現任教於香港城市大學，並任新亞研究所兼任助理教授，及國立中山大學清代學術研究中心研究員，香港政府康樂及文化事務署中文評審顧問。先後發表學術論文四十餘篇。主要著作有：《香港所藏古籍書目》（合編）、《詩學概說》、《詞學概說》等。

提　要

　　本書先後論述現藏國立故宮博物院、北京圖書館及日本天理圖書館三種宋刊劉禹錫文集之版本問題。首章敘錄劉集傳世各種版本，考述自中唐以後各本之輯集傳承，及宋明以來文集之散佚，與後人裒輯遺文爲外集之經過。其後三章分別自公私著錄、圖經所載、刻工年代、避諱闕筆，又先後考諸同一版式之十八種宋刊唐人文集、九行本宋刊南北朝七史，與董弅、陸游於嚴州所刻各集之版本，並參照明清以來鈔刻諸本，考見北京圖書館所藏宋刊殘本《劉夢得文集》，並非著錄諸家所稱之北宋蜀刊或南宋蜀刻，而實爲刊於徽宗宣和年間之建安刻本。又證明天理圖書館所藏宋刊本《劉夢得文集》，既非王國維所稱之陸游嚴州刊本，亦非傅增湘等所稱之紹興蜀刻，而實爲南宋孝宗至光宗年間之浙刊本。復推定故宮博物院所藏宋刊本《劉賓客文集》爲高宗紹興末年杭州刻本，而非前人以董弅題識所定之紹興八年嚴州舊刊。宋刊劉集諸本之刊刻時地既得確考，第五章則更自書名因革、編次差異與文字分歧，先後考論三種宋刊本於版本上之異同，證明三者版本源出雖非一致，然而各本之間實曾參考互校。最後一章自卷帙之存佚、剖劂之先後及校刊之精粗，比較三種宋刊劉集之版本優劣，並以明清諸本校勘比對，證明宋刊劉集有助明清諸本刊謬糾誤，是正訛舛，不獨對後世校補劉禹錫文集至具貢獻，且於版本學上價值至鉅。

目　次

第五冊　敘事與解釋——《左傳》經解研究

作者簡介

　　張素卿，民國 52 年生，臺北市人。國立臺灣大學中國文學研究所博士，本書即其博士論文。現任國立臺灣大學中國文學系教授，曾開設「國學導讀」、「先秦敘事文選讀」及「史記」等課程。研究領域以經學為主，尤致力於《左傳》，著有《左傳稱詩研究》、《清代漢學與左傳學——從古義到新疏的脈絡》等專書，以及〈春秋「見之於行事」在中國思想傳統裡的意義〉、〈左傳戰爭敘事蠡探〉、〈從左傳敘事論中國史傳研究的一個發展方向〉、〈國語的「語」：形式與內容——從評析「祭公謀父諫征犬戎」出發〉與〈「評點」的解釋類型——從儒者標抹讀經到經書評點的側面考察〉等論文二十餘篇。

提　要

　　本書旨在論述《左傳》以敘事解釋《春秋》的經解意義，〈緒論〉先梳理篇題涵義，正論復就「解釋」、「敘事」、「經解」與「正名」四大主題，逐次深入論述。首先，分析《左傳》解經的層面與方式，說明《左傳》不僅以凡例、書法諸稱、「君子曰」、「仲尼曰」等「論說經義」，尤以「敘事解經」見長，兼用兩種解經方式，而涉及釋「文」、述「事」與詮「義」三個解釋層面。其次，「敘事」原始而要終，在依時間序列組構的一連串行事中呈現事理的本末，這是表現思想的一種方式，且《左

傳》之敘事解經，正應合《春秋》「見之於行事」的特點。再則，《左傳》敘事實傳承「屬辭比事」之教，於是「依經以編年」、「詳述其本末」，而且「言與事相兼」，俾供讀者「本其事而原其志」，判斷其是非。然後，復以孔子「正名」與《春秋》褒貶之關聯爲中心，說明《左傳》釋義的指向，及其如何闡發孔子之「正名」思想。〈結論〉綜結《左傳》敘事解經的意義。唯其《春秋》之「義」乃「見之於行事」，那麼，解釋這部經典，尋其「文」以通其「義」，應當以詮明其「事」爲基本要務。所謂「敘事有主意」，《左傳》敘事以釋義之宗主，正是解釋《春秋》。

目　次

第六冊　王質《詩總聞》研究

作者簡介

　　陳昀昀，東海大學中國文學研究所碩士班畢業，著有《王質詩總聞研究》、《實用應用文》（合著）；〈王質詩總聞簡介〉、〈王質詩總聞探微（一）（二）〉、〈民間文學的奇葩──台語褒歌初探〉等。

　　曾任教於台南家專共同科、台南女子技術學院通識教育中心，兼任出版組組長；現任教於台南科技大學通識教育中心，教授「本國語文」、「文學欣賞」、「飲食與文學」、「旅行文學」；「旅行文學」課程規劃獲選為「教育部顧問室九十六年度第一學期優質通識教育課程」。

提　要

　　王質有關《詩經》的著述，雖僅有《詩總聞》一書，卻是畢生精力貫注之作。其說《詩》廢序，不循舊傳，別出新裁，懸解頗多，在「詩經學」上的地位與影響，可比肩朱子，但因書較晚付梓，而在朱子學鼎盛的籠罩下，長期沉寂。余獲讀此書，慨念前賢學問湮沒，有感於此，而有本文的撰寫。

　　本論文七章，大要分為生平、著述及論學三類。讀其書，不可不知其人，故先之以作者生平。由於有關資料很少，且多抄襲《宋史》本傳，對其言行略作記載，無法詳探其生平世系，僅能撰此簡單傳略。

　　研討先儒學術，必先考其著作，故次之以《詩總聞》撰著經過與體例的探討。

　　論學則先就《詩總聞》本身，探討王質「詩經學」的詳細內容；再從宋代經學風氣對其廢序的影響、與《朱傳》的異同比較等，作多方面的探研，歸結出「因人情求意」與「以賦體直解」兩點特色。

　　最後，透過對王質《詩總聞》的整體性研究，嘗試評定其學術價值，並給予在

「詩經學」史上應有的地位。

目 次

《春秋公羊傳》稱謂例釋

作者簡介

　　成　玲　國立臺灣師範大學國文博士。碩士班從周師一田習春秋學，著有《春秋公羊傳稱謂釋例》；博士班從陳師伯元習聲韻學，著有《姚文田生平及其古音學研究》一書。現任職於國立臺北大學中國文學系，授有語言學、聲韻學、訓詁學、經學概論等課程。

提　要

　　孔子據魯史舊文修作《春秋》一經，寓以褒貶捐諱之筆、是非善惡之論，其中尤重於辨名理物，故《莊子‧天下篇》云：「《春秋》以道名分。」是篇論文以《公羊傳》所闡釋的稱謂例爲研究主題，各依周室、諸侯、女子、公卿大夫等身份爲經，以其見書於史策之事件爲緯，比類合觀，參酌《公羊傳》釋義之說，可起事同辭異之端，互發經文筆削之蘊義。

　　諸侯稱謂例，以《公羊傳》七等爵例，並論諸侯朝覲會盟之事，昭示君臣上下倫秩，若犯王命專權自是者，或貶稱子或貶稱州國等名，皆所以觀《春秋》尊王一統之大義。

　　女子稱謂例，見諸史書之事類，以婚喪大禮爲正，非此二者，經文多於稱謂變文筆削，以暢《春秋》謹名正份之義。

　　君室公族及大夫稱謂，禮樂征伐自大夫陪臣出，由非議大夫稱謂之筆，可知孔子藉《春秋》以存親親、尊尊宗法倫理之序。

目　次

第七冊　葉夢得《春秋傳》研究

作者簡介

　　姜義泰，生於 1975 年 10 月 30 日。曾就學於建國中學、台灣大學中文系、中興中文研究所。目前就讀於台灣大學中文博士班。學術專業領域在宋代《春秋》學、《春秋》三傳研究等領域。目前已發表〈論〈關雎〉之「亂」〉（《孔孟學報》第八十一期 2003 年 9 月）、〈從《韓非子·解老》看韓非對老子思想的改造〉（《第四屆多元語言、文學與思想國際學術研討會成果專輯》，台北市立教育大學應用文學研究所主辦，2005 年 11 月）等文章。

提　要

　　本篇論文的研究目的，在於根據葉氏《春秋傳》的內容，對葉氏《春秋》學理論進行初步的論述，並對《春秋》學中存在已久的重要問題予以進一步的反省思考。

　　本文共分六章：

　　第一章是緒論，旨在說明本文的研究目的與研究範圍，並約略引述本文希望討論的各種問題。

　　第二章除約略交代葉氏的生平與著作外，主要討論在葉氏觀點中，《春秋》一書的著作本旨。葉氏以「法天之大數」此一說法，來解釋《春秋》一書斷自隱公的事實，從而塑造孔子具備「代天行法」的神聖使命，並進一步地採用「天王去天」等經例，來貶斥天子。本章企圖在解釋葉氏理論後，對葉氏「法天之大數」這一說法予以理論溯源，進而評價其得失所在。

　　第三章主要論述葉氏對《春秋》一書性質的看法。首先，分析中唐啖、趙學派對於葉氏理論之深入而又普遍的影響。其次，說明葉氏所具有的尊經疑傳懷疑精神，基於尊經前提下對於三《傳》記事的攻擊，以及強調經文所具有的重「義」輕「事」性質。在「《春秋》無闕文」一節中，希望透過比較皮錫瑞、顧棟高兩家意見，來對問題本身進一步地分析。在「闕文」問題上，葉夢得傾向胡安國。顧棟高則主要攻擊胡安國，反對「一字褒貶」，認爲經文中斷闕不全的部分，皆是史料闕文。皮錫瑞則站在今文經家的立場，對顧氏說法提出答辯。因此可由兩家意見，進一步認識葉夢得的「闕文」論。

　　同時，此章仍根據葉氏對三《傳》性質的說明，分析葉氏所提出的《春秋》學研究方法。並詳細地論述「左氏傳事不傳義，是以詳於史而事未必實，以不知經故也。《公羊》、《穀梁》傳義不傳事，是以詳於經而義未必當，以不知史故也」這段意見中，容易讓人誤解的內容涵意。用現代學者的術語來說，希望說明《左傳》只能「以史傳經」而不能「以義傳經」。《公》、《穀》則只能「以義傳經」，不能「以史傳經」。進而連帶地討論葉氏對於當時流行之蘇轍、孫復兩家解經路線的駁斥，以凸顯葉氏在解經路徑上的堅持。

　　第四章則著眼於葉氏的解經特色，希望能詳盡地說明葉氏對於禮制考證、義例辨析的重視。從葉氏的考禮觀念開始，進一步說明葉氏運用古代禮制解釋經文，藉此約略呈現出葉氏在禮制考證上的豐富成果。同時，透過對歸入例等義例之辨析，葉氏展現出批評三《傳》缺失的深刻功力。最後則綜合評論葉氏在解經上的成就所在。

　　第五章主要是討論《春秋》學兩個重要問題，分析葉氏對於《公羊》經權說的看法，以及對於諱例理論的意見。希望藉由對於葉氏理論的詮釋，提供後來學者在《春秋》學領域進一步思考的空間。

　　第六章結論，概略總結本篇論文的意見觀點，並試圖對葉氏解經成就進行整體性的評價。

目　次

第八冊　清代《論語》學

作者簡介

張清泉，台灣省苗栗縣人，1959 年生。國立政治大學中國文學博士，現任彰化師範大學國文學系副教授。研究專長為佛學、儒學、詩詞吟唱、書法等，著有《北宋契嵩的儒釋融會思想》、〈茶酒論與唐代的三教講論〉、〈佛經台語讀誦研究——以《佛說阿彌陀經為例》〉、〈常建「題破山寺後禪院」詩的禪理與禪趣〉、〈儒佛的生命觀與生命教育〉、〈詩歌吟唱教學的理論與實務〉、〈雪廬老人《詩階述唐》析探〉、〈色空概念與書法的中道美學〉等。

提　要

本書研究今存清代有關《論語》著述計五十九部，按照漢學派、宋學派、漢宋兼采派等三大類別，每部書依序先述作者傳略，次述書名、卷數、版本、序跋、凡例，又次略述成書因由及內容大要，終乃述其得失與評價。最後綜合歸納並分析其特色與貢獻如下：

一、漢學派：闡明漢代經師遺意、考校訓詁名物典制、辨證孔注真偽得失、釐清舊說篇第疑義、輯錄漢魏亡佚舊說、發揚西漢今文學說。

二、宋學派：闡揚集注匡正時弊、發明義理歸本心性、以經解經融貫聖言。

三、漢宋兼采派：並采二派之所長，互補其所短，兼具二派之特色。

總之，漢學派論語學者，以考證訓詁而成其功；宋學派論語學者，以研精義理而擅其長；兼采派學者能取精用宏，截長補短，兩無憾焉。透過今見清代論語存書，正可一窺清代《論語》學之風貌。

目　次

第九冊　張岱《四書遇》研究

作者簡介

　　作者簡介：簡瑞銓，男。生於民國 55 年 10 月，台灣・南投人。畢業於東吳大學中國文學研究所，學術領域為四書學、易經與佛學。目前任教於亞洲大學，課餘並致力於心靈淨化工作之推展。

提　要

　　張岱（1597～1680 年）字宗子，又字石公，號陶庵，又號蝶庵居士，明神宗萬曆二十五年（1597）八月出生於浙江山陰縣。學問廣博，著述宏富，前半生，繁華綺麗，浪漫多姿；明亡後，砥志礪節，隱居不仕，默默以終。從本論文對其僅存的經學著作《四書遇》的探討，可知張岱亦是一位力主經世致用的經學家，其思想主要是服膺儒家思想，以陽明心學為實踐軸心，並將之落實於自己的日常生活，貫穿於自己的生命歷程與著作的一位經學家。

　　我們把張岱的《四書遇》放在《四書》學詮釋史的脈絡中來看，其顯現出的價值與文化意義主要有五點：

　　（一）在義理上，展現以陽明心學詮釋《四書》之成果與面貌。

　　（二）在治學方法與態度上，特種實踐精神，表達出知識份子實現儒家傳統「內聖外王」的願望與途徑。

　　（三）在學風上，反映當代《四書》學之新面貌。

　　（四）在詮釋方式上，呈現活潑多采的經典詮釋方式與詮釋平民化之傾向。

　　（五）在內容上，保留彙整晚明陽明後學的《四書》見解，並突顯個人風格特色。

　　綜上所論《四書遇》體現了陽明學注經的面貌，匯聚了陽明學者詮釋《四書》的總成果，反映了當代的經學風氣，突顯了自己的著作風格。其所建構的無非是想建立以實踐道德精神為導向的《四書》學著作，響應當代通經致用的風氣，引領學風。

目　次

第十冊　眞德秀及其《大學衍義》之研究

作者簡介

向鴻全，中央大學中文所博士，現爲中原大學通識教育中心專任助理教授。碩士論文爲《唐君毅先生道德觀之研究》。

提　要

眞德秀（西山，1178～1235）爲南宋後期理學家，私淑朱子（1130～1200）之學，並與其時另一大儒魏了翁（鶴山，1178～1237）並稱齊名，被視爲朱子後學之重鎭。眞德秀所著《大學衍義》爲其上宋理宗之讀書講義，目的是要透過《大學》的綱目，貫串歷代經史政事，以詳明格物致知之道德之學有其實用價值。眞德秀曾位居參知政事，朱子門人黃榦稱許眞德秀的政治成就實爲朱學的重要資源，而理宗也罷弛對朱學傷害甚重的慶元黨禁，以示對儒學的接納與重視。本文討論有宋以來對「誠」概念的流傳與演變，並以朱子晚年經受慶元黨禁的政治上挫折後，對「誠」概念的把握是否有所轉變，這種轉變是否影響眞德秀在《大學衍義》中以「誠心」代替「誠意」的思考模式；同時《大學衍義》也成爲眞德秀經世的綜合思想的重要著作。

眞德秀被視爲南宋時期扭轉或挺立儒家道德文化傳統（斯文）的重要人物，而儒家重視道統的原因，與冀望透過道統的建立，以達到與政統溝通或對話的目的，因此本文也試圖建立眞德秀的道統觀，並說明眞德秀的道統觀是否有所調整或轉變。

另外眞德秀的《心經》雖然是擷拾先聖論心格言爲一書，但其獨標「心」的優位性，卻被視爲是「朱陸合流」的先聲，本文也討論此種論斷是否適當。

最後本文從儒生「經筵侍講」爲人君說經的模式，說明其爲「衍義」此種解經方法的特色與象徵，而《大學衍義》一書也成爲後世「衍義」體詮釋方法的典範。

目　次

第十一冊　陳奐之《詩經》訓詁研究

作者簡介

林慧修（laura277@ms51.hinet.net）

1979 年生於屏東縣，主修訓詁學，2007 年以「陳奐之《詩經》訓詁研究」論文，獲世新大學文學碩士學位。現任台北縣海山高級中學國中部國文代課教師。曾發表單篇論文：〈俞樾《古書疑義舉例》在語文學研究上的意義〉、〈陳奐之「假借」說試探〉。

提　要

本文試圖探究陳奐在《詩經》方面的訓詁成就，期能就中發現清代以訓詁治經，至陳奐之《詩毛氏傳疏》以訓詁注解《經》、《傳》之發展。

　　陳奐從嘉慶十七年（1812）至道光二十七年（1847）歷經三十多年而著成《詩毛氏傳疏》一書。此時期的疏作，已經破除「疏不破注」的傳統，但陳氏《傳疏》仍堅守《傳》說，以恢復毛《傳》舊觀、梳理《傳》義爲要務，在清代「新疏」的潮流下，陳書與胡承珙《毛詩後箋》、馬瑞辰《毛詩傳箋通釋》因治學態度均傾向復古，在撰著體例上也選擇「疏」體，使他們的著作成爲清代中期《詩經》復古的重要著作。

　　雖說陳奐是以訓詁梳理《傳》義，但因篤守《傳》說，故所事之訓詁採以「經學」的角度進行分析。所以陳氏的訓詁，是在遵從《傳》說的原則下進行，《傳》義對陳氏而言相當於「古義」，對於訓解《傳》義也多徵引西漢前人之說，《傳》說對陳氏而言具有絕對的優越性。正緣此，陳奐雖承自段、王二氏宗法甚多，但若當二氏《傳》說衝突時，則多爲調停之說，甚或曲從《傳》說。

　　大體來說，陳奐《傳疏》雖有因爲「墨守」而致誤的情形，但也因爲他致力於訓解毛《傳》，所以除了仿照《爾雅》作《毛詩說》、《毛詩傳義類》，將毛《傳》訓義及訓例都整理出來外，也對於《經》、《傳》文字進行校勘，不但奠定《傳疏》在毛《傳》詮釋學上的地位，也成就該書在毛《傳》校勘學上的特殊價值。至於陳奐疏通毛《傳》之法，不論是「因聲求義」或是「歸納互證、闡發義例」，均可看出陳氏上承段、王二家，下開俞樾的情形。陳氏高足俞樾，能不囿於一書，擴大研究古人、古書的行文習慣，撰成《古書疑義舉例》一書，開啓文法一門的研究，故陳氏在毛《傳》上的研究成果，實在學術史上，具有上承前人，下啓後學的傳承意義。

目　次

第十二冊 兩漢史籍研究

作者簡介

廖吉郎，南投縣人，民國二十七年生於草屯鎮。歷任中、小學教師、國立台灣師範大學教授等，九十二年退休。之後，夫妻到處遊歷，行跡及於世界百餘國。

當肄業臺灣師大國文研究所時，以受教於金陵楊家駱教授，撰成《兩晉史部遺籍考》（民國 59 年，嘉新文化基金會出版）。後承行政院國科會學術獎助，陸續撰成《南北朝史部遺籍考》（60 年）、《兩漢三國史部遺籍考》（61 年）、《唐代史部遺籍考》（62 年）。又應約撰成〈六十年來之晉書研究〉（63 年，正中書局《六十年來之國學》），完成斷句本《二十五史·魏書》之斷句（64 年，新文豐圖書公司），編注《歷代散文選》（65 年，與台灣師大同事共同完成，南嶽出版社），撰寫《劉

向》、《王安石》（67 年，台灣商務印書館，《中國歷代思想家》），修訂出版《兩漢史籍研究》（70 年，廣東出版社），譯述司馬光《資治通鑑・漢紀 13～25》（73 年，文化圖書公司），探討台灣地區中學生及中、小學教師國語演說所犯語言錯誤（78 年、79 年，與台灣師大同事共同研究，行政院國科會研究報告），合編《國音及語言運用》（81 年，與台灣師大同事共同編寫，三民書局），新編《荀子》，並加以校勘、注譯、翻譯（91 年，國立編譯館、鼎文書局）。又逐年在台灣師大《國文學報》等刊物發表論文數十篇，撰寫如《800 字小語・天下父母心》（頁 114，85 年，文經社）之文章若干篇。

除教學與研究之外，曾參與多種學術活動及社會服務，如參加各項研討會，擔任競賽評審、考試院典試委員，指導各類考試命題，編寫僑務委員會函授僑胞之教材《中華文化》（76 年）、《應用文》（82 年、94 年），拍攝《中華文化》錄影帶（88 年，僑委會中華函校），編審教育部《重編國語辭典》（台灣商務印書館印行）及三民書局之《大辭典》等是。

提　要

本書總為五章，章內分節，凡兩漢對於《國語》及《戰國策》之注釋、兩漢所撰歷紀左今之書、兩漢撰注之漢史、兩漢之地理書及地方史，以至於兩漢之傳記及專史，就其著述之源流、背景、內容、取材、著錄、存佚、真偽、得失等，皆為之探索。於群籍之撰人，亦加以考述。兩漢人所撰之史籍及其對於史學之貢獻，於此可窺其全貌。

《漢書・藝文志・六藝略・春秋類》末之列有《國語》、《世本》、《戰國策》、《奏事》、《楚漢春秋》、《太史公》、《漢著紀》等書，蓋以《春秋》即古史；又檢曆譜家有《帝王諸侯世譜》及《古來帝王年譜》，揆諸後代之著錄，當在史部譜系篇；而自《七略》廢而四部之制行，上自唐、宋諸史志，下迄《四庫全書》，乃率以為準式，《隋志》之四部分類，遂駸駸焉為目錄學之正宗，其史部之分目，曰：正史、古史、雜史、霸史、起居志、舊事、職官、儀注、刑法、雜傳、地理、譜系、簿錄，凡十三類，所謂地理、刑法之書，胥在是焉。本書所撰，乃並及之，以其在四部之中皆屬史部之目也。

史志所載，不免真偽雜陳，魚目混珠，如《漢志・道家》著錄《文子》九篇而《注》之云似託者然也。今撰本書，其有以為確係贗品者，則概不錄。有在疑似之間，未能遽定者，或以傳世久遠，亦附著其梗概。

又民國六十一年，吉郎蒙行政院國科會學術獎助，撰有《兩漢三國史部遺籍考》，

其三國人所撰述之部分，曾於六十八年二月析出整理，登載於國立台灣師範大學文學院出版之《教學與研究》第一期，今附於本書之後，便省覽也。

目　次

第十三冊　兩晉史部遺籍考

作者簡介

廖吉郎，南投縣人，民國二十七年生於草屯鎮。歷任中、小學教師、國立台灣師範大學教授等，九十二年退休。之後，夫妻到處遊歷，行跡及於世界百餘國。

當肄業臺灣師大國文研究所時，以受教於金陵楊家駱教授，撰成《兩晉史部遺籍考》（民國 59 年，嘉新文化基金會出版）。後承行政院國科會學術獎助，陸續撰成《南北朝史部遺籍考》（60 年）、《兩漢三國史部遺籍考》（61 年）、《唐代史部遺籍考》（62 年）。又應約撰成〈六十年來之晉書研究〉（63 年，正中書局《六十年來之國學》），完成斷句本《二十五史‧魏書》之斷句（64 年，新文豐圖書公司），編注《歷代散文選》（65 年，與台灣師大同事共同完成，南嶽出版社），撰寫《劉向》、《王安石》（67 年，台灣商務印書館，《中國歷代思想家》），修訂出版《兩漢史籍研究》（70 年，廣東出版社），譯述司馬光《資治通鑑‧漢紀 13～25》（73 年，文化圖書公司），探討台灣地區中學生及中、小學教師國語演說所犯語言錯誤（78 年、79 年，與台灣師大同事共同研究，行政院國科會研究報告），合編《國音及語言運用》（81 年，與台灣師大同事共同編寫，三民書局），新編《荀子》，並加以校勘、注譯、翻譯（91 年，國立編譯館、鼎文書局）。又逐年在台灣師大《國文學報》等刊物發表論文數十篇，撰寫如《800 字小語‧天下父母心》（頁 114，85 年，文經社）之文章若干篇。

除教學與研究之外，曾參與多種學術活動及社會服務，如參加各項研討會，擔任競賽評審、考試院典試委員，指導各類考試命題，編寫僑務委員會函授僑胞之教材《中華文化》（76 年）、《應用文》（82 年、94 年），拍攝《中華文化》錄影帶（88 年，僑委會中華函校），編審教育部《重編國語辭典》（台灣商務印書館印行）及三民書局之《大辭典》等是。

提　要

本書總為五章，章內各分小節，晉人所撰而今仍有存本或輯本之史部遺籍，各以事義相從，納諸節中。無章節之目，計為：首章右史，共四節；次為後漢三國史之撰作，共三節；第三章為晉人所撰之晉史，共三節；第四章為晉人之地理書及地方史，共五節；第五章為傳記及專史，共三節。都二十二萬餘言，晉人今傳之史部群籍，於此可得其梗概。

首章右史可以知晉人對春秋學之貢獻及對戰國前史籍之整理與研究，次章可以知晉人對紀傳體與編年體史書之撰作，第三章可以知當代人之撰作當代史當以晉代

爲盛，第四章可以知晉人之地理知識及對地方史之拓展，第五章可以知晉人於傳記、歐書、譜錄之努力。

兩晉史學，袁紹孔子，丘承馬、班，撰作斯盛。然或遭亂亡，率多佚失。自清儒承漢昌明之賜，長於考證，喜事比，以治經方法，移以治史，韓佚之書，乃獨多於往也。晉人史籍，漸見掇拾，久絕之書，遂可窺其一豹。今所考述，乃一一明其所存之處，便能按圖索驥。

凡晉人著述之淵源背景、內容取材、眞僞得失、存佚若錄、各家品評等，本書所撰，必廣爲參訂，於群籍之作者，亦一一盡其能詳，蓋知人論世，思過牢矣。

目 次

第十四冊　南北朝史部遺籍考

作者簡介

　　廖吉郎，南投縣人，民國二十七年生於草屯鎮。歷任中、小學教師、國立台灣師範大學教授等，九十二年退休。之後，夫妻到處遊歷，行跡及於世界百餘國。

　　當肄業臺灣師大國文研究所時，以受教於金陵楊家駱教授，撰成《兩晉史部遺籍考》（民國 59 年，嘉新文化基金會出版）。後承行政院國科會學術獎助，陸續撰成《南北朝史部遺籍考》（60 年）、《兩漢三國史部遺籍考》（61 年）、《唐代史部遺籍考》（62 年）。又應約撰成〈六十年來之晉書研究〉（63 年，正中書局《六十年來之國學》），完成斷句本《二十五史‧魏書》之斷句（64 年，新文豐圖書公司），編注《歷代散文選》（65 年，與台灣師大同事共同完成，南嶽出版社），撰寫《劉向》、《王安石》（67 年，台灣商務印書館，《中國歷代思想家》），修訂出版《兩漢史籍研究》（70 年，廣東出版社），譯述司馬光《資治通鑑‧漢紀 13～25》（73 年，文化圖書公司），探討台灣地區中學生及中、小學教師國語演說所犯語言錯誤（78 年、79 年，與台灣師大同事共同研究，行政院國科會研究報告），合編《國音及語言運用》（81 年，與台灣師大同事共同編寫，三民書局），新編《荀子》，並加以校勘、注譯、翻譯（91 年，國立編譯館、鼎文書局）。又逐年在台灣師大《國文學報》等刊物發表論文數十篇，撰寫如《800 字小語‧天下父母心》（頁 114，85 年，文經社）之文章若干篇。

　　除教學與研究之外，曾參與多種學術活動及社會服務，如參加各項研討會，擔

任競賽評審、考試院典試委員，指導各類考試命題，編寫僑務委員會函授僑胞之教材《中華文化》（76 年）、《應用文》（82 年、94 年），拍攝《中華文化》錄影帶（88 年，僑委會中華函校），編審教育部《重編國語辭典》（台灣商務印書館印行）及三民書局之《大辭典》等是。

提 要

本書總為十一章，章內分節，南北朝人所撰史籍，各以事義相從，納諸節中。其節內又依一、二之序，以部勒群籍。全文都二十二萬餘言，所考書籍凡一百多種。南北朝今傳史部遺籍，於此可得其梗概。

兩晉史學，實與清談同盛。南北朝之世，又踵事增華，文籍間出，撰者如林。著錄於《隋志》之名著，即多至難以勝數，況又有為所失載者。今如所見之裴駰《史記集解》、范曄《後漢書》、劉昭《續後漢志》、裴松之《三國志注》、沈約《宋書》、蕭子顯《南齊書》、魏收《魏書》、崔鴻《十六國春秋》、釋慧皎《高僧傳》、楊衒之《洛陽伽藍記》、酈道元《水經注》、阮孝緒《七錄》等史部諸作，或為存本，或為輯佚所得，均堪不朽。今所考述，乃並及有存、輯之本。至已佚之書，既未得見，則暫不為記述。而胡運既訖，隨即統一，今所考南北朝史部遺籍，乃並及隋人著本，以其年祚既短，學術又難因易姓而遽改也。

寧凡南北朝人所著述之書名卷數、流傳著錄，以逮全書之內容淵源、思想史實、真偽得失、各家品評，以至於群籍之作者，凡所考及，皆為敘次，冀有以見其著作之原委，而辨章其學術也。

目 次

第十五冊　裴松之《三國志注》研究

作者簡介

余志挺，民國六十三年三月十九日生，肖虎。

國立臺灣師範大學國文學系碩士。

儒家思想、道家氣度、墨家生活。

學術研究深受尤雅姿老師、林安梧老師、林礽乾老師影響；家庭氛圍則因有愛妻張齡文與愛女余芝晴的支持而倍感幸福。

曾發表〈阮籍文學中「象徵」修辭格的運用與意涵〉（《東方人文學誌》第一卷第一期）、〈從死亡體會阮籍的儒道衝突〉（國立臺灣大學中國文學研究第九屆學術研討會）、〈王陽明的生死念頭與相關議題〉（國立臺灣大學中國文學研究第九屆學術研討會）、〈未盡的名媛──從魏晉賢媛到現代名媛〉（翰林《文苑天地》第三十五期）、〈盡道而死的孟子命觀〉（龍騰《國文新天地》第十五期）、〈臺灣文學的遞變〉（翰林《文苑天地》第四十一期）等單篇論文。

提　要

世之談「三國」者，莫不以其戰局詭譎、英雄輩出而津津樂道，關雲長「忠義」形象、諸葛孔明「智謀」風範、曹孟德「奸巧」樣貌，一皆歷歷如繪、千古傳誦，成為根深柢固的題材象徵，然此實多受羅貫中《三國演義》影響，《三國演義》者，「小說」之類也，班固《漢書・藝文志》嘗言「小說家者流，蓋出於稗官。街談巷語、道聽塗說者之所造也」，可知小說產生，必有不少虛妄不實、加油添醋的成分，且《三國演義》原名《三國志通俗演義》，意指本在陳壽《三國志》的基礎下為通俗大眾做延伸演繹，故為創造精采情節以期能受閱者、聽者青睞，而平添許多聳動、誇張、刻意、矯飾等內容，距離史實，似又遠矣。

是以，欲全盤準確掌握動人卻混亂的三國史實，必回歸陳壽《三國志》，明其內容，方能知當時之發展。《三國志》在陳壽撰寫之前，已有草稿，王沈《魏書》、魚豢《魏略》、韋昭《吳書》說明魏、吳當時已有「史」，蜀仍無史，故陳壽自行採輯，僅得十五卷，《三國志》乃私修斷化分國史，原是《魏國志》、《蜀國志》、《吳國志》三書單獨流傳，至北宋咸平六年已合為一書，陳壽因「年號接續」和「擔任西晉著作郎」考量，而以魏為正統，體裁雖猶屬「正史體」，然寫作方式又異於司馬遷《史記》的「通史」，以及班固《漢書》的「斷代」，緊扣著三國時代可分可合的特性，開創出「紀傳體」的新面貌。

然《三國志》「失在於略，時有所脫漏」，故南朝宋文帝「命裴松之補注，博采

群說，分入書中」，裴松之奉詔後，廣徵書目達二百餘部，以對《三國志》進行「補闕」與「備異」，又仿《史記》「太史公曰」形式，或裴氏自注，或引用孫盛、何休等十四名家評論，以「懲妄」、「論辯」《三國志》謬誤處，體例可謂精矣！注成之後，其篇幅甚至直逼陳壽《三國志》，遂有晁公武《郡齋讀書志》認定裴松之《三國志注》「多過本書數倍」的說法，故此重以鼎文書局所出版之新校標點本《三國志》，分別針對陳壽原書與裴松之注文逐字計數，統計得出每卷與全書總計字數，從而求得兩者間互輔互助之正確關聯。並逐卷分點出裴氏注文之參考書目，藉以呈現當時卷籍繁類之盛，和裴氏研究心力之廣，期許在此腳踏實地之研究下，還原三國時代眞實樣貌，並破除羅貫中《三國演義》迷思，給予陳壽《三國志》與裴松之《三國志注》應有的史學高度。

目　次

第十六冊　《華陽國志》研究

作者簡介

　　筆者 1978 年 3 月 10 日生，本就讀於中部樹德工商專電機科，因就讀時發現志向不符，覺得自己對於文史方面有著較濃厚的興趣，故畢業後即插班元智大學中語系二年級，之後發覺對於中文與歷史的熱愛有增無減，因此在大學畢業後毅然地報考研究所，於 2007 年 6 月時，取得國立高雄師範大學碩士學位，畢業論文為「《華陽國志》研究」，此亦即本書內容之所述。

提　要

　　本論文以東晉常璩《華陽國志》為研究主題，探討其作者生平、思想、創作動機、記載資料來源、成書時代背景以及全書結構等。論述過程中，配合著諸家史籍與其他學者之論述，整理與歸納上述各點，力求完整呈現出《華陽國志》之整體概念。本文分為七章，如以下所列：

　　第一章「緒論」，說明本文之研究動機、目的、範圍與方法，針對為何選取《華陽國志》作為論文主題，與整理歸納前人研究成果，以及對各章節之安排概況作一簡單的論述。

　　第二章「作者傳略與思想」，於各史籍中尋找有關於常璩生平之記載，並於《華陽國志》中探尋常璩所蘊含之思想大意。

　　第三章「創作動機與資料來源」，於《華陽國志》文字記載中，歸納出常璩創作動機到底為何，並與各史籍相對照，以釐清《華陽國志》之資料來源與出處。

　　第四章「成書時代背景」，探討常璩身處的成漢與東晉兩政權，在政治、社會、與史學等環境中，其背景有何不同，並相互作一比較。

　　第五章「全書結構之探討」，詳審《華陽國志》全書，整理與歸納出常璩對於《華陽國志》結構所作的安排，並兼以表格說明之。

　　第六章「《華陽國志》之價值」，以各種觀點來看待《華陽國志》，並於其中歸納出《華陽國志》，對於後世的價值與影響。

　　第七章「結論」，歸結以上各章節所述，對《華陽國志》作一整體性回顧，並說明本文尚待補足與未臻完善之處，與對《華陽國志》未來研究的展望與期許。

目　次

第十七冊　《水經注》與北魏史學

作者簡介

陳識仁，1969 年生，台灣桃園人。

東海大學歷史學系學士、東海大學歷史學研究所碩士、台灣大學歷史學研究所博士。

萬能科技大學通識教育中心專任副教授、東海大學歷史學系兼任副教授。

研究領域以中國中古史、中國歷史地理、中國史學史為主。

提　要

　　酈道元《水經注》總結隋唐以前地學成就，明清以來，考證校釋者眾多，形成「酈學」一派。本書無意加入這場清代以來的樸學探討，而是在前代學者堅實的校勘基礎上，試圖回歸酈氏生存的歷史時代，探究他撰注《水經注》的動機與目的。

　　筆者認為，欲探究酈氏撰書的動機與目的，必須從北魏史學的角度入手，並從酈氏生平事蹟與北魏政局的互動中加以觀察，才能有所獲見。全書為使討論焦點能夠集中，分別即從「史學與時代背景」、「酈道元生平活動與《水經注》」兩大主題進行。剖析北魏史學歷程的腥風血雨，導致與史官交遊頻繁的酈氏廣涉史地知識，卻

轉而撰注地理典籍，在太和改革的時代氣氛下，爲北魏帝國提供一幅治國藍圖的可能性。

目　次

第十八冊　王船山《張子正蒙注》研究

作者簡介

劉榮賢，台灣嘉義人，現居台中市，1955 年 3 月生。嘉義中學畢業。分別於 1979 年、1983 年、1994 年取得東海大學學士、碩士、及博士學位。1994 年至 2000 年任靜宜大學中文系副教授，2000 年 8 月轉至東海大學中文系任教，2004 年 2 月升任教授。主要研究範圍在宋明理學、莊子及佛學。著有《王船山張子正蒙注研究》、《宋代湖湘學派理學研究》、《莊子外雜篇研究》及學術論文十餘篇。

提　要

本文的目的在於探討船山思想的最後取向，以及此一最後取向在宋明理學發展接近結束之時在中國思想史上的意義。本文第二章在於經由考證確定《正蒙注》為船山晚年最後一部有關理學思想的著作，透過《周易內傳》與《正蒙注》二書在某些問題上的論述方式的比較，確定《正蒙注》的寫作應在《周易內傳》之後。如此則確定《正蒙注》為船山最後的哲學著作無疑。第三章則開始從事《正蒙注》一書實質內容的研究。如「太虛」、「氣之聚散」、「氣之陰陽」、「誠、神」、「性、命」及「心」等問題都一一加以分析。本章在全書中所佔篇幅最多。第三章則進一步探討船山之注與橫渠《正蒙》本文之間在思想上的異同，這一部分的研究成果對於船山在理學史上的定位有一定程度的意義。第四章則藉由船山從尊朱子到改宗橫渠的思

想演變，以探討船山在濂溪、橫渠與朱子等人之間的思想上的分合關係。本文的結論在於：船山晚年雖然歸宗橫渠，然其思想最後落在「人心感應之幾」上的觀念卻和陽明的「良知的自然明覺」相接合。船山思想的最後歸宿還是納入了南宋以下以至於明代的「心學」發展的脈絡之中。

目　次

第十九冊　《文選》五臣注詩之比興思維

作者簡介

　　作者鄭婷尹，台南縣人，國立臺灣大學中文系畢業，臺灣大學中國文學碩士，目前爲臺灣大學中文所博士生、世新大學中文系兼任講師、臺大中文所學術刊物《中國文學研究》主編。主要研究領域爲魏晉南北朝詩歌，著有單篇文章〈論明代以前陸機詩歌評價之變化〉⋯⋯等。

提　要

　　五臣注作爲《選》學中的一環，歷來學者常因其內容淺白，而輕估它應有的價值。實則若對五臣注文作一詳細之梳理，即可發現其有別於善注之獨特性。

　　爲重新評估五臣注之價值，本文分爲五章：在第一章中，對前輩學者之研究作一回顧與反思。前人對五臣注的研究，大體可歸納出內外兩部分，所謂「內」者，即「對於五臣注本身具體內涵的關照」；「外」者，主要是指「五臣的時代背景」。第一部分又可分爲一、「簡明串講文意」；二、「闡釋述作之由」；三、「注解牽強附會」；四、「注釋不夠嚴謹」等四點。否定五臣的諸家說法，其實具備再次討論的空間；而肯定五臣的眾家之說，也在某個程度上有所侷限或不足。本文即以此爲基礎，建構「五臣注本身之整體有機性」：也就是比興思維之雙面性。

　　第二章的部分，則是以疏通文意爲基礎，探討五臣注「句意篇旨之闡發」、「藝術手法之展示」的詮釋特徵：前者復細分爲「整體性之塑造」、「具體感之呈現」以及「幽微情思之參透」三部分，具體觀察該注內涵上的詮釋情形；後者則由「修辭技巧之揭示」、「用字遣辭之留意」的說明中，以現五臣對形式技巧的用心。而這樣的觀察，亦是爲下一章「五臣注中比興思維的考察」埋下伏筆。

　　第三章「五臣注中比興思維的考察」，乃本文重心所在。五臣注的主體思維是以比興概念爲基底，而比興思維的具體內涵，則包含「政治寄託」與「情感興發」這兩大主要面向，詳觀五臣注文，常可見到注家對這兩部分多所揭示；至於注文中比興思維形式面之探討，則可見五臣常會針對詩篇中運用到比興手法的部分加以闡釋。詩篇中運用比興技巧之處，往往存有較大的模糊空間，此乃理解詩作的關鍵，五臣能針對此多所揭示，就讀者理解文意而言，無疑有不小之助益；另一方面，注文本身所展現的比興思維，則讓我們清楚見到五臣注「批評主體性意義詮釋」的特質，其在詮釋學史上獨特的地位與價值，復於此呈現。

　　那麼，何以「比興」思維會成爲《文選》五臣注詮釋模式之重心？第四章關於「五臣注中比興思維產生背景的觀察」，將由唐代前期的經學、文學風氣，以及科舉取材之標準加以探討，說明時代氛圍中大致有重視情采辭章、並不忘留意詩教的情形，這些或許是造成五臣注比興思維雙面性的可能因素。

　　至於第五章餘論的部分，則是結合前面章節，說明五臣注在有些時候，存在疏通文意時前後矛盾的缺陷。然其價值與影響卻不容忽視：就詮釋體例而言，五臣注的價值在於：此乃現存首部以「串講式」爲主軸來疏通文意，並兼有比興雙面思維的總集注釋；至於對後代文學注釋之影響，則指出它對文學評點提供一定的誘發因素。另一方面，在實際注釋內涵上，五臣注提出之說法往往爲後來論者所繼承。此外，復另闢一節，以求全責備的角度，探討五臣與李善注間的互補性質。

　　本文的終極目標，盼能不侷限於訓詁考據的對錯問題上，而能採取一個更寬廣的視角，盡可能較全面地觀察五臣注的詮釋樣態，從而能在詮釋學史的脈絡中，給五臣注一個較公允的評價。

目　次

第二十冊　《昭明文選》與《玉臺新詠》之比較研究

作者簡介

　　顏智英，國立臺灣師範大學國文研究所博士，現爲國立臺灣海洋大學通識教育中心助理教授。撰有《辭章章法變化律研究——以古典詩詞爲考察對象》（博士論文）、〈論《孔雀東南飛》的章法結構及其美感〉（《中國學術年刊》）、〈論辭章章法的對稱性及其美感——以古典詩詞爲例〉（《興大人文學報》）、〈論稼軒「博山道中詞」篇章意象之形成及組合〉（《師大學報》）、〈東坡詞篇章結構探析——以黃州作《浣溪沙》五首爲考察對象〉（《師大學報》）、〈韋莊《菩薩蠻》聯章五首篇章結構探析〉（《中國學術年刊》）等十多篇關於詩詞、章法、意象、美學等方面的學術論文。

提　要

　　蕭統所編的《昭明文選》爲中國現存最古的文學總集，所收作品皆爲歷代有定評的美文，深具文學價值；徐陵所編的《玉臺新詠》爲香奩文學的濫觴，造成陳、隋淫艷詩風的興盛，於中國文學史中亦佔有一席之地。二書雖同出於梁代，然所選錄的作品風格卻迥然有異，前者多雅正之作，後者多華艷之詞，值得加以比較研究。本論文從二書的編者、編撰動機、時代背景及編者的文學觀，來探索二書在選錄作品時有異有同之因；並針對二書選錄作品的特色，作深入的比較分析；最後再從影響與價值二端，嘗試對二書作一較客觀的評價。

目 次

第二一冊　方回《瀛奎律髓》及其評點研究

作者簡介

臺灣省彰化縣人，一九七六年生。國立彰化師範大學國文研究所碩士，現爲國立台中家商國文科教師。主要研究方向爲「中國古代文論」、「評點學」、西方文論之「接受美學」與「後現代主義」等。撰有〈「瀛奎律髓・論詩類」述論〉、〈李重華「貞一齋詩說」的詩論〉及〈魯迅小說中的死亡意象〉等論文。

提　要

本書是以民國九十二年國立彰化師範大學國文研究所碩士論文爲底本，再修改而成。

本論文關注的主題可分爲三個部分，第一是方回詩學問題的再釐清。方回的詩學與詩觀是歷來學者研究最深入的部分，本文在前人的基礎上，嘗試對一些問題做出新的界定或再釐清，其中問題之一便是歷來學者常將方回的正典範部分視爲江西詩派，然後以此爲基礎去討論他的詩觀，如此一來就已有先入爲主的印象了，就筆者閱讀與比較方回論詩的資料後，發現這樣的認識可能會有偏差，有待再重新釐定。又有學者認爲方回的正反典範雙方總是水火不容，而方回編纂《律髓》的原因就在於將風靡當時的反典範勢力——四靈、江湖詩派擊垮，復歸江西詩風。這也是迷思

之一，以筆者參考部分前人研究之言，並深究《律髓》的評點之後，發現方回扭正當時詩風的方法，正是要爲宋詩尋找新出路，此是本文探討的主題之一。

　　本文關注的另外兩個主題是方回的選詩與評點部分的研究，形成兩大塊論述場。方回編《律髓》具有創新出路之企圖，雖書中選詩或有爭議，然此皆肇因於後來評者與方回觀念不同所致，因此在第三章闡述方回的詩觀之後，我們就能進入下一階段，分析方回選詩的特點，並希冀藉此將紀昀或者其他評點家的不同意見，作現象比較的闡述，然本文並不執意分出孰是孰非，而將重點放在描述兩家互斥的言論背後的成因，構成本文之第四章。而此一概念也將進入第三個主題，即關於方回評點的研究，本文除了分析他評詩的特點之外，也期望能以此爲綱，連帶解決部分兩家互斥言論的背後成因。此即第五章「《律髓》評點分析」的基調。以上就此三個主題，探究方回詩學與《瀛奎律髓》，希冀能有新的研究成果。

目　次

第二二冊　邱心如《筆生花》研究

作者簡介

　　陳文璇，台北市人，民國七十年生。畢業於銘傳大學應用中國文學研究所。著有學士論文《老舍短篇小說研究》及碩士論文《邱心如筆生花研究》。曾於台北縣江翠國民中學擔任國文科實習教師；現於國立成功大學擔任專案計畫工作人員。

提　要

　　明清女性「彈詞小說」是中國文學史上，一種以女性為主體的獨特敘事文體，其中《筆生花》是「彈詞三大」之一，不僅內容結構完整、人物形象豐富，且呈現出傳統與反傳統兼具的深刻思想。作者邱心如在為女性張目的創作心態下，刻劃女性的生活，寄託女性的理想，使此書在彈詞小說與女性文學中具有絕對的價值與存在意義。

　　本文共分為六章。第一章為「緒論」，說明以《筆生花》作為研究論題的動機與目的，並探究前賢研究《筆生花》的成果，以開拓不同的研究視角，接著說明本文的研究範圍與方法，最後對「清代女性彈詞小說」做一說明。

　　第二章為「邱心如與《筆生花》」，先說明邱心如的生平及《筆生花》的書名由來，並將全書內容分為八部分以論述。接著探討作者寫作《筆生花》的動機、歷程及心態，最後論述《筆生花》的十五種版本，以明白各版本之異同及優劣。

　　第三章為「《筆生花》的主題思想」，以兩性觀、婚姻觀、果報觀、神仙觀四方面，論述《筆生花》所呈現的主要思想內容。

　　第四章為「《筆生花》的人物類型與刻劃技巧」。人物類型方面，將書中的女性人物分為五種類型，說明她們所呈現出的不同意義。人物形象刻劃方面，則從「人物命名的象徵意義」、「以譬喻描寫肖像情態」、「以獨白刻劃心理」、「以語言與行為刻劃性格」五方面來論述，以呈現作者塑造、刻劃人物的寫作技巧。

　　第五章為「《筆生花》的寫作特點」。首先探討作者自我呈現的特色與意義，接

著以「巧合」、「意外」、「誤會」、「伏筆」、「懸疑」、「情節重述」六方面，來探討此書安排情節的特點，並就詩作、典故及類疊修辭，探討此書語言修辭的運用特色。

　　第六章為「結論」，總論本文的研究心得，肯定《筆生花》在小說史上的價值，並說明本文在研究時所受的限制，以及未可以繼續研究的方向。

目　次

第二三冊　《龍陽逸史》之「小官」文化研究

作者簡介

賴淑娟，台灣省雲林縣人，一九六八年生。中興大學中文系、中正大學中文所畢，現任國立土庫商工國文教師。

提　要

中國古代男色到明代呈現「復盛」的情形，男風從上階層宮廷、文人之嗜，吹向中下階層的市井百姓，迅速蔓延並造成「舉國若狂」的現象。明末崇禎年間密集出現三部令人注目的專門描寫男色的話本小說——《龍陽逸史》、《宜春香質》、《弁而釵》。其中《龍陽逸史》刻露、如實的紀錄了當時「小官階層」的興起及其藉由男色賣淫營生的狀況。是至目前所能見到的文獻中，一部主題性強、焦點集中，具體的反映小官從業時所形成特有的各種文化面，男色主題豐富突顯，並廣泛反映當時社會好男風的盛況。這一類的文獻，在一般正史中並不易被記錄留存下來，但對於瞭解當代的市井文化、性愛風俗、性別關係，以及男色的具體型態，是很有意義的，具有不可忽略的重要性與價值。

本論文擬以《龍陽逸史》的主要人物——小官為重心，先介紹小官自身所體現出的形象，以及小官營生活動時的生活態度與具體的營生方式。再由小官自身擴展到與性對象的互動關係，以及對家庭制度的衝擊。最後將小官置於大環境的階層互動場域，觀察小官與各色人等產生互動時的社會角色，以及因小官行業所衍生特有的習俗信仰與傳說。透過三大面向的層層揭開，比較全面的關照小官階層在文本中所呈現的豐富男色文化，從其展現複雜多采的男色活動文化中，並揭示明末以同性

賣淫營生的小官特殊階層與新興行業，釐清小說中男色生態背後所蘊涵的文化意識，重新看待具有獨特時代意涵的晚明男色風潮。

目　次

第二四冊　《躋春臺》研究

作者簡介

陳怡君，女，1976 年生，臺灣基隆人，1999 年、2004 年畢業於國立嘉義師範學院語文教育學系、國立嘉義大學中國文學研究所，分別獲得學士學位、碩士學位，曾任國科會研究助理、臺中市中正國小、基隆市暖暖國小教師，現任教於基隆市暖西國小，2005 年獲基隆市語文競賽小學教師組作文第二名，曾發表〈孝節烈婦——唐貴梅故事研究〉、〈魏晉嫂叔禮制之辯探析〉等單篇論文。

提　要

出現於晚清光緒己亥（二十五年／西元 1899 年）的《躋春臺》，為四川中江縣劉省三所作，全書共分四冊，每冊一集，每集十篇，篇演一故事，共有四十篇，它的形式與內容相較於同時期的擬話本集而言，頗為獨出，故全文共分五章十五節加以研究，首章闡述研究動機、前人研究述評及研究方法，次章考證作者生平、創作動機、就政治、社會與文學三方面考察作品時代背景、版本、性質及體制，並就全書故事來源加以探討。第三章為內容析論，剖析《躋春臺》書中揭發之監獄黑幕、腐敗獄政與世態人情及闡發之果報觀念。《躋春臺》關於監獄生活的描寫，是歷來小說中少見的，令人大開眼界，可做為研究清末社會、獄政史料的參考。第四章分析《躋春臺》的形式特色，晚期擬話本小說在形式上已逐漸擺脫話本形式的窠臼，大量減少下場詩及插詞的應用，更接近純小說的形式。《躋春臺》中結合彈詞、鼓詞、

評話及四川竹琴、五更調等，表現在人物之間的吟詠、唱和及作者敘述時的韻語，是本書最大的藝術特徵，同時也讓此書呈現迴異於前中期擬話本的風貌，表現出當時社會中俗文學相互交流影響的歷史軌跡，是具有宣講性質的話本小說；此外，巧妙的方言運用，使作品具有強烈的地方色彩和濃郁的生活氣息，除了能使讀者能收到生動感及寫實感等的藝術效果，還有助於對當時民俗的考察，其中的方言俗語絕大多數至今仍在四川地區流行，其中一些字音也與今天中江話相同，對研究一個世紀以前的四川方言方面有重要的語言學價值。第五章結論，綜論各章討論結果，歸結《躋春臺》一書的文化意涵，並試著賦予其在中國文學史上適當的地位與評價。

目　次

第二五冊　《娛目醒心編》研究

作者簡介

邵長瑛，文化大學中國文學研究所畢業，師事王三慶教授。喜愛古典文學，研究範圍以小說、詩詞為主。近期作品有《北史演義──人物論析》、《試論吳敬梓筆下的儒林形象》、《九死南荒吾不恨，茲由奇絕冠平生──蘇軾謫居儋州的詩文情懷》、《香奩集》詩中的情慾表現（與林童照先生合著）。作者目前任教於高苑科技大學。

提　要

《娛目醒心篇》一書約盛行於同治十二、十三年間，幾乎所有小說史皆未曾介紹，偶有論及，也持全盤否定態度，流於浮面的批評，以致於擬話本末期之作的本書，知者甚稀，亦未得到適當的評價。

本文試對《娛目醒心篇》一書作全面性的探討。在作者、評者、生平考述等方面詳加考證，填補空白。故事來源考方面，除接續前人未竟的工作，另外，對楔子及評點形式內容做深入的剖析。在思想探微方面，則從儒學的影響與果報思想運用的情形，檢視全書的思想表現，給予客觀的評價。至於藝術性的探討，則建立在小說評點的美學基礎上加以析論。下以《娛目醒心篇》與《今古奇聞》間的關係探討，並論及作者杜綱另二部講史小說《北史演義》、《南史演義》的創作情形。

明清小說是座蘊藏豐富的寶庫，單就白話通俗小說而言，至少在千部以上。一般研究者往往將焦點集中於為人熟知的章回與話本小說。對話本小說的整體研究而言，無疑是極大的缺憾。就研究者而言，擴大研究範疇，透過客觀的分析探討，將其來龍去脈釐清，方能獲致首尾完足的整體觀念，並給予公平的論斷，使文學歷史真相能再度呈現。

目　次

《玉麟夢》研究

作者簡介

姓名:林文玉

學歷

  9/2004－至今　　　輔仁大學比較文學研究所博士生

  9/1998 – 6/2002　　東海大學中國文學研究所

  9/1992 – 6/1996　　台灣大學中國文學系

經歷

  8/2007 – 至今　　　文化大學教育推廣中心兼任講師

  9/2000 – 6/2007　　致理技術學院兼任講師

  7/2002 – 2/2004　　國立故宮博物院圖書文獻處

  國科會善本古籍數位典藏子計畫專案研究助理

著作目錄（翻譯作品）

  1. 《炸醬麵》:安度眩著,林文玉譯,晨星出版社,2002.7

2. 《鮭魚》：安度眩著，林文玉譯，晨星出版社，2002.8

提　要

　　韓國漢文小說《玉麟夢》是作者李庭綽在 1709 年間回到楊根完成。作者七歲喪父，在寡母撫養下成長，與小說中柳、范、張府中的人物都在寡母下成長的境遇巧合，可看出作者的影子。

　　《玉麟夢》原本寫作應是漢文書寫而成。從文字內容的差別性；以及在韓國國家圖書館中所藏的韓文本異本中比較得知。或有以中文書寫的內容梗概和以中文書寫著該回的回目名。第三，在《玉麟夢》中引用了大量的中國故事典故和詩詞。

　　《玉麟夢》具有許多中國才子佳人小說的特性。雖然不是全盤的依襲，但仍可看出中國才子佳人小說對它的影響。女方多是名門閨秀，男方亦是書香門第。在情節構造上，亦是男才女貌，一見鍾情，相互愛戀；故事中歷經小人撥亂，流離受難；最後，幾經千辛萬苦，終得以大團圓。

　　韓國文人以漢文寫成的漢文小說有著中國通俗小說的陰影。《玉麟夢》中也可以看到對中國典故的純熟運用，故事的背景也都是以中國為中心。但其中表現的是韓國人之感情、思想、生活，是屬於韓國文學的領域，可視之為中韓文化之結晶，或海外中國文學。

　　《玉麟夢》展現出了十七世紀末小說的特色，也開創了十九世紀小說的前路。它同時融合了漢文長篇小說和韓文長篇小說兩大洪流，包含著漢文長篇小說的士大夫的觀點和韓文長篇小說的閨閣中女性的觀點。

　　吸收中國章回小說經驗的《玉麟夢》，其優點在於，小說創作的水準提高，不用經過摸索，文化水平也跟著提升。在貴族、文人之間廣為流傳。反之，因為是漢文書寫，一般老百姓看不懂，才會有後來各種不同版本的韓文本《玉麟夢》出現。

目　次

第二六冊　邵晉涵之文獻學探究

作者簡介

姓名：林良如

籍貫：台灣省台中縣

生日：西元 1977 年 10 月 16 日。

學歷：國立中興大學中國文學系、國立台灣師範大學國文研究所碩士班畢業

經歷：彰化縣私立正德高中國文科專任教師（93.8-96.7）

現職：國立宜蘭頭城家商國文科專任教師

作品：1. 《詩經・伐檀》詩旨探析（《孔孟月刊》四十二卷三期）

　　　2. 從《周易》探索武王伐紂前的商、周關係（《中國文化月刊》二九七期）

　　　3. 《詩經》「予小子」試釋（《彰商學報》第十五期）

　　　4. 林爽文事件之起因與其亂事擴大的因素探討（《台灣人文》第八號）

提　要

　　邵晉涵是乾嘉時期著名的文獻學家，一生著作甚夥，幾乎都在為整理古代之典籍文獻而努力貢獻，屬於傳注學的有《爾雅正義》、《孟子述義》、《穀梁古注》、《儀禮箋》；輯佚學有《舊五代史》、《九國志》等；目錄學作品有四庫提要；金石學有《續通志・金石略》、《方輿金石編目》；編纂學有《南都事略》、《宋志》等。在他逝世後，門人子弟整理遺稿，刊行的有《南江札記》、《南江文鈔》、《南江詩鈔》。由此可見其一生著述之豐富，遍及文獻學各領域。因此本文以文獻學為研究範疇，探討邵晉涵在文獻學之成就與貢獻。略述如後：

　　第一章「緒論」，先述本文之研究動機，接著定義文獻學之範圍，將邵晉涵之一生學術活動分類，歸於文獻學各學科之下，然後將目前學術界對邵晉涵之研究概況作一檢討與回顧。

　　第二章「邵晉涵之生平」，下分六節。按照時代順序，先列敘邵晉涵之家世，自小耳濡目染家族書香傳家的良好傳統，祖父的嚴格督促養成他厚實的學問基礎。明瞭其家世影響後，則將邵晉涵之中舉、仕進，出入四庫館、三通館，所作文獻整理工作之經過情形作一論述。

　　第三章「乾嘉學術與浙東學術對邵晉涵之影響」，下分二節。分別論析邵晉涵所處的乾嘉時代，及其家鄉浙東學風對其治學方法、學術成就所起之影響。

　　第四章「邵晉涵之傳注學」，下分三節。先考述邵晉涵的群經注疏及其存佚情形。因只有《爾雅正義》留存後世。所以根據此書探討其傳注學之成就，注疏之緣起、體例之創新，成為清代以後研究《爾雅》學者，一致尊循的主要研究方向，因此邵晉涵啟關後學之功績最大。

　　第五章「邵晉涵之輯佚學」，下分三節。先述邵晉涵從事輯佚工作之概況及其所輯佚書之情形。在他的輯作中，以輯出《舊五代史》影響最大，至今仍為研究五代史事之基本參考書籍。

　　第六章「邵晉涵之目錄學」，下分三節。先比較邵晉涵原纂提要與現今通行《總目提要》之異同。再分析邵晉涵所撰四庫提要之史書編纂思想與目錄學之成就

第七章「邵晉涵之金石學」，分析邵晉涵編纂《續通志・金石略》之體例與成就。

第八章「邵晉涵之編纂學」，下分兩節。分析邵晉涵之《宋史》編纂宗旨及其考證史料之價值。接著分析邵晉涵之官方文獻編纂學，包括他參與編纂的《八旗通志》、《國史》、《起居注冊》、《萬壽盛典》。

第九章「邵晉涵在文獻學上之貢獻」，下分五節。本章根據第四到第八章所分析的邵晉涵之文獻學活動，分別論述他在傳注學、輯佚學、目錄學、金石學、編纂學上之貢獻。

第十章「結論」，總結全文之研究成果。

目　次

第二七冊　陳書本紀校注

作者簡介

　　林礽乾，臺灣新竹縣人，1941 年生。臺灣師範大學國文研究所畢業，曾任省立新竹中學高中國文教師，師大國文系助教、講師、副教授、教授，韓國外國語大學中國語科客座教授，師大人文教育研究中心主任。在校主授治學方法專題研究、史學專書研討、資治通鑑、史記等課程，撰有〈「海陵紅粟」辨正〉、〈《史記・張釋之傳》「縣人」新詮〉、〈太史公牛馬走析辨〉、〈駱賓王討武曌檄標題商榷〉、〈《台灣文化事典》編纂與出版誌言〉、〈孕育台灣上一代菁英的搖籃——台灣師大前身台北高等學校〉、〈漢王就封南鄭所過棧道考辨〉、《陳書異文考證》、《通鑑陳紀糾謬》等論著及合著《國學導讀叢編》、《白話史記》、《白話資治通鑑》、《十三經注疏標斷》、《台灣文化事典》等多種。

提　要

　　《陳書》六本紀，三十列傳，凡三十又六篇，唐散騎常侍姚思廉繼其父梁、陳史官姚察未竟之業，博訪撰續而成。

　　其書修輯，歷三世，傳父子，更數十寒暑而后乃成，宜乎趙翼《陔餘叢考》、邵晉涵《南江書錄》及紀昀《四庫全書總目提要》稱其「編次得宜」、「首尾完善」、「體例秩然」。

　　顧此用力甚勤之作，成書千百年來，猶未得如馬、班、范、陳諸史之有名賢為之作注。且其書經歷代之輾轉傳鈔，帝虎魯魚，脫誤殊甚。如卷二十二〈錢道戢傳〉：「以功拜直閣」下，汲古本脫「將軍，除員外散騎常侍、假節、東徐州刺史，封永安縣侯，邑五百戶」等二十五字；卷四〈廢帝紀〉：「光大二年，章昭達進號征南大軍將」下，汲古本、武英殿本俱脫「中撫大將軍、新除征南大將軍」十二字；卷三十〈顧野王傳〉：「野王又好丹青」下，汲古本及殿本亦脫「善圖寫」三字。此外，一、二字之奪，則星布全書，不勝僂指。

　　爰據清武英殿版為校記藍本，而以宋浙本、三朝本、明南監本、北監本、汲古閣本，及唐、宋類書之所徵引者，以校其異同。於其記事之儳互者，及官制禮數之沿革，郡縣之興建與變遷，則博窺約取，以為注釋。俾夫覽者，能明陳氏之典章，及姚書之體要，與夫文字之是非，且以補表志之闕也。全書校注，非數載可以竟功，因以本紀六篇，先付剞劂，讀者亦可嘗鼎一臠，以見全書之立例也。

目 次

書　影

陳書本紀校注序

凡　例

第二八、二九冊　《上海博物館藏戰國楚竹書（四）・曹沫之陣》研究

作者簡介

　　高佑仁，1979 年生，高雄市人，台灣師大國研所碩士、成大中文博士生，研究重心集中在古文字考釋，尤其是戰國文字領域，發表著作有〈《曹沫之陣》「早」字考釋－從楚系 "屮" 形的一種特殊寫法談起〉、〈《曹沫之陣》校讀九則〉、〈《上海博物館藏戰國楚竹書（二）・民之父母》校讀〉等數篇，2006 年於文字學研討會發表〈《曹沫之陣》簡「沒身就世」釋讀〉一文，獲頒 95 學年度中國文字學會優秀青年學人獎。

提　要

　　西元二〇〇四年十二月《上海博物館藏戰國楚竹書（四）》（以下簡稱《上博（四）》）正式出版，其內容依舊精采流贍，覷其字形令人不忍釋卷，讀其內容令人流連忘返。其中《曹沫之陣》共有 65 簡，佔《上博（四）》全書之半數，亦是目前所公佈之上博簡中簡數最多的一篇簡文，並且《曹沫之陣》已正式取代銀雀山簡所出土的兵書，成為現存最古老的兵書。

　　因此雖然學術界深知《曹沫之陣》的內容可為領域作為取資之用，但文字的通讀問題是目前最大的瓶頸，使用不夠正確的編聯與釋文所做的研究，所得到的結論也將有所偏失。因此現階段而言，文字考釋與字句釋讀的問題是目前研究者最主要的焦點，因此論文筆者投注最多心力在「釋讀」方面，「釋」是考釋，考釋簡文文字

的字形、字義，並將之與甲骨、金文、各系戰國文字、秦漢文字進行橫面（空間）、縱面（時間）的系統比較，以補充或糾正過去的說法，彰顯這批兩千餘年簡文的寶貴價值。「讀」是訓讀，亦即每一個字詞在簡文中的訓讀。其次，筆者論文中廣泛蒐集所有研究者的研究成果，於論文中全文引用或摘錄重要字句，欲使本文同時亦具備集釋之功能。

目　次

第三十冊　《上博（一）‧孔子詩論》研究

作者簡介

　　鄭玉姍，國立台灣師範大學國文學系學士，國立台灣師範大學國文研究所碩士，現爲國立台灣師範大學國文學系博士生。曾任中學教師，國科會人文學研究中心研究助理，現爲世新大學中文系兼任講師。

　　單篇論文著作：〈《詩‧小雅‧斯干》「生男載床生女載地」風俗新探〉（《中國學術年刊》第 24 期，2003.6）、〈書評：裘錫圭：《中國出土古文獻十講》〉（《哲學與文化月刊》第 394 期，卅四卷第三期，2007.3）、〈張養浩《雲莊樂府》中表現儒者入世精神之篇章〉（《孔孟月刊》第 539-540 期，2007.8）

　　出版專書：《上海博物館藏戰國楚竹書（一）讀本》（與季旭昇教授等合著，台北市：萬卷樓，2004.6）

提　要

　　西元 1994 年春，上海博物館斥資買下香港古董市場一批竹簡，共一千二百餘支，三萬五千餘字。並於西元 2001 年 11 月，將其中〈孔子詩論〉、〈D 衣〉、〈性情論〉三篇之圖版及釋文考釋歸結出版《上海博物館藏戰國楚竹書（一）》。

　　其中〈孔子詩論〉完、殘簡共計二十九支，完整者僅一簡，餘簡殘損較多，統計全數約 1006 字。由於簡多殘斷，又無今本可資對照，整理者馬承源姑且名爲〈孔子詩論〉。

　　〈孔子詩論〉之出土，於文字學與《詩經》經學兩大研究領域皆有十分的重要性；簡中許多前所未見的文字，也爲古文字研究者提供更多有關戰國楚文字的研究

資料。自《上海博物館藏戰國楚竹書（一）》出版之後，關於〈孔子詩論〉的討論文章已有數百篇，本論文期望在前人努力的基礎之上作一個綜合性的整理，呈現一個較全面而具體的面貌。留白簡、二十九支簡排序之探討爲外圍問題，於本章中先行處理；簡序確定之後，才能於內容作最有效的探討。分析簡文內容時，力求羅列各家之說，包括兩岸學者關於〈孔子詩論〉有關形音義之文章著作，以及有關《詩經》篇名之今古論著，包括《詩序》、《三家詩》、鄭《箋》、朱熹《詩集傳》、以至今人著作，力求無偏無頗，以還原〈孔子詩論〉之原貌，及其與今本《詩經》經文與《詩序》的相合程度。

目　次

吳騫及其拜經樓藏書研究

闕曉雲　著

作者簡介

闕曉雲，民國五十九年生，臺北市人。私立輔仁大學中國文學系學士班、國立臺北大學古典文獻學研究所碩士班畢業。在校期間曾獲得國立臺北大學金鳶服務獎、品學兼優獎。教學經驗多年，曾任私立樹人家商、國立華僑高中的國文科教師。

提　　要

　　吳騫（1733-1813）是清代乾嘉時期著名的藏書家之一，他不僅在藏書數量上有一定規模，而且更注重藏書的品質。當時黃丕烈嘗命其室「百宋一廛」，吳騫即自題其居「千元十駕」，因而成為中國藏書史上傳頌百年之佳話。

　　本論文共分為八章，首章「緒論」，首先對於研究動機、研究目的與方法、前人研究成果之檢討作一必要的說明與探討。次章則為「吳騫之家世與生平」，旨在考論吳氏家世與吳騫生平的情況。

　　第三章為「吳騫之著述與《拜經樓叢書》之輯刊」，先就吳騫之著述作分類，再針對其著作之自序或其內容作探討；並專就現存所輯刊的《拜經樓叢書》作說明。第四章為「吳騫之交遊」，說明吳騫與浙江、江蘇藏書家及學者之交遊狀況。第五章為「吳騫之拜經樓藏書」，詳述拜經樓藏書之緣起與散佚、徵訪圖書之方法及其藏書特色。第六章為「拜經樓藏書之現況」，以吳騫與拜經樓藏書印作為檢索條件，綜理出約 109 部現存吳氏藏書的流向，以經史子集四部內容分作四節，再分別依館藏地及見載於《藏園群書經眼錄》者、見載於《嘉業堂藏書志》者，列表敘述其書名、卷數、版本、版本簡述、藏書印摘錄等事項，並有筆者的備註說明。第七章為「吳騫藏書題跋之分析」，專就《愚谷文存》與《拜經樓藏書題跋記》中吳騫所撰之藏書題跋，依目錄學、版本學、校勘學角度，一究吳騫所撰藏書題跋之義例。第八章為「結論」，即就吳騫的學術成就與貢獻，作整體性的總結與闡述。

目
次

第一章 緒 論

第一節 研究動機

　　明末清初的亂局，一直到康熙乾隆年間才逐漸穩定。江浙一帶出版業的發展及清政府對《四庫全書》的編纂，促使士大夫對書籍的追求和收藏。由於海寧地處江南繁華區，經濟比較發達，交通也比較便利，從而帶來了文化事業的擴展。自清以來，海寧藏書樓就達五十多家，其中新倉鎮的「拜經樓」當爲著名藏書樓之一。〔註1〕

　　「拜經樓」之主人吳騫（1733～1813）不僅在藏書數量上多達五萬卷，而且更喜好收藏宋元版書。當時黃丕烈嘗以「百宋一廛」題其室而名噪一時，吳騫繼之，並自題其藏書處曰「千元十駕」，因此與黃丕烈齊名於世，成爲中國藏書史上傳頌的佳話。

　　後人有關黃丕烈藏書的研究已顯見成果，相對而言，有關吳騫藏書的系統研究則稍嫌不足。有鑑於此，筆者擬就所見，即以吳氏次子壽暘所編纂《拜經樓藏書題跋記》及吳氏相關著述爲主，輔以其他資料，並涉及拜經樓藏書傳本，期能對吳氏拜經樓藏書作一較深入且有系統性的探討，且爲兼顧知人論世之旨，首先就吳氏的家世、生平、著述與交遊作一簡要論述。

第二節 研究目的與方法

　　筆者選定《吳騫及其拜經樓藏書》爲研究題目，其目的有六，茲條列如下，而本論文之研究方法亦略論如次。

〔註 1〕 參見顧志興，〈清代海寧州私家藏書文化特徵〉，《海寧藏書文化研究》（杭州：西泠印社出版社，2004 年 4 月），載於網址：http://www.hnlib.com/bngp/cswhlw.htm

一、考論吳騫之家世、生平：筆者擬就今日可目見之吳騫著作，如《休寧厚田吳氏家譜》、《愚谷文存》、《拜經樓詩集》等為主要依循的線索，並網羅相關之傳記、方志以及藏書史，加以統整、歸結所見而言之。

二、探討吳騫之著述與《拜經樓叢書》：吳騫一生的著作極為豐富，故將其體例分為自著類、校訂類、編定類三大類，這三大類再依其內容分成經、史、子、集四部，分別記載其書名、卷數，又據《清人別集總目》、《新訂清人詩學書目》、《清人詩文集總目提要》、《清代詩話知見錄》、《江浙訪書記》、《清詩話考》、《中國叢書廣錄》、《中國叢書綜錄‧續編》諸書，歸納出各書現存重要版本及館藏所。其次，針對其著作之自序或其內容，略敘其梗概，以彰顯吳騫著述等身的才華。再者，並特別探討現存所輯刊之《拜經樓叢書》。

三、說明吳騫之交遊：吳騫多與當地著名藏書家或學者交往，本章據《拜經樓詩集》、《拜經樓藏書題跋記》或友人文集之所述為主，鉤勒出當時吳騫與友朋間遊山玩水、交換藏書心得的情景。

四、詳述吳騫之拜經樓藏書：本章主要依吳騫所撰《愚谷文存》、《拜經樓書目》及《拜經樓藏書題跋記》，分節敘述拜經樓藏書之緣起與散佚、拜經樓徵訪圖書之方法及其藏書特色。

五、綜理拜經樓藏書之現況：拜經樓藏書散佚距今約有一百餘年，為了解其藏書現況，筆者除了查考清末重要藏書志及現時各重要圖書館中文善本書志之外，還根據國家圖書館「中文古籍書目資料庫」作了解。茲將拜經樓藏書依傳統四部內容分作四節，每節再各依館藏地及見載於傅增湘《藏園群書經眼錄》者、見載於《嘉業堂藏書志》者，列表說明，包括書名、卷數、版本、版本簡述、藏書印摘錄等項目，並有筆者備註。

六、分析吳騫之藏書題跋：吳騫所撰藏書題跋，主要體現在《愚谷文存》與《拜經樓藏書題跋記》之中，本章試從目錄學、版本學、校勘學角度，一究吳騫所撰藏書題跋之義例。

第三節　前人研究成果之檢討

歷來對吳騫的研究，大多著重在其所建「拜經樓」藏書的價值；以下分別就以相關書籍和單篇專文之發表型態，各依出版先後逐一概述。

一、相關書籍

吳騫是乾嘉時期著名的藏書家之一，當然他在中國藏書史上亦占一席之地，諸如：周少川之《藏書與文化：古代私家藏書文化研究》、傅璇琮和謝灼華之《中國藏書通史》、范鳳書之《中國私家藏書史》、徐凌志之《中國歷代藏書史》等書，皆有提及，所言較屬一般性，姑不予贅述；而只探討關於吳騫傳略或藏書樓較有深入闡明之專書，約有六部，這裡僅引論各書較爲特別的說法，至於其他詳細的內容則散見於各章節。

1. 鄭偉華、李萬健《中國著名藏書家傳略》

本書作者以陳鱣詩句「人生不用覓封侯，但問奇書且校讎」作爲對吳騫人生之寫照。他一生沒做過什麼大官，只取得了個「明經」學歷，但他在學術上卻頗有名氣。

此外，作者還讚賞吳騫之所以成爲一個著名藏書家，完全是他自己努力的結果，因爲他的先人並未留下藏書。歷史上許多藏書家一旦有了名氣，總喜歡誇耀自己的祖先如何如何，其目的有二：一是標榜自己出身書香門第，學有淵源；一是借以張揚先祖之名字，以表示孝心；而吳騫則實事求是，直言不諱地說：「吾家先世頗乏藏書」。〔註2〕

2. 顧志興《浙江藏書家藏書樓》

本書第九篇作者題爲「吳騫與拜經樓」，提及清乾隆年間，可與吳縣黃丕烈的「百宋一廛」相媲美的，則有海寧吳騫的「拜經樓」藏書樓。吳騫的「千元十駕」，諸家記載或作「千元十架」，意謂吳騫的「拜經樓」有元刊本書千部，放置在十個書架之上，這與事實不合。黃丕烈對此作了正確的解釋，他在〈席上輔談跋〉文云：「予向名藏書所曰百宋一廛，其時海昌吳槎客聞之，即自題其居曰千元十駕。蓋吳亦藏書者，謂千部之元板，遂及百部之宋板，如駑馬十駕耳。繼後嘉定錢潛研老人著說部，名曰十駕齋養新錄，即此十駕之義。」按此線索尋繹，吳騫取名「千元十駕」實有深意。荀子〈勸學〉篇中有言「騏驥一躍，不能十步；駑馬十駕，功在不舍」，吳騫取「千元十駕」之意，不僅有相敵，且有鍥而不舍，迎頭趕上之意。〔註3〕

3. 葉昌熾著，王欣夫補正、徐鵬輯《藏書紀事詩》

本書由王欣夫所補正有關吳騫的資料頗具價值，諸如：查揆《篔谷詩鈔》卷十六〈感舊十五首‧吳兔牀大學騫〉之詩句，還有《海昌備志》、《曝書雜記》中關於吳騫之次子、長孫、姪子等傳略。〔註4〕

〔註2〕說見該書（北京：書目文獻出版社，1986年9月）頁111～115。
〔註3〕說見該書（浙江人民出版社，1987年1月）頁194～197。
〔註4〕說見該書（上海：上海古籍出版社，1989年9月）頁542～546。

4. 嚴佐之《近三百年來古籍目錄舉要》

本書作者將《拜經樓藏書題跋記》分為五個部分來探討：

一是吳騫生平、學術及其拜經樓藏書，從他和黃丕烈的密切關係，可得知他們倆對宋元舊槧，同有嗜癖，雖然吳騫終未能圓「千元」之夢，而拜經樓藏本校勘精審則不下「士禮居」，且其子孫亦能善承家訓，保護遺籍，及至道光末年，時勢險惡，名山遺書，方才散佚。

二是吳壽暘和《拜經樓藏書題跋記》，說明吳騫題跋極少揭示圖書內容主旨，主要是對版本的考訂和鑑賞，以及敘述藏弆和刊印的源流，另外也有考稽作者、比勘文字的，如《水經注》、《國壽錄》、《咸淳臨安志》、《笠澤叢書》諸題跋，皆能「正訛糾謬」，學術性很強。若以吳騫題跋與黃丕烈題跋相較，黃跋自由散漫，吳跋則稍拘謹。

三是《拜經樓藏書題跋記》的收書情況，從其內容和著述時代而言，分別有多近世和當世人著述、多鄉邦文獻及鄉賢著述、多地方志和書目等三個特點；又從其版本而言，亦分別有多鈔本、多名家批校本、多宋元舊本等三個特點。

四是《拜經樓藏書題跋記》的學術價值，共歸納三點，首先《拜經樓藏書題跋記》以其與眾不同的編纂體例和內容特徵，創造了一種題跋記目錄體裁的新形式；其次，《拜經樓藏書題跋記》是研究清代藏書樓史的重要文獻；再者，《拜經樓藏書題跋記》是明瞭和研究吳騫版本學、校勘學思想、方法的主要參考文獻。

五是《拜經樓藏書題跋記》的流傳和刊印，最早刻本為道光二十七年（1847），編入《別下齋叢書》印行，此後有光緒五年（1879）會稽章氏《式訓堂叢書》本、光緒三十年（1904）朱氏《校經山房叢書》本、光緒間武林竹簡齋景印《別下齋叢書》本、民國十一年（1922）上海博古齋景印增輯《拜經樓叢書》本、民國十二年（1923）上海涵芬樓景印《別下齋叢書》本、民國十三年（1924）蘇州江杏溪編印《文學山房聚珍版叢書》本和民國二十八年（1939）上海商務印書館編印的《叢書集成初編》本。傳世的版本雖然很多，但大抵源於《別下齋叢書》本，所以並不複雜，只是後印諸本頗多舛誤。〔註5〕

5. 鄭偉章《文獻家通考》

本書作者引用諸多吳騫自己的文集、詩句，以闡明他的生平志向及其交遊狀況；尤以《拜經樓書目》自序最為珍貴，因在國家圖書館（臺北）所藏存的《拜經樓書目》（逸園鈔本）並未收入此序。另有列舉吳騫約三十一種藏書印，也深具參考價值。〔註6〕

〔註5〕說見（上海：華東師範大學出版社，1994年9月）頁44～52。
〔註6〕說見該書（北京：中華書局，1999年6月）頁371～379。

6. 林申清《明清著名藏書家、藏書印》

本書作者先對吳騫作個生平傳略，論及吳騫曾撰有《拜經樓書目》二卷和《兔牀山人藏書目錄》一卷。今存世的還有一部《拜經樓書目》一冊，是為吳騫之孫吳之澄的藏書目錄，與吳騫的藏書目錄迥異。其後則收錄吳騫二十四種之藏書印，並附有圖注，頗具參考價值。〔註7〕

二、相關學位論文

2004 年 11 月在臺灣暨南國際大學中國語文學系研究生沈婉華所撰〈徐燦《拙政園詩餘》研究〉，其中第三章第三節「吳騫與《拙政園詩餘》、《拙政園詩集》的刊刻」，談及吳騫刊刻這兩部書的經過，並記述了拙政園的歷史沿革，且將其歷代著名文人雅士的題詠附錄於後，強調了拙政園的歷史性。然而吳騫亦能透過《拙政園詩餘》、《拙政園詩集》的編輯，對典籍和遺物進行反思，將拙政園的故跡遺物，銜接構成一部貫穿古今的文明史。〔註8〕

三、單篇專文

關於研究吳騫及其學術貢獻的單篇論文，從 1990 年至 2004 年間，僅有五篇，且都限於大陸發表者。試依年代先後分別概述如下：

1. 韓淑舉〈清代大藏書家吳騫〉

本篇作者在前言提及吳騫是清代中期的著名詩人、藏書家、校讎學家和版本學家。但近四十年來，研究吳騫及其學術貢獻者頗為鮮見。有鑑於此，作者則針對「吳騫的拜經樓藏書」、「吳騫對校勘學的貢獻」、「吳騫的版本學貢獻」等三部分作一簡述，其中「吳騫對校勘學的貢獻」多舉校勘方法及體例，尤其值得參考。〔註9〕

2. 陳少川〈吳騫與拜經樓〉

本篇作者分就「吳騫先生簡介」、「拜經樓藏書概況」、「《拜經樓藏書題跋記》的學術成就」等三部分，逐一略述其特點，並以歷來學者對《拜經樓藏書題跋記》的評價作結。〔註10〕

3. 王火青〈藏書家吳騫的小說〉

本篇內容主要在探討吳騫的傳奇小說，包括《桃溪客語》、《扶風傳信錄》及單

〔註 7〕說見該書（北京：北京圖書出版社，2000 年 10 月）頁 125～130。
〔註 8〕說見沈婉華，〈徐燦《拙政園詩餘》研究〉（國立暨南國際大學中國語文學系研究所碩士論文，2004 年 11 月），頁 43～54。
〔註 9〕文見《圖書館研究與工作》1990 年第 3 期，頁 8～12。
〔註 10〕文見《圖書館雜誌》2000 年第 5 期，頁 56～57。

篇〈夜明竹記〉等。作者於文後則肯定吳騫的小說價值，其因在於吳騫長期寄寓宜
興，深諳宜興的山川風物、古今人事、志怪傳奇，他以藏書家的淵博學識，將這些
嶔崎磊落、光怪陸離的人和事，輯錄整理成具有地方特色的文言小說，從一個側面
豐富了古代文言小說的內容。〔註11〕

4. 焦桂美〈拜經樓吳氏藏書的特色及影響〉

本篇內容分成「拜經樓藏書的主要特色」、「拜經樓藏書的散亡」、「拜經樓藏書
的影響」等三個部分，其中有多處為作者個人推論之見解，可歸納成三方面，略述
於下：

一是在拜經樓藏書的主要特色方面，據《拜經樓藏書題跋記》中有宋版二十一
種，元版二十四種，共四十五種，占其全部藏書三百二十一種的八分之一略強，這
個數字尚無法與黃丕烈相比肩。究其原因，可能主要是吳騫財力所限。另外，作者
也認為吳騫尤重視收藏方志與目錄，或許受四明范氏天一閣藏書之影響。

二是在拜經樓藏書的散亡方面，作者據吳騫藏書題跋及其《愚谷文存》所言，
可以見知吳騫很注重培養子孫，在他生前常帶次子壽暘四處訪書，並使之結識同好。
直至吳騫卒後，壽暘仍與黃丕烈等前輩藏書家保持友好關係，不僅從前輩藏書家身
上學習守藏經驗，也進而擴大其藏書規模。至於拜經樓藏書亡於何時，不得而知。
但從諸多文獻中可證明吳騫的子孫不負所望，使拜經樓藏書得以三代世守，歷經百
年而安然無恙。

三是在拜經樓藏書的影響方面，作者認為吳騫及其拜經樓藏書促進了清代藏
書風氣的轉變。因吳騫不僅積極購藏圖書，而且與士林廣泛交結，互通有無，互
相鈔校，促進了當時藏書風氣的轉變，使藏書觀念由保守趨於開明，這一點在藏
書史上意義重大。而拜經樓吳氏能集藏、校、讀於一身，也體現了清代藏書的良
好傳統。〔註12〕

5. 智曠〈吳騫拜經樓藏書考略〉

本篇出自於《海寧藏書文化研究》，是為慶祝海寧圖書館百年誕辰（1904～2004）
而編纂的套書之一。該書共收文十一篇，由來新夏以〈海寧藏書家淺析〉一文為序，
道出自己流覽文集全部稿本之後的三大體會，一為海寧藏書家「燦若繁星」，二為海
寧藏書家「學有專攻」，三為海寧藏書家「書香傳承」。

該文敍述當年在時代上追名於寧波「天一閣」、在地域上媲美於蘇州「士禮居」

〔註11〕文見《明清小說研究》2000年第4期，頁143～150。此文亦見蕭相愷主編，《中國
文言小說家評傳》（鄭州：中州古籍出版社，2004年4月），頁691～698。
〔註12〕文見《山東圖書館季刊》2004年第3期，頁23～26。

的「拜經樓」藏書之概況，考證了其藏書數量「應該是五萬餘卷」，而其藏書主要來源有搜集購置於本地舊家藏本、通都大邑書肆，以及傳鈔秘本、刻書、著書等方式，並指出其藏書之特色在於多舊刻舊鈔、珍貴史志、書畫、法帖和金石類圖書。文末則略說《拜經樓藏書題跋記》之刊印緣起，並舉〈道古樓書畫目錄跋〉一例作簡析，贊揚吳氏藏書題跋見解獨到、闡述清晰，學術性與文學性融爲一體。〔註13〕

〔註13〕文見《海寧藏書文化研究》（杭州：西泠印社出版社，2004年4月），載於網址：http://www.hnlib.com/bngp/cswhlw.htm

第二章　吳騫之家世、生平

第一節　家　世

　　清乾嘉時期，浙江海寧一帶收藏圖書風氣大興，出現了許多著名的藏書家。因此這裡成爲藏書事業十分發達的地區，吳騫就是當時在海寧出現而與黃丕烈齊名的大藏書家。

　　關於吳騫的先世，根據現存文獻所知，只能從《休寧厚田吳氏宗譜》得以窺探，因該書曾於乾隆五十二年（1787）經由吳騫親自手校，並有盧文弨〔註1〕的譜序，以及吳騫所撰的「譜源」，故其價值性很高。另外，他自著的《愚谷文存》亦有談及其家世狀況。

　　吳氏世居徽州休寧，系出唐左臺御史少微，三十三世而傳至吳萬鐘〔註2〕，萬鐘之兄萬鎮〔註3〕素與鹽官陳祖苞中丞友善。明天啓間（1621），中丞創鹽場於海寧縣東新倉里，知萬鎮素諳鹽務，即招其度劃，萬鎮念知己不能卻，遂偕母及弟萬鐘，

〔註1〕 盧文弨（1717～1795），字紹弓，號磯漁，又號檠齋，晚號弓父，人稱「抱經先生」，清仁和（今浙江杭州）人。乾隆十七年（1752）進士，官至翰林院侍讀學士、提督湖南學政，告歸後，歷主浙江西湖、紫陽、鍾山諸書院，達二十餘年。其酷嗜書，俸祿之餘，悉以購書，家藏書籍數萬卷。藏書處曰「抱經堂」。精於校讎，自經傳、子、史，下逮說部、詩文集，凡經披覽，無不丹黃。遇有秘鈔精校之本，輒宛轉借錄；即無別本可校，必爲之釐正字畫而後快。平生所校之書極多，且以校勘精審名家。著有《羣書拾補》、《儀禮注疏詳校》、《抱經堂集》、《鍾山札記》等。又以所校勘、注釋之經學諸書匯刻爲《抱經堂叢書》。詳見〔清〕葉昌熾撰，王鍔、伏業鵬點校，《藏書紀事詩》（北京：北京燕山出版社，1999年5月），頁408。
〔註2〕 吳萬鐘，吳騫的高祖，字達宇。其事蹟不詳。
〔註3〕 吳萬鎮，字定宇，爲人慷慨尚氣節，藝勇絕人，以義俠聞三吳間，其事蹟可詳見《休寧厚田吳氏宗譜》（清乾隆52年吳氏原刊本），卷四，〈第三十三世定宇公〉。

由嘉興遷移來海寧的新倉里定居。

　　至若先世的家訓，〈桐陰日省編上〉云：

　　　　吾家先世業儒，自伯祖誠菴公〔註4〕與理學諸公相往還，屏絕異端。

　　故大父玉方公〔註5〕及先考愚齋公竝有遺誡，身後勿作佛事，違者以不孝

　　論。願子孫無違此訓。〔註6〕

這個家訓確實讓吳騫深受影響，在〈先考行略〉〔註7〕一文中亦表明自己不修佛事，歿後，殮以時服喪祭，並遵朱子家禮，若有違者，乃眞不孝也。

　　吳騫在〈桐陰日省編上〉提及曾伯祖吳應鳳（1618～1680），文云：

　　　　碩學篤行，嘗謂道不遠人，以近而期之，故字曰爾期。所著《約心編》，

　　嘗原古人造字之意作字說，具有精義，惜原書今不存，略見誠菴公譔妹淑

　　士傳中。〔註8〕

吳騫的父親吳玫中（1690～1761），字心安，別號愚齋。生而聰敏，弱齡有成人之度，讀書過目成誦。伯祖誠菴公曾雅器之，且曰「吾家千里馬」也。為人溫恭客讓，存心一主忠信，口不言人之過，亦未嘗揚己之長。於學務期實踐，不讀非聖之書，尤嫉二氏之教流為世害，嘗著《不惑論》一篇〔註9〕，以預誡後人身後慎勿延緇黃作音樂；教其子慎擇師友，凡所訓誡，皆立身行己之要。即使晚年因目眚和風眩之疾所苦，亦時時背誦秦漢唐宋諸大家文章，為子弟輩們指示源流。〔註10〕

〔註4〕吳琦文（1647～1698），字玉章，號誠菴，少受業秦谿何商隱先生之門，以績學行孝著稱。其事蹟可詳見《休寧厚田吳氏宗譜》（清乾隆52年吳氏原刊本），卷四，〈第三十五世孝子玉章公〉。

〔註5〕吳奇慶（1667～1732），字玉方，少好學，凡河洛數理之書，靡不精究，對星命家言，尤有獨得之奧。為人端恭嚴毅，教子弟以義方門，以內秩如也。其事蹟可詳見《休寧厚田吳氏宗譜》（清乾隆52年吳氏原刊本），卷四，〈第三十五世玉方公〉。

〔註6〕〔清〕吳騫，《愚谷文存》（臺北：藝文印書館，1969年，《百部叢書集成》第40冊），卷十二，頁2。

〔註7〕〔清〕吳騫，《愚谷文存》（臺北：藝文印書館，1969年，《百部叢書集成》第40冊），卷十，頁18～24。

〔註8〕〔清〕吳騫，《愚谷文存》（臺北：藝文印書館，1969年，《百部叢書集成》第40冊），卷十二，頁7。

〔註9〕杭州府志藝文儒家類著錄，大要謂二氏動以禍福報應之說，惑人不知吉凶悔吝，壹視人其所自取，是以唐李舟與妹書云，天堂無則已，有則君子登。地獄無則已，有則小人入。豈非千古之名言乎。論後又附問答反覆辨難，不下數千言。著此書時正年方四十，故以不惑名篇。參見許傅霈等原纂，《浙江省海寧州志稿》（臺北：成文出版社，1983年），卷十四，頁1609。

〔註10〕〔清〕吳騫，《愚谷文存》（臺北：藝文印書館，1969年，《百部叢書集成》第40冊），卷十，頁18～24。

　　此外，吳騫的好友盧文弨嘗因吳騫能守處士之訓，稱其敘述考妣言行具有條理，而其父親葬時未有銘，故爲之撰寫〈吳愚齋處士墓碣〉一文，以彰顯吳騫父子賢孝卓絕之行。文曰：

> 人子之於親，莫不志在顯揚，然富貴而名磨滅者何限，求不死其親，莫若處善循理而有文章，天地之道，其蓄之也淳龐敦固，其發之也顯融光明，以若人之行事得令子而彌彰，有美而稱之，余是以信其道之交相成也。
> 處士之名，百世之榮，豈藉圭綬鐘鼎而乃爲輝光也哉。〔註11〕

吳騫的母親程氏（1693～1762），名長鳳，是候選州司馬程紹夔〔註12〕的長女，事奉舅姑，尤極孝敬，當姑喪時，日夜哀泣，以致雙目失明。後因司馬公無子，還爲之立後，並變賣釵珥爲父母叔弟營葬，人至今稱孝女阡云。吳騫曾對母親的行誼，有如下的敘述：

> 吾母于享祀最敬，祭器必躬親整盥，先期齊肅，質明行事，終其身如一日也。予髫齡嘗隨母訪項氏祖姑于武林寓菜園累月。一日晨起，悄然不樂，祖姑怪而問之，曰新婦久客于外，今日舅忌辰，夜夢見之，得無家人有失事乎！語竟潸焉出涕。祖姑亦未之信，及歸詢之，果不及期將事云。〔註13〕

吳騫嘗說明其撰作〈桐陰日省編上〉的緣由：

> 騫不幸生二十九年而遭先君子大故。甫逾年，吾母又棄養。痛深創鉅，幾不欲生。回思嘉言懿訓，所以教督不肖，俾勿致流爲匪僻者，何莫非義方之善也。詩曰：欲報之德，昊天罔極。今齒已踰甲，衰疾顛連，恐一旦溘先朝露，使前節往行不少概見於後，益復無以自解，爰從暇日輯綴爲二卷，曰桐陰日省編。〔註14〕

從這段話中，可看出他年輕時失去生父母之痛的心情，而他在〈先考行略〉一文中亦有詳述他父母親對祖父母盡孝的感人事蹟，以及對他在禮教方面的影響。

　　吳騫有兩位哥哥，伯兄吳霖、仲兄吳嶸，二人經常一起讀書。在〈伯兄拙巢先生狀略〉〔註15〕一文中記載吳霖生平事蹟，大略如下：

〔註11〕詳見《休寧厚田吳氏宗譜》（清乾隆52年吳氏原刊本），卷五。

〔註12〕程紹夔，字韶先，本新安人。

〔註13〕〔清〕吳騫，《愚谷文存》（臺北：藝文印書館，1969年，《百部叢書集成》第40冊），卷十三，頁4。

〔註14〕〔清〕吳騫，《愚谷文存》（臺北：藝文印書館，1969年，《百部叢書集成》第40冊），卷十二，頁1。

〔註15〕〔清〕吳騫，《愚谷文存》（臺北：藝文印書館，1969年，《百部叢書集成》第40冊），卷十，頁25。

吳霖（1721～1791），字西臺，拙巢其別字也。號開林，杭府貢生。幼性端敏，初入小學讀書上口，輒領大義。弱冠時銳意向學，常倜儻有大志，不務爲苟安計，摯兄弟彼此友愛備至，終其身未嘗有間言。著有《拙巢詩文稿》若干卷。當吳騫近八十歲時，還寫過一首〈過拙巢感懷先兄二絕〉，可以見知他們手足情深。詩云：

　　春入池塘草又滋，廿年風雨泣聯枝。不知貞白今安在，空有遺香感夢思。

　　碌碌全生自笑頑，風前荊樹幾枝殘。會骸山下尋兄弟，黃土何時始蓋棺。

〔註16〕

而〈仲兄石齋先生墓版文〉〔註17〕及〈第三十七世文學介如公〉〔註18〕則記載吳嶸生平事蹟，大略如下：

　　吳嶸（1726～1754），字介如，號石齋，本爲吳玫中之子，後過繼爲玫丰〔註19〕嗣子。少聰穎，有才思，讀書日數千言，受到長老器重，稍長則與伯兄從學於胡又乾先生掌教的崇文書院，數年得病，又遊於同邑鍾若羹先生和梅之門，俱爲師友所推許。因少有咯血疾，再次省試時不得志，益發憤激厲，竟以勞瘁不起，年二十九而卒。

吳騫還爲他編文集，云：

　　　仲兄石齋先生，文筆清麗，尤擅吟詠。少日同伯兄讀書西湖時，與西泠諸子唱和尤密。惜多不自收拾，歿時年二十有九。余檢其遺詩，僅得十數首。錄爲一卷曰《石齋遺稿》。近見重修《杭州府志》，於藝文中載《石齋遺稿》一卷。〔註20〕

關於吳騫的妻子，從〈亡室魏孺人家傳〉〔註21〕文中得以窺知一二。其妻魏氏（1731～1796），字文灝，海鹽人。自幼性質凝靜，不妄言笑。年二十三嫁入吳家，侍奉舅姑尤爲謹慎，處理家事具有條理，而且亦明於大義。騫嘗云：

　　　今年春，予購得萬蒼山地，預營窀室，既葳事，歸見病狀益消削。因藉詞相慰，行將樹梅百本，謀築萬雪庵于穴側，子能強起游手？愀然日君

〔註16〕〔清〕吳騫，《拜經樓詩集續編》（上海：上海古籍出版社，2002年，《續修四庫全書》第1454冊），卷四，頁167。

〔註17〕〔清〕吳騫，《愚谷文存》（臺北：藝文印書館，1969年，《百部叢書集成》第40冊），卷十一，頁6。

〔註18〕詳見《休寧厚田吳氏宗譜》（清乾隆52年吳氏原刊本），卷四。

〔註19〕吳玫丰（1695～1754），字臨菴，娶孫氏。另育有一女適太學生朱震。

〔註20〕〔清〕吳騫，《愚谷文存》（臺北：藝文印書館，1969年，《百部叢書集成》第40冊），卷十二〈桐陰日省編上〉，頁11。

〔註21〕〔清〕吳騫，《愚谷文存》（臺北：藝文印書館，1969年，《百部叢書集成》第40冊），卷十，頁28。

居恆戚戚，以先人墓多未建丙舍、置祀田爲憂，得埋骨幸矣，奚暇計及此
耶！予深感其言，至今怦怦心動也。〔註22〕

更加貼心的是，其妻得知吳騫酷喜置書，還變賣飾品以佐其不足，生活素尚節儉，
衣物不慕榮華；即使吳騫素性卞急或有怫意，雖加之詞色，亦毫無怨言。

　　吳騫和妻魏氏育有兩個兒子，魏氏因要照顧長兒壽照〔註23〕的目眚而憂勞成
疾，屢次勸騫蓄媵〔註24〕不成；又因晚年屛絕一切藥餌湯飮，所以只享年六十六歲。
在魏氏過世隔年後，正值64歲的吳騫則另娶年僅十九的徐姬，並爲她撰寫〈徐姬小
傳〉，略云：姬名貞，字曰蘭貞，平湖北墅里人。天性婉順，幼習女紅，家貧母老，
願委身作妾，以償父責。同時，她還能讀詩寫字，嘗撰《珠樓遺稿》一卷，收入《拜
經樓叢書》之中。〈徐姬小傳〉一文後的「論曰」，則極盡贊美她的風華才思：

　　　　昔淨名居士膝前得月上之妹，而《維摩經》復有天女散花於室，解
　　除魔障，游戲神通，是知空花幻色，未嘗不可假以證道也。姬性耽恬靜，
　　能於當下領悟，不泯其靈臺，抑若有默契焉者。東坡詩云：不似楊枝別
　　樂天，恰如道德伴伶元，阿奴絡秀不同老，天女維摩總解禪。殆可引爲
　　姬喻云。〔註25〕

因徐姬三十二歲早逝，吳騫亦已逾七十之齡，晚年對她特別懷念，故特撰〈夜夢亡
婦示蘭貞〉、〈晚渡太湖寄蘭貞〉、〈再哭蘭貞〉、〈蘭貞大祥〉、〈哀蘭絕句十九首〉諸
詩，句句叩人心弦，哀怨悽美。如〈夜夢亡婦示蘭貞〉詩云：

不共艱辛已七年，孤魂蕭瑟泪漣漣。猶持一片秦川錦，要與陽臺鏽玉蓮。
〔註26〕

〔註22〕〔清〕吳騫，《愚谷文存》（臺北：藝文印書館，1969年，《百部叢書集成》第40冊），
　　　　卷十，頁29。
〔註23〕吳壽照（1758～？），字南輝，號小尹，杭府廩生，乾隆丙午（1786）舉人，娶仁和
　　　　項氏。精選學，抱經學士極推重之，以病目廢。著有《骨董羹》一冊、《小尹詩稿》
　　　　一冊。詳見許傅霈等原纂，《浙江省海寧州志稿》（臺北：成文出版社，1983年），
　　　　卷十四，頁1630。
〔註24〕這在陳鱣〈述義記〉中有詳細之記載，可看出吳騫的個性慈善，一時咸頌其厚德之
　　　　事，文云：「吾鄉有道君子曰吳兔牀山人，偕其婦魏隱居海濱之小桐溪，山人善讀書，
　　　　好交游，四方賢士大夫每過從必觴詠連日。魏咄嗟力辦，既而魏膺病嘗在牀蓐，欲
　　　　爲山人置妾侍執巾櫛，山人固未之許。」而後適騫客杭，魏納平湖良家女，騫不忍
　　　　她作妾，遂歸以爲義女，並爲其物色海鹽名家子，嫁之。詳見〔清〕陳鱣，《簡莊文
　　　　鈔》（上海：上海古籍出版社，2002年，《續修四庫全書》第1487冊），卷五，頁275。
〔註25〕〔清〕吳騫、徐貞等，《拜經樓集外詩，附珠樓遺稿》（臺北：新文豐出版社，1985
　　　　年，《叢書集成新編》第七十二冊），頁554。
〔註26〕〔清〕吳騫，《拜經樓詩集續編》（上海：上海古籍出版社，2002年，《續修四庫全

又如〈再哭蘭貞〉詩云：

> 一寸相思百寸灰，巫咸乍肯下陽臺。生無子女誰爲慟，死有靈香定解回。
>
> 遺稿轉從焚後惜，嫁衣忍向篋中開。祇今惟有虹橋水，曾結紅冰送夜來。

〔註27〕

至於吳騫的子孫較有成就者，除了次子壽暘、長孫之淳能繼承其遺志，守住拜經樓藏書之外，尚有三位姪子同他關係密切，分別是吳衡照、吳乙照、吳春照。茲據《浙江省海寧州志稿》所載，對此五人之生平略述如下：

吳壽暘（1771～1831），字虞臣，號蘇閣。歲貢生。著有《公羊經傳異文集解》二卷、《補遺》二卷、《後漢書校勘記》、《東坡集校勘記》、《讀書日益編》二冊、《富春軒雜著》二卷、《拜經樓藏書題跋記》五卷、《書畫題跋記》二卷、《詞苑珠叢》、《蘇閣詩稿》四卷、《蘇閣詞稿》一卷等書。

吳之淳（1810～1846），壽暘之子，字錞和，號鱸鄉。諸生。著有《鱸鄉箚記》、《雲根室偶存稿》等書，其藏書處稱爲「竹下書堂」。

吳衡照，字夏治，號子律。嘉慶辛未（1811）進士。金華府教授。著有《海昌詩淑》五卷、《續集》二卷、《蓮子居詞話》四卷、《辛卯生詩》四卷、《蓮子居詞鈔》〔註28〕等書。

吳乙照，字然青，號子校。嘉慶戊辰（1820）聯捷進士，官山東福山知縣。著有《經史質疑錄》二卷、《庸言錄》一卷、《醫測》二卷、《歷朝詩選》、《見山廬集》四卷等書。

吳春照（1783～？），字遲卿，號子撰。諸生。尤深於小學。精讐校，家藏數千卷，丹黃幾遍。著有《字說》、《漢書校勘記》、《痧脹辨正》等書。

另在錢泰吉〔註29〕的《曝書雜記》，也有春照訪求善本校核的記載，云：

〔註27〕書》第 1454 冊），卷一，頁 132。

〔清〕吳騫，《拜經樓詩集續編》（上海：上海古籍出版社，2002 年，《續修四庫全書》第 1454 冊），卷四，頁 167。

〔註28〕有從父騫序略云：「兄子衡照於樂章，夙有深嗜。凡古今名家之作，靡不蒐訪購致，沈研而熟習焉。一字之不安，輒數易其稿，暇日手輯近日曰《蓮子居詞鈔》。予循覽各調并觀厥命名而知用意之所在，殆欲先致其愁苦之功，而後即夫歡愉之境也歟。」其內容詳見〔清〕吳騫，《愚谷文存》（臺北：藝文印書館，1969 年，《百部叢書集成》第 40 冊），卷二，頁 22。

〔註29〕錢泰吉（1791—1863）字輔宜，自號警石，海鹽人。廩生，官海寧州學訓導。弱冠即與從兄儀吉齊名，人稱「二石」。精於校讐之學，性喜藏書，得先世藏書數萬卷，其又廣羅典籍，藏於「冷齋」中。著有《甘泉鄉人稿》、《學職禾人考》、《海昌備志》、《曝書雜記》。詳見〔清〕葉昌熾撰，王鍔、伏業鵬點校《藏書紀事詩》（北京：北京燕山出版社，1999 年 5 月），頁 528。

　　吳君春照字子撰，嘗語余：《史記》王本、柯本雖善，惟是索隱、正義刪削過多，難於綴補。正義，何夢華有精鈔本，今未知在否？索隱，有至元刊本可據，暇日曾校錄一通。是時，吳君方佐汪小米校《漢書》，未暇及《史記》。吳君與小米相繼逝，此事遂已。惜哉！吳君為兔牀先生之姪，濡染家學，校讎極精審。其兄醒園昂駒〔註30〕，亦好古籍，近校《敬業堂集》，撰《參正》一卷授梓，老年猶矻矻不倦也。〔註31〕

第二節　生　平

　　關於吳騫的生平資料，在《休寧厚田吳氏宗譜》〔註32〕、《浙江省海寧州志稿》〔註33〕、《清史列傳》〔註34〕、《清儒學案小傳》〔註35〕、《清代樸學大師列傳》〔註36〕、《碑傳集補》〔註37〕、《清畫家詩史》〔註38〕、《初月樓聞見錄》〔註39〕、《湖海詩人小傳》〔註40〕等書，均有若干記載，故依此類文獻作個綜合敘述如下：

　　吳騫，字槎客（楂客），一字葵里，幼字益朗。號兔牀、愚谷，別署齊雲采藥叟、小桐溪旅人、漫叟、桃溪客、兔牀山人、滄江漁父、滄江漫叟、夜明竹軒主人。室名曰「拜經樓」、「富春軒」、「雙聲館」、「千元十駕齋」、「桃溪山館」、「耕煙山館」、

〔註30〕 吳昂駒（1766～？），字于仲，號醒園。嘉慶二十三年（1818）歲貢。雅好聚書，校讎裝訂，殆無虛日，有拜經樓家風。詳見〔清〕葉昌熾撰，王鍔、伏業鵬點校《藏書紀事詩》（北京：北京燕山出版社，1999 年 5 月），頁 438。

〔註31〕 〔清〕錢泰吉，《曝書雜記》（臺北：新文豐出版社，1985 年，《叢書集成新編》第二冊）卷中，頁 726。

〔註32〕 詳見《休寧厚田吳氏宗譜》（清乾隆 52 年吳氏原刊本），〈第三十七世兔牀公〉。

〔註33〕 許傅霈等原纂，《浙江省海寧州志稿》（臺北：成文出版社，1983 年），卷十四，頁 1622～1628。

〔註34〕 王鍾翰點校，《清史列傳》（北京：中華書局，1987 年 11 月），卷七十二，頁 5891～5892。

〔註35〕 〔清〕徐世昌，《清儒學案小傳》（周駿富編，臺北：明文書局，1985 年 12 月，《清代傳記叢刊》第六冊），頁 280～281。

〔註36〕 支偉成，《清代樸學大師列傳》（周駿富編，臺北：明文書局，1985 年 12 月，《清代傳記叢刊》第十二冊），頁 531。

〔註37〕 閔爾昌，《碑傳集補》（周駿富編，臺北：明文書局，1985 年 12 月，《清代傳記叢刊》第 122 冊），頁 792。

〔註38〕 清李浚之編，《清畫家詩史》（北京：中國書店，1990 年 7 月），頁 262。

〔註39〕 清吳德旋，《初月樓聞見錄》（周駿富編，臺北：明文書局，1985 年 12 月，《清代傳記叢刊》第十九冊），頁 139。

〔註40〕 清毛慶善編，《湖海詩人小傳》（周駿富編，臺北：明文書局，1985 年 12 月，《清代傳記叢刊》第二十四冊），頁 723。

「西施立國人家」、「臨安志百卷人家」、「小桐溪上人家」。生於雍正十一年（1733）十月二十一日，卒於嘉慶十八年（1813），享年八十一歲。浙江海寧貢生。

　　吳騫自生而仁厚端謹，長益純愨，讀書能過目成誦。事奉父母恪盡孝道，凡附身附棺以至墓田丙舍，無不竭誠致力。誌墓之文必乞諸當代碩學鴻儒，以表章潛德。平生崇尚理學，其志向不在於仕途，而在搜書、校書上就長達六十餘年；因此他早棄科舉考試，專事著述，雖只取了個「明經」學歷，但在學術上卻頗負盛名。其書體清超，書法蒼潤，詩派力矯空疎，文章悉有根據。他的好友陳鱣〔註41〕在〈愚谷文存序〉中稱讚云：

> 先生品甚高，誼甚古，而學甚富，著述等身，顧不屑為流俗之文，凤共當世賢士大夫相往還，與之上下其議論，晚年益深造自得，遠近學者宗之。

亦嘗於其〈贈苕上書估〉詩中，表露對吳騫的羨慕之意：

> 人生不用覓封侯，但問奇書且校讎。卻羨溪南吳季子，百城高擁拜經樓。
> 海內貧儒陳仲魚，春風旅館轉愁余。賣文近日無生意，但欲從君去賣書。
> 〔註42〕

此外，無錫秦瀛〔註43〕在〈拜經樓詩集序〉中云：

> 海寧吳君槎客博文贍學，著述等身，早歲即以詩名湖海間。〔註44〕

復在〈拜經樓詩話序〉中稱賞他的校勘態度，文云：

> 瀏覽諸子百家之言，為之考其得失而訂其為譌謬，所已刊行諸書，余極賞其校正精當。〔註45〕

〔註41〕陳鱣（1753～1817），字仲魚，號簡莊，清海寧（今屬浙江）人。嘉慶三年（1798）舉人。生平專心訓詁之學，性好藏書，購藏宋雕元槧及當時罕見之本甚富，約十萬卷。每得善本，輒手自校勘，數十年如一日。藏書處曰「向山閣」、「士鄉堂」。著有《經籍跋文》、《簡莊疏證》、《兩漢金石記》等書。詳見〔清〕葉昌熾撰，王鍔、伏業鵬點校《藏書紀事詩》（北京：北京燕山出版社，1999 年 5 月），頁 472。

〔註42〕〔清〕陳鱣，《河莊詩鈔》（上海：上海古籍出版社，2002 年，《續修四庫全書》第 1487 冊），頁 303。

〔註43〕秦瀛（1743～1821），字凌滄，一字小峴，號遂庵，江蘇無錫人。少負異稟，讀書能兼人，為詩古文千言立就。官至刑部左侍郎，以目疾乞歸，優遊林下者十年，未幾病卒。少以文名，直樞垣時，勇於任事，且勤其職，不為和坤所喜，為政清廉。為詩皆力追作者，而能有所自得，著有《小峴山人詩文集》。詳見陳用光，〈刑部侍郎秦小峴先生墓誌銘〉，（上海：上海古籍出版社，2002 年，《續修四庫全書》第 1464 冊），頁 504。

〔註44〕〔清〕吳騫，《拜經樓詩集》（臺北：藝文印書館，1969 年，《百部叢書集成》第 40 冊）。

〔註45〕〔清〕吳騫，《拜經樓詩話》（臺北：藝文印書館，1969 年，《百部叢書集成》第 40 冊）。

而其荊溪學弟張衢，亦於〈拜經樓詩集序〉中云：

　　海寧吳先生槎客早歲即以詩見知於浙西諸名宿，凡浙西之士稱詩者，
無不交口推吳先生，蓋四十餘年矣。〔註46〕

而其同鄉的後學者管庭芬〔註47〕亦在〈拜經樓藏書題跋記跋〉中評云：

　　世以文章經術著稱，先生博綜好古，纂述宏富。〔註48〕

吳騫之所以成為著名的藏書家，完全是他自己努力的結果，終其一生，無不以藏書、
校書為自己的第一要務。〈桐陰日省編下〉嘗云：

　　吾家先世頗乏藏書，予生平酷嗜典籍，幾寢饋以之。自束髮迄乎衰老，
置得書萬本。性復喜厚帙，計不下四五萬卷。皆節衣縮食，竭平生之精力
而致之者也。〔註49〕

並談及其藏書銘：

　　「寒可無衣，飢可無食，至於書不可一日失」，此昔賢詒厥之名言，
允可為拜經樓藏書之雅率。〔註50〕

且又於〈拜經樓書目自序〉中云：

　　吾家先世頗鮮藏書，予兄拙巢先生始稍稍購置，然尚不多。予乃有獨
嗜，蓋由束髮及壯，無日不以此為事。〔註51〕

然亦說道自己收藏購書之辛苦：

　　奈所居僻左，鄰里又乏同志者，每出游過通都大道，恆遍閱于市肆，
日夕往返，比歸必載數麗以還，置之瓦屋東西，以借對床之樂。間聞人有

〔註46〕〔清〕吳騫，《拜經樓詩集》（臺北：藝文印書館，1969年，《百部叢書集成》第40冊）。
〔註47〕管庭芬（1797—1880），字佩蘭，一作培蘭，又字子佩，號芷湘、芷香，又號芝翁、甚翁、溪病叟、溪漁隱、溪釣魚師等。曾用過的書齋名有：溪老屋、花近樓、待清書屋、心亭書屋、太古軒、留教書堂、聽雨小樓、筆花吟館等。浙江海寧路仲人。諸生。自幼博覽群書，不僅以詩文見長，雅擅繪事，也是一位藏書家。錢泰吉弟子，嘗輔佐他纂修《海昌備志》。著有《海昌經籍志》、《消夏錄》等書。詳見〔清〕葉昌熾撰，王鍔、伏業鵬點校《藏書紀事詩》（北京：北京燕山出版社，1999年5月），頁526。
〔註48〕〔清〕吳壽暘編撰，《拜經樓藏書題跋記附錄》（嚴靈豐編，臺北：成文出版社，1978年，《書目類編》第72冊），頁32973。
〔註49〕〔清〕吳騫，《愚谷文存》（臺北：藝文印書館，1969年，《百部叢書集成》第40冊），卷十三，頁7〜8。
〔註50〕〔清〕吳騫，《愚谷文存》（臺北：藝文印書館，1969年，《百部叢書集成》第40冊），卷十三，頁7〜8。
〔註51〕轉引鄭偉章，《文獻家通考》（北京：中華書局，1999年），頁372。

異書，則必展轉借錄，露鈔雪購，具費苦心。蓋自少至老，孜孜矻矻，數
十年如一日，亦不自知其所以然。〔註52〕

吳騫覓書之勤，其情可感，其志可嘉。這正如陳鱣在〈愚谷文存序〉中所云：

（槎客）暇則駕扁舟，泛江湖，歷山谷，探奇弔古，吮墨含毫，於遺
文墜簡廣為搜訪，遇忠孝節烈之大端，尤必竭力闡揚。殆得於古者深，積
於中者厚，而粹然為儒林之望也乎。

吳騫的好友黃丕烈〔註53〕，亦在《蕘圃藏書題識》中提及他很佩服吳騫這種愛好宋
版書就如珍惜性命一樣的態度：

且余所深服乎槎客者，如此種殘編斷簡，幾何不為敝屣之棄，而裝潢
什襲，直視為千金之比，可謂愛書如性命。〔註54〕

吳騫三十八歲得到宋刻本《周禮纂圖互注重言重意》，正當其次子壽暘出生之日，《周
禮》在古文獻中又稱作《周官》，因此，他就為壽暘取字「周官」。陳鱣在此書有跋云：

槎客先生得此書時，適生次君虞臣，故其小字曰周官。今虞臣年已三
十餘矣。展讀之下，偶思前事，宛如昨日。〔註55〕

而後又於乾隆五十一年（1786）得到宋刻本《王梅溪集百家注東坡先生詩集》，即以
此蘇詩為其收藏處取名「蘇閣」，繼而當壽暘成年後送給他收藏，壽暘並以此「蘇閣」
為號。這在壽暘的〈東坡先生鹽官四絕句殘碑〉詩中嘗有句提及：

〔註52〕 轉引鄭偉章，《文獻家通考》（北京：中華書局，1999年），頁372。
〔註53〕 黃丕烈（1763～1825），字紹武，一字紹甫，號蕘圃，又號蕘夫、佞宋主人、老蕘、
復翁、復初氏、復見心翁、廿止醒人，五十後號知非子，晚年又自號抱守老人、秋
清逸叟，清長州（今江蘇蘇州）人。乾隆五十三年（1788）舉人，捐為分部主事，
不久辭歸，杜門著述，校讀不遺餘力。性好聚書，尤好求異本、殘本，先後匯萃毛
氏汲古閣、錢氏絳雲樓、季氏靜思堂等舊藏，欲輯《所見古書錄》，未果。搜得宋版
書百部，專藏一室曰「百宋一廛」。藏書處又有「陶陶室」、「讀未見書齋」、「士禮居」、
「學山海居」、「紅椒山館」、「學耕堂」等。其精於版本、目錄、校讎之學，凡版本
先後、篇章多寡、音訓異同、字畫增損、授受源流、翻摹本末以及行款疏密之廣狹、
裝級精粗之敝好，莫不心營目識，條分縷析。每得秘本，即作題跋，後人輯刊有《士
禮居藏書題跋記》、《蕘圃藏書題識》、《蕘圃藏書題識續錄》等，共計題跋八百餘篇。
藏書後多歸汪士鍾、楊以增。其校刊的《士禮居叢書》十九種，多罕見之本，所附
《札記》，詮釋音義，勘正謬誤，允為校勘家翹楚。東南藏書家，實以士禮居為巨擘。
詳見〔清〕葉昌熾撰，王鍔、伏業鵬點校《藏書紀事詩》卷五、姚伯岳《黃丕烈評
傳》。
〔註54〕 〔清〕黃丕烈撰，屠友祥校注《蕘圃藏書題識》（上海：上海遠東出版社，1999年
10月），卷二，頁77。
〔註55〕 〔清〕吳壽暘編撰，《拜經樓藏書題跋記》（北京：中華書局出版社，1995年8月，
《清人書目題跋叢刊》第十冊），卷一，頁607。

扁舟載過蘇閣中，醃醯芸編日爲伍（家君得宋槧《百家注東坡先生集》，
因名藏書處曰「蘇閣」）。〔註56〕

而當吳騫七十六歲時，已收藏宋代《乾道臨安志》鈔本三卷、宋代《淳祐臨安志》
鈔本六卷、宋代《咸淳臨安志》大字本九十五卷，三志共百餘卷，在喜悅之餘，故
刻一印曰「臨安志百卷人家」。黃丕烈〈淳祐臨安志跋〉嘗記載彼此唱和之詩：

陳鱣〈偶從吳市購得宋《淳祐臨安志》六卷，雖非全本，然自來著錄
家多未見，喜而有作，寄槎客先生〉：翰錢吳市得書誇，倒是西施入館娃
（志爲施諤所修）。宋室江山存梗概，鄉村風物見繁華。關心志乘亡全帙，
屈指收藏又一家（同郡孫式壽松堂舊藏宋本《乾道臨安志》三卷，先生書
庫有《咸淳臨安志》九十五卷，嘗刻一印曰臨安志百卷人家）。況有會稽
嘉泰本，賞奇差足慰生涯。（同時購得《嘉泰會稽志》）吳槎客和作云：鳳
舞龍飛詎足誇，錢塘遺事失宮娃。天教南渡支殘局，人想東京續夢華。朱
鳥歌成空有淚，冬青種後已無家。與君鼎足藏三志（予舊有《乾道臨安志》
三卷、《咸淳臨安志》九十五卷，皆宋刻及影鈔本，合此爲臨安三志云）。
天水猶懸碧海涯。蕘圃和作云：甄別奇書卻自誇，秦娥未許混吳娃。闕疑
向已無年號，微顯今還識物華。半壁河山留六卷，累朝興廢得三家。東南
進取忘前鑒，空使宗臣泣海涯。〔註57〕

在吳氏晚年所作〈宛委攤書圖爲雪樵騎尉題〉之詩句，應足以表達其一生對藏書方
面的執著與癡迷：

平生抱書淫，結習在文字。如飢待朝餔，甚渴慕湯餅。典質償無盈，
捫擋及嬌嬰。囷顧柳津嗤，遑恤秦吏議。惟恐銀魚灣，舟早苕郎繫。吾邑
儲藏家，馬陳宿俱備。道古宿草荒，春暉夕陽逝。捃拾想叢殘，過眼煙雲
駛。中心轉惃惃，窮年走蹝蹝。南披繡谷幃，北發夌江笥。尤喜鮑明遠，
歲月成交會。奇觚每傳鈔，祕冊互鉤寄。契勘敢辭勞，丹黃亦有致。猶慚
聞見隘，誰與發聲瞶。陳庾越江來，頃蓋同深嗜。君山饒賜書，伯玉翅多
識。壯武三十乘，餘材非所計。峨峨百城業，遠欲駕清祕。芸香凝燕寢，
層屋列墉肆。凌晨手一編，日旰未忍賔。憐予炳燭光，常許析疑義。有暇
輒撿應，無取還瓿醉。旬時面不覯，卅里頓頻置。至今萬花陰，長走縹囊

〔註56〕〔清〕吳壽暘編撰，《拜經樓藏書題跋記》（北京：中華書局出版社，1995年8月，
《清人書目題跋叢刊》第十冊），附錄，頁690。
〔註57〕〔清〕黃丕烈撰，屠友祥校注《蕘圃藏書題識》（上海：上海遠東出版社，1999年
10月），卷三，頁173。

使。猗與好古心，知非此生蒔。暇復倩良工，巧運倪黃思。解衣恣盤薄，
脫帽露高髻。綠樹靄扶蘇，風泉響雲際。居然尺五天，可縮二酉地。君今
已專閒，千里雄征旆。行攜萬卷偕，快讀発窻蠣。鎮以玉辟邪，麈餘鐵如
意。朱顏畫戎蠻，金冊馳仙史。左持委宛圖，右把浮邱袂。功成不受爵，
舊雨懷前契。歸來蓬萊閣，更續嬋嬛記。〔註58〕

　　由於吳騫性愛山水，樂風雅，晚年以桃溪為別業，結廬海鹽的萬蒼山之下，常
常駕扁舟往返於小桐溪（海寧居室）和桃溪（宜興別業）之間，據〈拜經樓藏書目
序〉記載，先生每年必駕「陶舫」出遊三、四次，往返短者四、五天，長者二月，
每次出遊必有所得。〔註59〕而後又為此舟取名「細雨東風舟」，其孫之淳有詩云：

　　　　我家陶舫曾載詩，細雨東風一蓑綠（陽羡吳菊畦處士曾為先大夫作載
　　詩圖）。耆舊風流杳莫追，畫中泮洴空馳目。〔註60〕

且亦廣交蘇浙學人和藏書家，如盧文弨、鮑廷博〔註61〕、陳鱣、黃丕烈…等著名藏
書家皆與之交遊，常彼此一起談書論學，探奇弔古，切磋詩文，相交甚密；藏書亦
因經過他們的鑒賞和題跋，更增加了書的品質，尤其相互借閱，傳校秘笈，一破以
往藏書家「只藏不校，秘不示人」的弊端，並提高吳氏在清乾嘉年間的藏書家地位。
這些交遊情況，將於第四章中詳細探究之。〔註62〕

　　吳騫除了藏書、著述之外，亦喜歡書畫法帖金石之屬。吳騫每得書畫法帖金石，

〔註58〕〔清〕吳騫，《拜經樓詩集續編》（上海：上海古籍出版社，2002年，《續修四庫全
　　　　書》第1454冊），卷一，頁132～133。
〔註59〕詳見智曠，〈吳騫拜經樓藏書考略〉，《海寧藏書文化研究》（杭州：西泠印社出版社，
　　　　2004年4月），載於網址：http://www.hnlib.com/bngp/cswhlw.htm
〔註60〕〔清〕吳壽暘編撰，《拜經樓藏書題跋記》（北京：中華書局出版社，1995年8月，
　　　　《清人書目題跋叢刊》第十冊），附錄，頁692。
〔註61〕鮑廷博（1728～1814），字以文，號淥飲，又字號通介叟，人稱「鮑夕陽」，清歙縣
　　　　（今屬安徽）人，後遷居浙江桐鄉。諸生，後恩賞舉人。家世為商，以其父性嗜書，
　　　　乃力購前人書，積數十年，家累幾萬卷，多精善本，常與趙昱小山堂、汪憲振綺堂、
　　　　鄭性二老閣等互相傳鈔所藏，遂裒然為大藏書家。於書每一過目，即能記某卷某頁
　　　　有某訛字，鑑別版本極精。乾隆間修《四庫全書》，鮑廷博命其子鮑士恭進呈家藏六
　　　　百二十六種，其中《四庫全書》著錄二百五十種，存目一百二十九種，為此得到朝
　　　　廷《古今圖書集成》一部的獎勵。藏書處曰「知不足齋」、「賜書堂」、「寶繪堂」、「貞
　　　　復堂」。又丹鉛校勘，日手一編，集所藏善本書刻《知不足齋叢書》至二十七集，其
　　　　子士恭續輯至三十集，收書二百二十種，以精善見稱。輯有《南宋八家集》、《知不
　　　　足輯錄宋集補遺》等，著有《花韻軒咏物詩存》。詳見〔清〕葉昌熾撰，王鍔、伏業
　　　　鵬點校《藏書紀事詩》（北京：北京燕山出版社，1999年5月），頁427。
〔註62〕另在中央研究院近代史郭廷以圖書館有胡適先生所收藏的「清代學人書札詩箋」，其
　　　　中有一部分內容是當時友人寫給吳騫和其次子壽暘的書札或詩箋，因而十分寶貴。

即羅列於竹下書堂，摩挲愛玩，或作文以考之，或吟詩以紀之。〔註63〕陳鱣〈愚谷文存序〉中曾言：

> （拜經樓）又有圖繪、碑銘、鼎彝、劍戟、幣布、圭璧、印章之屬，丹漆、陶旅、象犀、竹木之器，充牣其中，皆辨其名物制度，稽其時代款識，著之譜錄。

吳騫亦於〈道古樓書畫目錄跋〉云：

> 予夙負書畫之癖，恨生也晚，不及與前輩周旋，縱觀道古樓收藏之富。癸卯殘冬，花山後人有持此數帙，屬沈呂璜孝廉求售，人無應之者，余遂購之，雖知其殘缺不全，亦以見前輩好古之殷云爾。〔註64〕

此鈔本五冊，目錄一冊，當為同鄉前輩馬思贊〔註65〕所輯，即使吳騫知其殘缺不全，亦樂意購藏之，可見他對書畫的愛好。

另在《清畫家詩史》一書中，既有其小傳，亦選其〈戲為畫中八仙歌〉為代表，詩云：

> 笻竹方袍朱雪田，暗香疎影妙不傳。漁歌唱徹長蘆邊，湖州老可秀州錢。
> 雨葉風梢多自然，輔以怪石瘦而頑。蘭坁日夕聳吟肩，詩中有畫畫有禪。
> 前身得無王輞川，采芝英分山之巔。作繪先呈繡佛莚，能事卻讓閨中儁。
> 吳下僧繇金粟顛，蒼龍破壁驚蜿蜒。烟波宅外江吞天，蓉裳丹青秀且娟。
> 山莊何必非龍眠，鳳池一去今幾年。宋五由來坦率便，解衣盤礴雅饕前。
> 頗遭白眼呼老西，鶴渚遙應接酒泉。閉關誓了山水緣，淋漓醉墨霑衣船。
>
> 〔註66〕

而陳鱣亦嘗作〈題槎客先生荊溪漉酒圖〉，詩云：

〔註63〕 吳騫作文以考之，如對古器〈釋戣〉、〈漢雞鳴戈說〉、〈金提控引考〉之說，對石刻〈舊搨保母甎跋〉、〈梁紹泰甎研銘跋〉、〈蘇文忠公鹽官絕句石刻殘字跋〉之說，具收入《愚谷文存續編》（上海：上海古籍出版社，2002年，《續修四庫全書》第1454冊）。吟詩以紀之，如〈拜經樓十銅器詩〉十首，具收入《拜經樓詩集》（上海：上海古籍出版社，2002年，《續修四庫全書》第1454冊），卷六。

〔註64〕 〔清〕吳壽暘編撰，《拜經樓藏書題跋記》（北京：中華書局出版社，1995年8月，《清人書目題跋叢刊》第十冊），卷三，頁643。

〔註65〕 馬思贊（1669～1722），字寒中，又字仲安，號南樓，別號馬仲子、寒中子、天和居士、山村居士，清監生。馬思贊善詩詞，工書畫，善長考據，絕意仕進。其父維揚，性喜藏書，至思贊，更廣為搜羅，或輾轉傳鈔，或多方購置，除宋元珍本外，還嗜好金石書畫，擁書萬卷，於靈泉鄉插花山（今黃灣鄉）中築道古樓儲之。詳見李性忠，〈海寧藏書史述略〉，《海寧藏書文化研究》（杭州：西泠印社出版社，2004年4月），載於網址：http://www.hnlib.com/bngp/cswhlw.htm

〔註66〕 清李浚之編，《清畫家詩史》（北京：中國書店，1990年7月），頁262。

恨難平者，古人千載不可求去。無情者，落日一竿誰能留。惟有讀書兼痛
飲，拍浮差足消閒愁。東海之濱有仙客，平生夙負詩酒癖。揭來更泛奄溪
船，欲往名山討奇迹。孝侯祠下水瀄瀄，取水作酒酒更醇。載歸許我一浮
白，醉到梨花滿地春。〔註67〕

吳騫晚年即使年登大耋，仍耳目聰明，皆能親自校勘；在其諸多著作之中，正
可以知見他的生活情趣和人生追求。就如查揆〔註68〕《篔谷詩鈔》卷十六〈感舊十
五首·吳兔牀大學騫〉云：

少謝科舉學，老卻徵士聘。門前賣書船，谿上看花徑。

校讎友鮑盧，根抵溯許鄭。佳椠如錢刀，每感脫手贈。〔註69〕

直至嘉慶十七年（1812），先生於八十高齡還往返於嘉禾一帶。翌年，嘉慶十八
年（1813）冬，先生因患肺病，步履艱難，方告別相伴半個世紀的「陶舫」，不久即
歸道山。〔註70〕

〔註67〕〔清〕陳鱣，《河莊詩鈔》（上海：上海古籍出版社，2002年，《續修四庫全書》第
1487冊），頁302。

〔註68〕查揆，初名初揆，字伯葵，號梅史，嘉慶甲子（1804）舉人，官終直隸灤州知州，
著有《篔谷詩集》二十卷、《篔谷文集》十二卷。詳見許傅霈等原纂，《浙江省海寧
州志稿》（臺北：成文出版社，1983年），卷十四，頁1731。

〔註69〕轉引自〔清〕葉昌熾著，王欣夫補正《藏書紀事詩》（上海：上海古籍出版社，1989
年9月），頁543。

〔註70〕詳見智曠，〈吳騫拜經樓藏書考略〉，《海寧藏書文化研究》（杭州：西泠印社出版社，
2004年4月），載於網址：http://www.hnlib.com/bngp/cswhlw.htm

第三章 吳騫之著述與《拜經樓叢書》之輯刊

第一節 著述分類

　　吳騫一生中，除了集中精力於蒐藏圖書外，他的著述與編纂也十分豐富，據《浙江省海寧州志稿》〔註1〕的記載就達 38 種書籍；其中刊本 12 種，寫本 26 種。筆者再根據《清人別集總目》〔註2〕、《新訂清人詩學書目》〔註3〕、《清人詩文集總目提要》〔註4〕、《清代詩話知見錄》〔註5〕、《江浙訪書記》〔註6〕、《清詩話考》〔註7〕、《中國叢書廣錄》〔註8〕、《中國叢書綜錄・續編》〔註9〕諸書，將依其體例分成自著類、校訂類和編定類三大類，其中自著類依其內容分成經、史、子、集四部，共有 29 種；校訂類則分成經、史、子三部，共有 5 種；編定類亦有 4 種。以下則列表略述，分別記載其書名、卷數、現存重要版本、館藏地及備註等項。

一、自著類

1. 經 部

〔註1〕許傅霈等原纂，《浙江省海寧州志稿》（臺北：成文出版社，1983 年），卷十，頁 1622。

〔註2〕王欲祥等，《清人別集總目》（安徽：安徽教育出版社，2000 年），第一卷，頁 858。

〔註3〕張寅彭，《新訂清人詩學書目》（上海：上海古籍出版社，2003 年 7 月），頁 70。

〔註4〕柯愈春，《清人詩文集總目提要》（北京：北京古籍出版社，2002 年），頁 753。

〔註5〕吳宏一主編，《清代詩話知見錄》（臺北：中央研究院中國文哲研究所，2002 年 2 月）。

〔註6〕謝國楨，《江浙訪書記》（上海：上海書店出版社，2004 年 1 月），頁 98。

〔註7〕蔣寅，《清詩話考》（北京：中華書局，2005 年 1 月），頁 439。

〔註8〕陽海清編撰，《中國叢書廣錄》（武漢：湖北人民出版社，1999 年 4 月）。

〔註9〕施廷鏞編撰，《中國叢書綜錄・續編》（北京：北京圖書館出版社，2003 年 3 月）。

書名、卷數	現存重要版本	館藏地	備　　註
《詩譜補亡後訂》一卷	（1）單行本：稿本 （2）叢書本： a.光緒乙酉年（1885）多會稽章氏刊本《重刊拜經樓叢書七種》 b.民國十一年上海博古齋影印本《拜經樓叢書》	（1）上海圖書館 （2） a.臺灣大學圖書館 b.國家圖書館	（1）著錄於《清代詩經著述現存版本目錄初稿》詩譜之屬。 （2） a.著錄於國家圖書館中文古籍書目資料庫。 b.著錄於國家圖書館中文古籍書目資料庫。
《子夏易傳釋存》二卷	單行本：稿本	北京大學圖書館	每半葉 10 行，行 20 字。有乾隆六十年（1795）盧文弨序及錢大昕墨筆題字。（《北京大學圖書館藏善本書錄》，頁 109）見書影一。
《孫氏詩評摭遺》二卷	單行本：稿本	上海圖書館	著錄於國家圖書館中文古籍書目資料庫。
《孫氏爾雅正義拾遺》一卷	（1）單行本：清嘉慶十一年（1806）刻本 （2）叢書本：民國十一年上海博古齋影印本《拜經樓叢書》	（1）中國國家圖書館 （2）國家圖書館	（1）10 行 22 字，黑口，左右雙邊，單魚尾。（國家圖書館中文古籍書目資料庫） （2）每半葉 10 行，行 22 字，黑口單魚尾。（國家圖書館中文古籍書目資料庫）
《蜀石經毛詩殘本考異》二卷	叢書本：民國十一年上海博古齋影印本《拜經樓叢書》	國家圖書館	著錄於國家圖書館中文古籍書目資料庫。

2. 史　部

書名、卷數	現存重要版本	館藏地	備　　註
《唐開成石經考異》二卷	叢書本：丁丑叢編		著錄於《中國叢書綜錄・續編》史部金石類
《國山碑考》一卷	叢書本： a.光緒乙酉年（1885）多會稽章氏刊本《重刊拜經樓叢書七種》 b.民國十一年上海博古齋影印本《拜經樓叢書》	a.臺灣大學圖書館 b.國家圖書館	a.著錄於國家圖書館中文古籍書目資料庫。 b.每半葉 10 行，行 22 字，黑口單魚尾。（國家圖書館中文古籍書目資料庫）
《東江遺事》二卷二冊	單行本：清師竹友蘭室鈔本	國家圖書館	每半葉 10 行，行 21 字。版心黑口，單魚尾，魚尾下記「東江遺事」及卷第葉次，卷分上下。下方刻「師竹友蘭室鈔」。首卷首行頂格題「東江遺事卷上」，次行下方題「滄江漫叟輯」。卷末有尾題。（《國家圖書館善本書志初稿》史部雜史類）
《海寧經籍志備考》一卷	單行本：稿本	中國國家圖書館	《續修四庫全書》據北京圖書館藏本影印。詳見第五章第四節。
《陳乾初先生年譜》二卷	（1）單行本：清鈔本 （2）叢書本：北京圖書館藏珍本年譜叢刊	中央研究院歷史語言研究所傅斯年圖書館	（1）著錄於傅斯年圖書館善本古籍檢索系統。 （2）見第六十八冊。

《日譜》不分卷	單行本：稿本	上海圖書館	著錄於《中國珍稀古籍善本書錄》，頁 35。
《吳兔牀日記》一卷	（1）單行本：稿本 （2）叢書本：古學彙刊	（1）上海圖書館	（1）著錄於《江浙訪書記》，頁 97。 （2）見第一輯第三冊（雜記類）。
《蠡塘漁乃》一卷續一卷	（1）單行本： a.清乾隆三十四年（1769）鈔本一冊 b.舊鈔本 （2）叢書本：光緒乙酉年（1885）多會稽章氏刊本《重刊拜經樓叢書七種》	（1） a.中國國家圖書館 b.中國社會科學院文學研究所 （2）臺灣大學圖書館	（1） a.10 行 21 字，無格。（國家圖書館中文古籍書目資料庫） b.著錄於《清人詩文集總目提要》卷二十九。 （2）著錄於國家圖書館中文古籍書目資料庫。
《遊龍池山記》一卷、《遊張公洞記》一卷	（1）《愚谷文存》本 （2）叢書本：小方壺齋輿地叢鈔		（1）見卷八。 （2）見第四帙。著錄於《中國叢書綜錄·續編》史部地理類。
《西湖蘇文忠公祠從祀議》一卷	（1）《愚谷文存》本 （2）叢書本： a.小方壺齋輿地叢鈔 b.民國十一年上海博古齋影印本《拜經樓叢書》	（2） b.國家圖書館	（1）見卷九。 （2） a.見第四帙。著錄於《中國叢書綜錄·續編》史部政書類。 b.每半葉 10 行，行 22 字，黑口單魚尾。（國家圖書館中文古籍書目資料庫）
《陽羨名陶錄》一卷	（1）叢書本： a.清道光十三年（1833）刊本《昭代叢書》 b.光緒乙酉年（1885）多會稽章氏刊本《重刊拜經樓叢書七種》 c.民國十一年上海博古齋影印本《拜經樓叢書》	a.國家圖書館 b.臺灣大學圖書館 c.國家圖書館	（1） a.每半葉 9 行，行 20 字，單魚尾。（國家圖書館中文古籍書目資料庫） b.著錄於國家圖書館中文古籍書目資料庫。 c.每半葉 10 行，行 22 字，黑口單魚尾。（國家圖書館中文古籍書目資料庫）
《陽羨名陶續錄》一卷	單行本：民國間石印本	中國國家圖書館	著錄於國家圖書館中文古籍書目資料庫。
《拜經樓書目》不分卷一冊	單行本：逸園鈔本	國家圖書館	每半葉 10 行，行約 24 字，版心黑口，雙黑魚尾。藏印：「玉罍山房」白文長方印、「南通馮氏景岫樓藏書」朱文長方印、「彊齋行笈」朱文方印、「景岫樓」白文方印、「馮雄印信」白文方印、「馮雄手校」白文方印、「翰飛」朱文方印、「國立中央圖書館收藏」朱文長方印、。（《國家圖書館善本書志初稿》史部書目類）另詳見第五章第三節。

3. 子　部

書名、卷數	現存重要版本	館　藏　地	備　　註
《桃溪客語》五卷	(1) 單行本：乾隆 53 年刻本 (2) 叢書本： 　a.光緒乙酉年（1885）多會稽章氏刊本《重刊拜經樓叢書七種》 　b.民國十一年上海博古齋影印本《拜經樓叢書》	(1) 中國科學院圖書館 (2) 　a.臺灣大學圖書館 　b.國家圖書館	(1) 著錄於《清人別集總目》第一卷。 (2) 　a.著錄於國家圖書館中文古籍書目資料庫。 　b.每半葉 10 行，行 22 字，黑口單魚尾。（國家圖書館中文古籍書目資料庫）
《扶風傳信錄》一卷	叢書本： 　a.光緒乙酉年（1885）多會稽章氏刊本《重刊拜經樓叢書七種》 　b.民國十一年上海博古齋影印本《拜經樓叢書》	a.臺灣大學圖書館 b.國家圖書館	a.著錄於國家圖書館中文古籍書目資料庫。 b.每半葉 10 行，行 22 字，黑口單魚尾。（國家圖書館中文古籍書目資料庫）

4. 集　部

書名、卷數	現存重要版本	館　藏　地	備　　註
《南宋方爐題咏》一卷	叢書本：民國十一年上海博古齋影印本《拜經樓叢書》	國家圖書館	每半葉 10 行，行 22 字，黑口單魚尾。（國家圖書館中文古籍書目資料庫）
《尖陽叢筆》十卷	(1) 單行本：清宣統三年（1911）上海國學扶輪社排印本 (2) 叢書本：張氏適園叢書	(1)、(2) 中央研究院歷史語言研究所傅斯年圖書館	(1)、(2) 著錄於傅斯年圖書館善本古籍檢索系統。
《哀蘭絕句》一卷	叢書本：民國十一年上海博古齋影印本《拜經樓叢書》	國家圖書館	每半葉 10 行，行 22 字，黑口單魚尾。（國家圖書館中文古籍書目資料庫）
《愚谷文存》十四卷	(1) 單行本： 　a.清嘉慶間刻本四冊 　b.東吳程氏心庵鈔本 (2) 叢書本：民國十一年上海博古齋影印本《拜經樓叢書》	(1) 　a.中國國家圖書館、中國科學院圖書館、上海圖書館 　b.復旦大學圖書館 (2) 國家圖書館	(1) 　a.10 行 21 字，黑口，左右雙邊，單魚尾。（國家圖書館中文古籍書目資料庫） 　b.著錄於《清人詩文集總目提要》卷二十九。 (2) 每半葉 10 行，行 22 字，黑口單魚尾。（國家圖書館中文古籍書目資料庫）
《愚谷文存續編》二卷	單行本：清嘉慶十六年刻本	中國科學院圖書館、上海圖書館	著錄於《清人詩文集總目提要》卷二十九。
《拜經樓詩草》不分卷	單行本：作者手刪稿本	中國國家圖書館	其詩自嘉慶二年迄四年，與刻本詩集卷八後半至卷十之末相當，辭句不盡相合，有四十九首未刊入詩集。（《清人詩文集總目提要》卷二十九）

《拜經樓詩集》十二卷 《拜經樓詩集續編》四卷 《拜經樓詩集再續編》（《萬花餘唱》）一卷	(1) 單行本： 　a.嘉慶十六年刻本 　b.東吳程氏心庵鈔本 (2) 叢書本：民國十一年上海博古齋影印本《拜經樓叢書》	(1) 　a.上海圖書館 　b.復旦大學圖書館 (2) 國家圖書館	(1) 　a.著錄於《清人詩文集總目提要》卷二十九。 　b.著錄於《清人詩文集總目提要》卷二十九。 (2) 每半葉 10 行，行 22 字，黑口單魚尾。（國家圖書館中文古籍書目資料庫）
《拜經樓詩話》四卷	(1) 單行本： 　a.稿本（三卷） 　b.東吳程氏心庵鈔本 　c.嘉慶十六年刻本 (2) 叢書本： 　a.清嘉慶間（1796～1820）南匯吳氏聽彝堂刊本《藝海珠塵》 　b.叢書本：民國十一年上海博古齋影印本《拜經樓叢書》	(1) 　a.上海圖書館 　b.復旦大學圖書館 　c.上海圖書館 (2) 　a.國家圖書館 　b.國家圖書館	(1) 　a.著錄於《新訂清人詩學書目》乾隆期。 　b.著錄於《清人詩文集總目提要》卷二十九。 　c.著錄於《新訂清人詩學書目》乾隆期。 (2) 　a.每半葉 10 行，行 21 字，單魚尾。（國家圖書館中文古籍書目資料庫） 　b.每半葉 10 行，行 22 字，黑口單魚尾。（國家圖書館中文古籍書目資料庫）
《拜經樓詩話續編》二卷	(1) 單行本：清程宗伊鈔本 (2) 單行本：鈔本	(1) 南京圖書館 (2) 國家圖書館	(1) 著錄於《清詩話考》嘉慶、道光卷。 (2) 無邊匡界欄，每半葉 9 行，行 21 字；注文小字雙行，字數同。中縫上方頂格題「拜經樓詩話續編」，下方則記葉次。文中避清諱，玄改字作元，曆作歷。首葉首行頂格題「拜經樓詩話續編卷之一」，次行低十格題「海寧吳騫槎客」，作者姓上名下各空一格。第三行起爲正文，每條首行頂格，次行以下均低一格。無尾題，前後亦無序跋。（《國家圖書館善本書志初稿》集部詩文評類）

二、校訂類

1. 經 部

書名、卷數	現存重要版本	館 藏 地	備 註
《許氏詩譜鈔》一卷（元許衡撰）	叢書本：民國十一年上海博古齋影印本《拜經樓叢書》	國家圖書館	每半葉 10 行，行 22 字，黑口單魚尾。（國家圖書館中文古籍書目資料庫）

書名、卷數	現存重要版本	館藏地	備註
《皇氏論語義疏參訂》不分卷	稿本四冊	美國哈佛大學哈佛燕京圖書館	版本詳細情況見第六章
《皇侃論語義疏》十卷（〔魏〕何晏集解，梁皇侃義疏）	昭和十一年（1936）油印版	日本東京都立中央圖書館	吳騫參訂，有乾隆四十六年（1781）之自序。（日本所藏中文古籍數據庫）

2. 史　部

書名、卷數	現存重要版本	館藏地	備註
《千頃堂書目》三十二卷（明黃虞稷撰）	單行本：清歙縣鮑氏知不足齋鈔本	國家圖書館	每半葉 9 行，行 21 字，小字雙行，字數同，左右雙邊，版心黑口。書末有「乾隆乙未（1775）吳騫跋」。書中過錄盧文弨、吳騫校語，記曰：「朱筆依盧檠齋先生校本，綠筆乃拜經樓藏本吳騫補校。」（《國家圖書館善本書志初稿》史部書目類）見書影四。
《江表志》三卷（宋鄭文寶撰），《南唐拾遺記》一卷（清毛先舒撰），《新舊唐書雜論》一卷（明李東陽撰）	單行本：舊鈔本	北京故宮博物院	著錄於國家圖書館中文古籍書目資料庫。

3. 子　部

書名、卷數	現存重要版本	館藏地	備註
《讒書》五卷附校一卷（唐羅隱撰）	叢書本：民國十一年上海博古齋影印本《拜經樓叢書》	國家圖書館	每半葉 10 行，行 22 字，黑口單魚尾。（國家圖書館中文古籍書目資料庫）

三、編定類

書名、卷數	現存重要版本	館藏地	備註
《休寧厚田吳氏家譜》六卷	單行本：清乾隆 52 年（1787）吳氏原刊本	國家圖書館	版本詳細情況見第六章。
《王節愍公集》一卷（王道焜撰）	叢書本：民國十一年上海博古齋影印本《拜經樓叢書》	國家圖書館	每半葉 10 行，行 22 字，黑口單魚尾。（國家圖書館中文古籍書目資料庫）
《歲時儀節》一卷	單行本：清稿本	國家圖書館	版本詳細情況見第六章。
《論印絕句》一卷	叢書本： (1) 清道光二十年（1840）海虞顧氏刊本《篆學瑣著》 (2) 民國十一年上海博古齋影印本《拜經樓叢書》	(1)、(2) 國家圖書館	(1) 每半葉 9 行，行 21 字。（國家圖書館中文古籍書目資料庫） (2) 每半葉 10 行，行 22 字，黑口單魚尾。（國家圖書館中文古籍書目資料庫）

第二節　著述內容探討

　　吳騫的著作大多留傳下來，但現今對他的論著研究卻寥寥無幾；故以下將依前文所分析的三大類，對其著作之自序或其內容，略敘其梗概，期能對吳騫一生之治學、著述有更具體之掌握。

一、自著類

1.《詩譜補亡後訂》一卷

吳騫在自序中談及此書概況及為其補錄的原因：

> 《鄭氏詩譜》舊本三卷，有徐整暢太叔裘隱劉炫注，宋時皆已逸之。歐陽公得殘本于絳州，手為補其亡，書亦三卷，爾來行本止一卷，非特注不可見，即正文亦頗多譌闕。休寧戴東原氏復為考正，予得而讀之，其疏闊處間亦不免，爰從各本重加校訂，稍參以毛詩本義之說，為詩譜補亡後訂，非敢自謂能盡心于鄭氏之學，若夫原流之清濁，風化之盛衰，庶幾或得其髣髴云爾。〔註10〕

2.《子夏易傳釋存》二卷

吳騫在自序文末提及其撰寫此書之旨意：

> 竊不自揆間從各經掇拾裒輯，雖單辭斷句並所不遺，并稍通其意指，仍依隋志釐為二卷曰《子夏易傳釋存》，非敢儗鉤沉于五經，庶幾尋古訓于百一云。〔註11〕

3.《孫氏詩評摭遺》二卷

吳騫在自序中說明：

> 晉孫毓《詩同異評》十卷，見於隋經籍志及…新舊唐書二志，而晁氏讀書志、陳氏書錄解題等皆不著錄，蓋唐以後已亡之矣。……爰從各書掇拾殘剩，釐為二卷，命之《孫氏詩評摭遺》。雖曰經苑之碎金，抑亦風人之玉屑與。〔註12〕

4.《孫氏爾雅正義拾遺》一卷

吳騫在自序中提及其撰寫此書之緣由與經過：

〔註10〕〔清〕吳騫，《愚谷文存》（臺北：藝文印書館，1969年，《百部叢書集成》第40冊），卷一，頁5。

〔註11〕〔清〕吳騫，《愚谷文存》（臺北：藝文印書館，1969年，《百部叢書集成》第40冊），卷一，頁2。

〔註12〕參見〔清〕吳騫，《愚谷文存》（臺北：藝文印書館，1969年，《百部叢書集成》第40冊），卷一，頁2。

騫試以埤雅繹之，始信其言爲不誣。陸氏每引其說，必曰孫炎正義，或曰孫炎爾雅正義。若孫叔然釋文及隋唐各志所載，第有爾雅注及音義，未嘗有爾雅正義。且正義之名起于隋唐間，前此未聞也。邢氏既斥之爲淺近俗儒，宜俗間孫炎、高璉之說，皆在所屏，而世或反疑邢氏既斥其淺近疏，復屢引孫說，又謂引炎說頗多，而高璉不存片語，爲不可解，皆未聞前說者也。暇日因從陸氏書中摘錄所謂正義之文於左，以資參考，而補自來部錄家所未備。埤雅惟蕩竹下云孫炎以爲閭節爲蕩，與邢疏所引孫炎說略同，蓋此乃孫叔然，故不曰《爾雅正義》，茲亦不取。或又疑陸氏何以獨取俗間孫炎曰：此正晁公武所謂農師著書，喜採俗說之證也。〔註13〕

5. 《蜀石經毛詩殘本考異》二卷

吳騫在〈蜀石經毛詩殘本考異序〉文中提及他從黃丕烈之處得此鈔本而讀之，卷首自周南以下闕至召南鵲巢之箋始，迄于二卷終二子乘舟止。又因晁氏作《蜀石經考異》，而張抃又作《注文考異》四十卷，惜今皆不可見，故自於誦習之暇校其異同，附石經之末，以俟留心古訓者。〔註14〕

6. 《唐開成石經考異》二卷

吳騫在自序文末提及其撰寫此書之經過：

予懷此有年，間從各書傳網羅蒐輯，仿晁子止之例作《唐開成石經考異》二卷，間以質于嘉定錢曉徵宮詹，輒欣然爲之疏證，同邑周勤補孝廉亦爲補考，且作序以引其首簡，彙錄而藏之拜經樓。〔註15〕

7. 《國山碑考》一卷

盧文弨嘗爲吳騫作〈國山碑考序〉，文中先談及國山碑之淵源：

吳封禪國山碑，孫晧所立，在今常州荊溪縣西南五十里。其文始著錄於《雲麓漫鈔》，厥後吳人盧公武考之加詳焉。沈敕《荊溪外紀》及唐鶴徵《常州府志》亦備載之，然俱不能無譌誤，且其文字可讀者尚多，而率皆遺脫，蓋由地處僻，人罕至其下，但得椎拓木摹之，故不能以細辨也。〔註16〕

〔註13〕〔清〕吳騫，《愚谷文存》（臺北：藝文印書館，1969 年，《百部叢書集成》第 40 冊），卷一，頁 7。

〔註14〕參見〔清〕吳騫，《愚谷文存》（臺北：藝文印書館，1969 年，《百部叢書集成》第 40 冊），卷一，頁 5。

〔註15〕〔清〕吳騫，《愚谷文存》（臺北：藝文印書館，1969 年，《百部叢書集成》第 40 冊），卷一，頁 3。

〔註16〕〔清〕吳騫，《國山碑考》（臺北：新文豐出版社，1991 年，《叢書集成續編》第 260

接著說明吳騫之寫作動機及其內容：

> 海寧吳槎客，客游宜興，好古搜奇，不憚危阻，嘗再三過焉。於其文
> 之摩滅者，咸得審其界埒，一一而指數之，合其有文者，共得四十一行，
> 凡千有餘言，與趙氏《金石錄》所紀，數略相等，他皆不及也。於是爲之
> 圖說，爲之釋文，爲之考核辨正，并薈萃古今人題詠及古蹟之與是山鄰近
> 者咸裒爲一編，名曰《國山碑考》。〔註17〕

而後則評其言鑿鑿有證據，並稱許云：

> 微槎客之天機清妙、興高寄遠者，爲之一抉其秘，即今何由得見，以
> 證昔人所紀之誤哉！〔註18〕

吳騫亦自撰後敘，說明此卷曾由翁方綱〔註19〕爲之訂正其題詩，又經張燕昌〔註20〕
假天一閣所藏舊拓國山碑細校之，故其考正可謂精審嚴謹。〔註21〕陳鱣在得其所贈
之揚本，亦爲其作跋，並稱許碑文之篆法，蒼秀古勁，深得周秦遺意。〔註22〕

8.《東江遺事》二卷

　　本書是爲毛文龍被袁崇煥所殺而作的翻案文章，吳騫嘗於嘉慶十一年（1806）
序云：

> 夫毛文龍之死，天下盡知，其冤迫袁崇煥既伏厥辜，即當下詔表暴二

　　　　册），頁95。

〔註17〕〔清〕吳騫，《國山碑考》（臺北：新文豐出版社，1991年，《叢書集成續編》第260
　　　　册），頁95。

〔註18〕〔清〕吳騫，《國山碑考》（臺北：新文豐出版社，1991年，《叢書集成續編》第260
　　　　册），頁95。

〔註19〕翁方綱（1733～1818），字正三，號覃溪，晚號蘇齋。清順天大興（今屬北京市）人。
　　　　乾隆十七年（1752）進士，授編修，官至內閣大學士。精於金石考據之學，工書法，
　　　　冠絕一時。論詩重學問和義理，詩宗韓杜，多達六千餘首。著有《經義考補正》、《補
　　　　經目次》、《十三經注疏姓氏表》、《通志堂經解目錄》、《兩漢金石記》、《復初齋詩文
　　　　集》等書。詳見〔清〕葉昌熾撰，王鍔、伏業鵬點校《藏書紀事詩》（北京：北京燕
　　　　山出版社，1999年5月），頁406。

〔註20〕張燕昌（1738～1814），字文魚，號芑堂、芑塘，又號金粟山人，清海鹽（今屬浙江）
　　　　人。乾隆四十二年（1777）優貢生，嘉慶元年（1796）荐舉孝廉方正。生平力學好
　　　　古，尤嗜金石、書籍，搜羅甚富，與翁方綱、鮑廷博等人友善。藏書處曰「娛老書
　　　　巢」。嘗重刻天一閣藏北宋石鼓文拓本，著有《金石契》、《古來飛白書考》、《石鼓文
　　　　釋存》等書。詳見〔清〕葉昌熾撰，王鍔、伏業鵬點校《藏書紀事詩》（北京：北京
　　　　燕山出版社，1999年5月），頁441。

〔註21〕參見〔清〕吳騫，《愚谷文存》（臺北：藝文印書館，1969年，《百部叢書集成》第
　　　　40册），卷五，頁5。

〔註22〕〔清〕吳騫，《國山碑考》（臺北：新文豐出版社，1991年，《叢書集成續編》第260
　　　　册），頁108。

人功罪，庶幾激勵邊疆而作士氣，至其子承祿爲父泣血籲哀，朝中竟置不省，迄乎國變又十餘載，卹典始終不下，尚得謂賞罰之明乎？今去勝國且百數十年，一二故老猶有藉文龍抱不白之冤于地下者，爰從各紀傳輯錄爲一編曰《東江遺事》，凡二卷，以竢後人論定，且使貪功害能者知天道之不爽。〔註23〕

卷末有其子姪輩之後序，談及吳騫收集《明史》中有關毛文龍的帥皮島事以及談遷《棗園雜俎》、無名氏《紀事本末備遺》及毛奇齡所撰的〈文龍墓誌〉等文章，以替毛文龍爭歷史之功過是非。其中《紀事本末備遺》，《拜經樓藏書題跋記》卷二著錄舊鈔本二冊，不分卷，亦無序目，撰人名氏截去，首冊爲遼左兵端、熊王功罪、差漢寇邊；二冊爲毛帥東江、綿寧戰守、東兵入口，凡六篇。〔註24〕而吳騫亦嘗作〈毛西河毛總戎墓誌銘跋〉，此文收入《愚谷文存》卷四中。

9. 《陳乾初先生年譜》二卷

吳騫嘗於〈陳乾初先生年譜序〉、〈陳乾初先生遺集序〉二文中提及其嚮往陳乾初先生〔註25〕之學已久，雖爲同鄉里，但以不及親見授教爲憾，故總其生平事蹟爲年譜二卷，並與陳鱣訪求其遺書，終得詩文集三十卷、別集十九卷，又細釋其時代出處爲世系爲年表於卷首，並旁引諸家載籍各注當篇之下，以相證明。〔註26〕

10. 《吳兔牀日記》一卷

古學彙刊第一輯第三冊中的《吳兔牀日記》是吳騫於乾隆四十五年（1780）二月十六日至三月二十日所記載的日記。其內容大多爲與陳鱣同遊武林、訪友之事。如二月十六日記同陳鱣訪周春，從其處借得《孟子外書》；又於二十五日同盧文弨、鮑廷博夜飲聊天，而後還共觀新校定漢魏諸書……等等。〔註27〕另有幾首爲吳騫與陳鱣的唱和之詩，如於二十三日，陳鱣有詩索和，陳氏詩題〈武林寓偶作呈兔牀〉：

〔註23〕〔清〕吳騫，《東江遺事》（臺北：新文豐出版社，1999年，《叢書集成三編》第99冊），頁665。

〔註24〕參見〔清〕吳壽暘編撰，《拜經樓藏書題跋記》（北京：中華書局出版社，1995年8月，《清人書目題跋叢刊》第十冊），卷二，頁629。

〔註25〕陳確（1604～1677），字乾初，又字非元，號確。永邑諸生，早見知于許同生令典目爲任道器，後與祝開美淵游蕺山劉氏之門，奉慎獨之教，晚年靜修山中，足不入城市。著有《大學辨》四卷、《葬書》四卷等書，而後由吳騫編成《陳乾初先生遺集》三十卷。詳見許傅霈等原纂，《浙江省海寧州志稿》（臺北：成文出版社，1983年），卷十二，頁1417～1419。

〔註26〕參見〔清〕吳騫，《愚谷文存》（臺北：藝文印書館，1969年，《百部叢書集成》第40冊），卷二，頁1～4。

〔註27〕參見國粹學報社編，《古學彙刊》（臺北：臺灣力行書局印行，1964年），第三冊，頁1471～1480。

經春無事傍西湖，茗椀詩筒興不孤。細雨濕花嬌可愛，遠山連霧淡如無。
因貪勝跡都奔兢，爲借奇書小負逋。不是蓬山解留客，清狂何地著吾徒。
〔註28〕

吳氏詩題〈和前韻答河莊〉：

雲黯江城雨滿湖，閉門羈思鬱清孤。若非湖海眞豪士，愁殺高陽舊酒徒。
時序忽驚瀕泠節，新詩轉促甚亡逋。不知車馬垂楊陌，猶唱春歸緩緩無。
〔註29〕

而謝國楨撰《江浙訪書記》中所言之《吳兔牀日記》，則起於乾隆四十八年（1783）
九月初二日，至嘉慶四年（1799）四月而止，所記皆朋友往還，游覽風景，商談彼
此所得善本佳槧之事。如記甲辰六月二十三日自桃溪東歸，晚次陳家渡，風景極幽，
得一絕句云：「墅居東頭洛彴閒，一重沙嶼一重灣；漁歌忽斷清溪暝，人在蒼烟白鳥
間。」周春曾以〈豆腐〉詩索和，兔牀作詩和之，有「誰家茅店添新設，一桁晴莎
又遠空」之句，「蓋鄉村腐肆多縛莎草于竿作標識耳。」又說：「吾輩外貌不可作名
士氣，胸中不可無名士心。」所記皆閒情逸緻，然文字集極爲雋永。〔註30〕

11. 《蠡塘漁乃》一卷

《蠡塘漁乃》吳騫在自序嘗談及其寫作之動機，文云：

予家由白嶽而徙海昌也，自高曾以來，閱今五世，是以自少漁釣於蠡
塘洋水之間，（實爲熙朝之幸民）。凡山川往跡，固日所留連，即一二遺聞
佚事，得諸故老傳聞者，亦往往默識於懷，偶因暇日，述爲短調。凡篇百
有六十，所謂因乎人，因乎地，見於時，寓於意者，靡弗有焉，都爲一卷，
命曰《蠡塘漁乃》。〔註31〕

而盧文弨亦爲其作序，表達讚嘆之情：

余手葵里吳子《蠡塘漁乃》一編，而歎其緯舊曲以新情，裁長言於短
述，網羅閎富，吐屬淵雋，足以導揚清淑，闡發幽潛，性情所流，品誼亦見。
漁莊蟹舍，狎鷺盟鷗，寓意於漁，蕭然自得，鳴榔鼓枻，逸興橫生，山水清
音，若相酬答，細雨東風之句，何減桃花流水之詞耶！而此編之作，禪益掌
故，式示後賢，優游夷愉，春容澹宕，實可登之樂府，推爲雅材。〔註32〕

〔註28〕國粹學報社編，《古學彙刊》（臺北：臺灣力行書局印行，1964年），第三冊，頁1473。
〔註29〕國粹學報社編，《古學彙刊》（臺北：臺灣力行書局印行，1964年），第三冊，頁1474。
〔註30〕參見謝國楨，《江浙訪書記》（上海：上海書店出版社，2004年1月），頁98。
〔註31〕〔清〕吳騫，《愚谷文存》（臺北：藝文印書館，1969年，《百部叢書集成》第40冊），卷二，頁20。
〔註32〕〔清〕吳騫，《蠡塘漁乃》（臺北：新文豐出版社，1985年，《叢書集成新編》第七

12. 《遊龍池山記》一卷

此記吳騫於嘉慶一年（1796）四月二十三日與友人燕亭、陳經同遊龍池山。

13. 《遊張公洞記》一卷

此記吳騫於嘉慶一年（1796）四月二十九日與友人燕亭同遊張公洞。

14. 《西湖蘇文忠公祠從祀議》一卷附《從祀諸賢傳略》

吳騫在卷首嘗說，蘇文忠公德惠於杭州人民甚大，但至今卻未有專祠，以慰公之靈。幸得秦公瀛在任數年，勤政愛民，能爲文忠築專祠，竝請公撰文記其緣起，勒諸樂石，以昭示無窮。而後吳騫則偕人同謁祠下，並檢閱《文忠全集》，擇其可錄者有三十四人，略繫小傳於官職姓氏之下，以請於公設爲木主祔祀別室，希望後人觀瞻此祠者，能想見一時賢才之盛，雖百世下益有所觀感興起。〔註33〕

15. 《陽羨名陶錄》二卷

吳騫嘗在自序談及其寫作動機云：

> 惟義興之陶，製度精而取法古，迄乎勝國諸名流出，凡一壺一合，幾與商彝周鼎竝爲賞鑒家所珍，斯尤善於復古者與！予竭來荊南，雅慕諸人之名，欲訪求遺器，破數十年之功，而所得蓋寥寥焉。慮歲月滋久，并作者姓氏且致舛如，擬綴輯所聞以傳好事，暨陽周伯高氏嘗著《茗壺系述》，之間多漏略，茲復稍加增潤，釐爲二卷，曰《陽羨名陶錄》，冀超覽君子，更匡益所未逮焉。〔註34〕

而周春〔註35〕亦爲其題辭，詩云：

> 博物胸儲七錄豪，閑窗餘事付名陶。開函紙墨生香處，篆入熏爐波律膏。
> 甀壺小樣取宜茶，甘歠濃浮碧乳花。三大一時傳舊系，長教管領小心芽。
> 聞說陶形祀季疵，玉川風腋手煎時。何當喚取松陵客，補賦荊南茶具詩。

十二冊），頁542。

〔註33〕 參見〔清〕吳騫，《愚谷文存》（臺北：藝文印書館，1969年，《百部叢書集成》第40冊），卷九，頁2～3。

〔註34〕 〔清〕吳騫，《愚谷文存》（臺北：藝文印書館，1969年，《百部叢書集成》第40冊），卷三，頁5。

〔註35〕 周春（1729～1815），字芚兮，號松靄，晚號黍谷居士，清海寧（今屬浙江）人。乾隆十九年（1754）進士，官廣西岑溪知縣。春於四部書無所不讀，所居「著書齋」，終歲不掃除，凝塵滿室，然插架環列，臥起其中者三十餘年，潛心著述。家多藏書，藏有宋刻《湯注陶詩》、《禮書》及影元鈔本《周易集傳》等。藏書處曰「禮陶齋」、「寶陶齋」、「夢陶齋」、「縣花館」等。其於音韻學最精，著有《十三經音略》、《小學餘論》、《杜詩雙聲疊韻譜括略》、《代北姓譜》、《遼金元姓譜》等書。詳見〔清〕葉昌熾撰，王鍔、伏亞鵬點校《藏書紀事詩》（北京：北京燕山出版社，1999年5月），頁422。

陽羨新鐫地志譌，延陵詩老費搜羅。他年采入圖經內，須識桃溪客語多。
〔註36〕

16.《桃溪客語》五卷

據《中國文言小說總目提要》一書將《桃溪客語》分屬清代雜俎小說集，書中多引述前人有關宜興記載，臚列事實，勘比得失，似雜家之言，但其中保留不少小說戲曲故事及有關傳說。〔註37〕吳騫亦於自序中說明其成書之動機與目的：

予往遊荊南，樂其風土之恬曠，人士之雋淑，買田學稼，結廬國山之下，日與嚴翁谿父相往還。輟耕多暇，偶有聞見，則筆而識之，積久成帙，以其叢脞虌瑣，一若道聽而途說之，命曰《桃溪客語》。若夫攄懷舊之蓄念，發思古之幽情，世有東都主人，能無听然而笑乎！〔註38〕

周廣業〔註39〕嘗為其作序，極盡讚美之意：

義興為東南奧區，吾友吳君槎客，寓遊其間，既著《國山碑考》，復著《桃溪客語》，搜剔溪山，爬疏人物，博而且精，洵不負此地矣。……是荊南地故饒桃，其佳處正不減淵明所記。槎客方結廬國山之下，流連賡咏，於昔賢何多讓焉。〔註40〕

17.《扶風傳信錄》一卷

據《中國文言小說總目提要》將《扶風傳信錄》列於清代傳奇小說，故事是說宜興扶風橋裡許生丹忱與祖父可觀入城，途中遇一麗女，以目傳情。數日後，此女前來私會，自述二人為七百年前宋宮太監和侍女，因情緣未了，特來了此宿緣。二人春風一度便仙凡隔絕。後有三次相見，也都會短離長，竭盡淒苦幽怨之態。作者筆下纏綿哀婉，並多以詩詞傾訴衷曲，寫舊時青年男女情緣幾世未了，具有社會意義。〔註41〕內容取材自自許可觀《敘事解疑》一書，由珍藏者任安上〔註42〕交給吳

〔註36〕〔清〕吳騫，《陽羨名陶錄》（臺北：新文豐出版社，1985年，《叢書集成新編》第四十八冊），頁541。

〔註37〕參見寧稼雨，《中國文言小說總目提要》（山東：齊魯書社，1996年12月），頁384。

〔註38〕〔清〕吳騫，《愚谷文存》（臺北：藝文印書館，1969年，《百部叢書集成》第40冊），卷三，頁5。

〔註39〕周廣業（1730～1798），字勤補，號耕崖，海寧人。乾隆四十八年（1783）舉人。深研古學，於《孟子》一書，致力最勤。所著《孟子四考》四卷，一逸文，二異本，三古注，四出處，時地考訂皆極精詳，又著有《經史避名彙考》四十六卷、《蓬廬詩文鈔》等書。詳見〔清〕徐世昌，《清儒學案小傳》（周駿富編，臺北：明文書局，1985年12月，《清代傳記叢刊》第六冊），頁275。

〔註40〕〔清〕吳騫，《桃溪客語》（臺北：新文豐出版社，1985年，《叢書集成新編》第九十五冊），頁22。

〔註41〕參見寧稼雨，《中國文言小說總目提要》（山東：齊魯書社，1996年12月），頁355。

騫作纂輯。任安上在〈與吳拜經書〉一文還談及此書終能傳刻之喜：

> 今此書得愚谷老人序而傳之，姍姍有知，嘲環可必，而安上亦獲挂名
> 末簡。若追溯淵源，則澧塘其殆火敦腦兒乎？此書到日，一披覽間，想無
> 異蕭翼得見辨才蘭亭眞本，小桐溪上萬花齊放也，一笑，主臣。〔註43〕

另有一個單篇傳奇〈夜明竹記〉，則是記宜興孝子邵志圭於父親病時嘗糞割股，父卒
後又結廬墓側，久而墓側生夜光之竹，傳爲佳話。〔註44〕

18.《南宋方爐題咏》一卷

吳騫有〈方爐歌并序〉一文，說明此方爐之外型及爲其賦詩記事之因：

> 騫藏此爐三十有餘載。頃者觀察錫山秦公新建蘇文忠公祠于孤山，將
> 以文忠同事諸賢栗主附祀別室，甚盛典也。落成之日，騫未及預。今年秋
> 九月二日華秋槎郡丞招集望湖樓，因以爐歸于祠爲燔燎之器。計爐之成，
> 雖後文忠三十年，然監造者適與文忠同姓，則爐之歸于斯祠尤宜。是日公
> 適來遊，屬同人各賦詩以紀其事。〔註45〕

19.《尖陽叢筆》十卷

據吳騫之孫之淳於道光十六年（1836）所撰跋，可知此本是吳騫平居睹記所及，
間復參以論說，隨時筆之，積久成卷，家近海上之尖山，故名曰《尖陽叢筆》。因其
中論詩諸條已載《拜經樓詩話》，故當時並未刊刻，僅由之淳校正亥豕；直至管庭芬
於道光二十三年（1843），方與之淳共相商榷，節去複見者十之二，原本後又附續筆
一卷，僅二條。今刪存一條，附十卷之末。〔註46〕於是，此書才得以刊刻流傳，管
庭芬並讚許云：

> 是書考訂經史、辨別名義，幾與日知、養新諸錄相伯仲。〔註47〕

20.《哀蘭絕句》一卷

〔註42〕任安上（1743～?），字安上，別字澧塘，常州荊溪人。其事蹟可詳見〔清〕吳騫撰
　　　　《愚谷文存續編》（上海：上海古籍出版社，2002年，《續修四庫全書》第1454冊），
　　　　卷二，頁358。

〔註43〕〔清〕吳騫，《扶風傳信錄》（臺北：新文豐出版社，1985年，《叢書集成新編》第
　　　　八十二冊），頁707。

〔註44〕全文收入吳騫，《愚谷文存》（臺北：藝文印書館，1969年，《百部叢書集成》第40
　　　　冊），卷七，頁17～18。

〔註45〕〔清〕吳騫，《南宋方爐題咏》（臺北：藝文印書館，1969年，《百部叢書集成》第
　　　　40冊），頁1～2。

〔註46〕參見〔清〕吳騫，《尖陽叢筆》（臺北：新文豐出版社，1991年，《叢書集成續編》
　　　　第215冊），頁209。

〔註47〕〔清〕吳騫，《尖陽叢筆》（臺北：新文豐出版社，1991年，《叢書集成續編》第215
　　　　冊），頁209。

收詩十九首，是吳騫為其第二任妻徐貞所寫，序云：

> 古詩十九首，非一人一時之作。論詩者謂其意之眞，詞之至，為有風
> 人之遺。昔夫子刪詩，上下千餘年，得詩三百，錄而存之，大抵皆發乎情，
> 止乎禮義。雖匹夫匹婦傷離怨別之作，未嘗舍旃，此聖人之教也。予作《哀
> 蘭絕句》，適得十九首，蓋以寫予之情，非屬意於模古也。然予之情無窮，
> 而詞於是止，即以為予一人一時之十九首可已。〔註48〕

21.《愚谷文存》十四卷

此為吳騫文章的總集，卷一、二、三是「序」，卷四、五、六是「跋」、「論」，卷七是「辨」、「訂譌」、「記」，卷八是「記」，卷九是「議」、「說」、「考」、「書」，卷十是「贊」、「銘」、「傳」、「行略」、「狀略」、「家傳」，卷十一是「墓誌」、「誄」、「狀」、「祭文」，卷十二是「雜著」（桐陰日省編上），卷十三是「雜著」（桐陰日省編下），另附〈愼終錄要〉，卷十四是「紀行」（可懷錄、可懷續錄）〔註49〕。因此編在吳騫生前即已付刊，故有嘉慶十二年（1807）陳鱣序，序中極力贊賞他的文筆，文云：

> 若夫文筆之高堅，詞旨之敦厚，固世之有目共賞者，無俟鄙人插齒齦
> 於其間也。

22.《愚谷文存續編》二卷

此編由其子壽照、壽暘所校刻者。卷一收入約十五篇書序。其中有為其拜經樓藏書之序，諸如〈詩經澤書序〉中說道此書是向陳經〔註50〕借得，亟為傳錄其副；〈棗林詩集序〉則說此書為孫廷端贈予之。〔註51〕其它如〈陸辛齋先生遺集序〉、〈抱經堂集序〉、〈讀經題跋序〉、〈初白先生年譜序〉、〈西夏書序〉、〈蓬盧文鈔序〉等則是為其友著述所作之序。另有三篇關於古器之考論，當為其拜經樓收藏之物。卷二有收入其藏書《四書經疑問對》、《谷神子注道德指歸》、《宋槧陳古靈先生集》、《宋槧王梅溪集百家註東坡先生詩集》之跋，其它多為圖跋及石刻之考論。

〔註48〕〔清〕吳騫、徐貞等，《拜經樓集外詩，附珠樓遺稿》（臺北：新文豐出版社，1985年，《叢書集成新編》第七十二冊），頁 553。

〔註49〕〈可懷錄〉是吳騫於乾隆甲午年（1774）至休寧祖墓的日記，從二月十三日至三月十六日止。〈可懷續錄〉是吳騫於嘉慶庚申年（1800）與姪子衡照、從孫英達、從曾孫申錫偕行至休寧祖墓的日記，從二月二十八日至三月十七日止。

〔註50〕陳經，字景辰，號春浦，江蘇荊溪人，諸生。

〔註51〕參見〔清〕吳騫，《愚谷文存續編》（上海：上海古籍出版社，2002 年，《續修四庫全書》第 1454 冊），卷一，頁 325、326。

23. 《拜經樓詩集》十二卷

收入吳騫從乾隆三十年（1765）至嘉慶七年（1802）的古今體詩作，共有一千一十二首，附詩二十四首。

24. 《拜經樓詩集續編》四卷

收入吳騫從嘉慶八年（1803）至十六年（1811）的古今體詩作，共有三百六十四首，附詩十二首。吳騫在〈拜經樓詩集續編序〉嘗提及自己作詩之原因：

> 予自少癖耽吟咏，每遊武林，輒喜從諸名宿譚藝，嘗聞諸董浦杭先生之言曰，吾人讀書修業要使他日一言一咏，有可以刻而傳之者，藉以自考其得失，非求勝于人也。〔註52〕

25. 《拜經樓詩集再續編》一卷

又名《萬花餘唱》，收入吳騫嘉慶十七年（1812）之詩作，約有五十首。因該編末有〈病中有懷諸耆宿詩〉七首，題下注云「未竟之稿」，可知此編出於其子。

26. 《拜經樓詩話》四卷

吳騫在自序中，首先論及詩話一家必須胸具良史之才：

> 著述之道，蓋難言矣。昔人論詩話一家，非胸具良史才不易為，何則？
> 其間商榷源流，揚挖風雅，如披沙簡金，正須明眼者決擇之。〔註53〕

而後再論述自己撰寫目的：

> 然則是編也，姑存之以備詩話之稗乘，或庶幾焉。至書中先後，緣隨得隨筆，故不類不次，亦略仿宋元人詩話之例，超覽君子或以叢雜為嫌，而更匡其所不逮，尤厚幸云。〔註54〕

蔣寅《清詩話考》是據1978年上海古籍出版社的清詩話本作說明，此書卷一載岳飛佚詩、考查東山入吳六奇幕事、論宋刊本蘇詩注本、指沈德潛《國朝詩別裁集》誤收秦觀「渺渺孤城白水環」一絕；卷二考王安石李壁注、杜詩所咏花驚定日後事迹、斛綠金非《敕勒歌》作者、載唐李蟾宜興善卷寺題壁詩、明王昭平手書詩卷；卷三論陸游前妻改嫁事、載葉燮序曹度《帶存堂詩文集》、楊謙注《曝書亭詩集》事、明李旻詩卷墨迹、王陽明父德輝詩墨迹，皆發明史事，有功於文

〔註52〕〔清〕吳騫，《拜經樓詩集續編》（上海：上海古籍出版社，2002年，《續修四庫全書》第1454冊），頁127。

〔註53〕〔清〕吳騫，《拜經樓詩話》（上海：上海古籍出版社，2002年，《續修四庫全書》第1704冊），頁100。

〔註54〕〔清〕吳騫，《拜經樓詩話》（上海：上海古籍出版社，2002年，《續修四庫全書》第1704冊），頁100。

獻。書中摘引明曾異撰何白論詩之語，亦皆極精彩。〔註55〕

27. 《拜經樓詩話續編》二卷

據國家圖書館所藏鈔本《拜經樓詩話續編》二卷，卷一34條，卷二50條，所記多清代掌故，亦略有上論古人詩者，皆足以資見聞。據蔣寅《清詩話考》的說法，續編二卷似曾刊版，然未見傳本，民國間於《群雅》雜誌第一集卷五起連載，前有葉百豐跋，謂是書流傳甚少，施韻秋云有人於坊間曾見朱印樣本，吳眉孫曾獲刊本二卷，當時不知珍惜，爲人取去，今更訪求，乃不能得。此編所載亦多涉異聞考證，不以談藝爲宗，又多引元劉壎《隱居通義》，似方閱其書而筆錄者。卷一載盧文弨撰〈海昌竹枝詞序〉，未收入於《抱經堂集》；又所載風塵中人詩事頗有可傳，而原稿皆注明刪，賴今刊印得傳，是亦不虞之幸也。卷二載海寧周蓮《舊五代史》輯本，成於邵輯本之先，其書未用《永樂大典》，而以之校邵輯本，則多逸出之文，是亦可補史家舊文。〔註56〕

二、校訂類

1. 《許氏詩譜鈔》一卷

吳騫嘗於乾隆四十九年（1784）談及此書概況：

> 元東陽許文懿公嘗以鄭歐之譜世次容有未當，別纂詩譜繫於《詩集傳名物鈔》。……詩譜者何？論世之書也。學者既觀於鄭歐之譜，復以許氏之說參互考訂，融會貫通，雖四始五際，直且探其微義，又何世之不可論哉。

後於嘉慶十一年（1806）說明爲其校訂之因：

> 《詩名物鈔》元刻不可得，通志堂用汲古閣舊鈔本上板，閒多譌脫，茲特爲校訂重刊。〔註57〕

2. 《千頃堂書目》三十二卷

吳騫在〈重校千頃堂書目跋〉一文中提及重校此書的原因：

> 然董浦本尚多漏略，疑爲俞邰初稿，復借錢塘盧抱經先生金陵新校本勘補，書既加詳且多序目，似是史局增修之本。未幾，讀道古堂遺文，又得黃氏書錄序一篇，遂亟錄之，顧序中言地理一門，黃氏尚多挂漏，已因取內閣書目爲之增補。而予還閱此書，又不如所云，其理殊不可解，豈此

〔註55〕參見蔣寅，《清詩話考》（北京：中華書局，2005年1月），頁440。
〔註56〕參見蔣寅，《清詩話考》（北京：中華書局，2005年1月），頁440。
〔註57〕〔清〕吳騫，《許氏詩譜鈔》（臺北：藝文印書館，1969年，《百部叢書集成》第40冊）。

外別有一本耶？竊不自揆，間取諸家書目續爲增訂拾遺補闕，愧非其才，

聊以備四庫之實錄耳。〔註58〕

此書嘗爲杭世駿〔註59〕藏本，吳騫經多方勘閱，認爲其內容尚多遺漏之處，故重新

增訂補闕，以盡完善。

3. 《江表志》三卷、《南唐拾遺記》一卷、《新舊唐書雜論》一卷合刊一冊

《江表志》三卷經周廣業校訂；《南唐拾遺記》經吳騫及朱型家〔註60〕校勘；

《新舊唐書雜論》經楊復吉〔註61〕校正，並有其跋語。〔註62〕

4. 《讒書》五卷附校一卷

吳騫在〈重刻羅昭諫讒書跋〉中說明校錄此書經過與喜悅之情，云：

> 歲丙寅秋，黃堯圃主事以《讒書》五卷全本屬仲魚孝廉見寄，予喜瑜
> 意外，極手爲校錄，刊入《愚谷叢書》中。考直齋書錄解題，但載羅江東
> 甲乙集、後集、湘南集，而云隱又有淮海寓言、讒書。求之未獲，隨齋批
> 注。讒書刻于新城縣。然近世部錄中流傳本絕少。往歲松陵楊慧樓進士鈔
> 得殘帙四卷，聞吳中藏書家尚有足本，屬予從堯圃訪搆，而堯圃實無是書，
> 求之累年，一旦果得其全，極以詒予。堯圃跋云，此本乃吳枚庵從王西莊
> 光祿傳鈔者。〔註63〕

〔註58〕〔清〕吳騫，《愚谷文存》（臺北：藝文印書館，1969年，《百部叢書集成》第40冊），
卷四，頁19。

〔註59〕杭世駿（1697～1772），字大宗，號董浦，又自號秦亭老民，清仁和（今浙江杭州）
人。雍正二年（1724）進士，乾隆元年（1736）舉博學鴻詞，召試一等，授編修，
校勘武英殿《十三經》、《二十二史》，纂《三禮義疏》。歸田後，專心著述。董浦於
學無所不貫，所藏書擁榻積幾，不下十萬卷。藏書處曰「道古堂」、「補史亭」。其說
經之作多巨編，注史長於考證，著有《續禮記集說》、《史記考異》、《漢書疏證》、《三
國志補注》、《道古堂詩文集》等書。詳見〔清〕葉昌熾撰，王鍔、伏業鵬點校《藏
書紀事詩》（北京：北京燕山出版社，1999年5月），頁388。

〔註60〕朱型家，字允達，又字周達，號懶鑛、巢飲，歲貢生。著有《皇氏論語義疏考正》
二卷、《耐園詩稿》四卷。詳見許傅霈等原纂，《浙江省海寧州志稿》（臺北：成文出
版社，1983年），卷十四，頁1664。

〔註61〕楊復吉，字列歐，號慧樓，江蘇吳江人。乾隆三十七年（1772）進士，以知縣銓選，
居家博覽子史，專意著述，至選期，引疾不謁選。家富藏書，古文說部，寓目殆遍，
王鳴盛深推服之。終身樓居，著書甚多，有《夢蘭瑣筆》、《昭代叢書續集》、《虞初
餘志》、《元稗類鈔》等。詳見〔清〕葉昌熾撰，王鍔、伏業鵬點校《藏書紀事詩》
（北京：北京燕山出版社，1999年5月），頁396。

〔註62〕參見〔清〕吳壽暘編撰，《拜經樓藏書題跋記》（北京：中華書局出版社，1995年8
月，《清人書目題跋叢刊》第十冊），卷二，頁621。

〔註63〕〔清〕吳騫，《愚谷文存》（臺北：藝文印書館，1969年，《百部叢書集成》第40冊），
卷五，頁16。

三、編定類

1.《休寧厚田吳氏家譜》六卷

吳騫嘗於乾隆五十一年（1786）重修，序中談及其編定過程：

> 吾家自明季播遷，本支寥落，又且散處四方，音問闊絕，是以本宗之譜多所闕略。騫恆思繼先人之志，詳加整比，以示來葉，而力有所未逮，每清夜思之，不禁潸焉出涕。顧念歲月如馳，失今不治，徒滋後悔，以死誰懟！爰就數十年來所據舊譜，考求明確者，輯為本宗支譜，雕梓于小桐溪，斯固小宗之一脈也。他年遇大宗有事之時，即以合之，庶幾羣昭羣穆，本支百世。蘇明允曰：觀於斯譜，孝悌之心油然而生。〔註64〕

該書卷一有收入盧文弨於乾隆五十二年（1787）之序，文中讚揚此編的體制謹慎而詳細，卷二、三為「世譜」，卷四為「世傳」，卷五為「藝文」，卷六為「圖記」，並附吳霖後敘。

2.《王節愍公集》一卷

吳騫於嘉慶九年（1804）之跋文說明其編輯此王道焜〔註65〕遺集之動機：

> 錢塘王昭平先生正命以來一百六十餘載，予既從三橋蔣氏摹得小像遺囑勒石西湖，復輯其詩文雜著為遺集一卷。蓋先生之後頗式微，或遠遊四方，是以遺聞佚事多無從諮訪，良可嘅已。〔註66〕

此書除收入王道焜之文、樂府、詩、家書外，尚有〈福建邵武府同知題授兵部職方司主事特留考選王公傳〉、〈明兵部職方司主事王昭平傳〉、〈刻董子春秋繁露序〉、〈北齊劉子序〉，以及全祖望〈跋王節愍公札〉等。

3.《歲時儀節》一卷

國家圖書館現存清稿本，前題「觀復堂家規紀略」，有嘉慶十四年（1809）之自序，說明此編不過就吾先世承傳歲時朝夕之大略而粗載于後，庶幾永守不墜。若得後起賢哲子孫更加推廣，先志門庭之內益加脩整而追遠之禮愈求光大，則斯編亦聊示椎輪之始云爾。

4.《論印絕句》一卷

〔註64〕〔清〕吳騫，《愚谷文存》（臺北：藝文印書館，1969年，《百部叢書集成》第40冊），卷三，頁18。

〔註65〕兵部職方主事（一作杭州同知）王道焜，錢塘人，都城陷，微服南還，杭州破，投繯死。見明史。

〔註66〕〔清〕吳騫，《愚谷文存》（臺北：藝文印書館，1969年，《百部叢書集成》第40冊），卷四，頁21。

　　此編彙集沈心〔註67〕、厲鶚〔註68〕、查岐昌〔註69〕、周春、陳鱣、倪印元〔註70〕、鍾大源〔註71〕、馮念祖〔註72〕、吳騫、丁敬〔註73〕、陳萊孝〔註74〕、蔣元龍〔註75〕、楊復吉等十三家的詩作，成書於乾隆五十七年（1792）。吳騫在自序中說明成書原因：

　　　　予少有印癖，偶讀前輩沈房仲、厲太鴻諸公論印絕句，適然有會于中，間亦效顰。且要同志者屬而和之，通得如干首，薈爲一編，付之剞式。〔註76〕

詩以論印之故事者爲多，絕少言及治印之法則。以下則選錄吳騫的〈論印絕句十二首〉：

　　　　系出重黎傳火正，職爲司馬著周京。朝來偶過天津畔，絕倒先生說姓程。
　　　　文園多病茂陵秋，碧玉金徽兩地愁，讀罷陳聲歌一闋，只應重典驌驦裘。
　　　　凸處爲陰凹處陽，封題常帶紫泥香。好將金粟齋頭語，還與王孫證印倉。
　　　　一拳忍爲山靈割，五字誰思土數完。鳥迹至今悲肚老，愛書自昔定徐官。
　　　　思言篆法鎭盤紆，竹素閒評了不誣。留得殿前朱記在，免教宮井詫葫蘆。
　　　　攀援玉樹幾徘徊，廡下梁鴻未易才。洗盡丹砂溪水赤，錯疑昨夜小桃開。

〔註67〕沈心，初名廷機，字房仲，號松阜，一作松皋。浙江仁和人，性落拓不羈。工書畫篆刻，旁及星遁卜筮，脈訣葬經，尤精於詩，著有《孤石山房集》。詳見韓天衡編，《歷代印學論文選》（杭州：西泠印社出版社，2005年4月），頁881。
〔註68〕厲鶚（1692～1752），字太鴻，號樊榭。浙江錢塘人。精於詩詞，擅南宋諸家之勝。著有《宋詩紀事》、《玉台書史》、《樊榭山房集》等書。詳見韓天衡編，《歷代印學論文選》（杭州：西泠印社出版社，2005年4月），頁881。
〔註69〕查岐昌，字藥師，浙江海寧人，工詩文，著有《吳趨集》、《江上集》等。詳見韓天衡編，《歷代印學論文選》（杭州：西泠印社出版社，2005年4月），頁881。
〔註70〕倪印元，字首善，浙江仁和人。
〔註71〕鍾大源，字晴初，浙江海寧人。
〔註72〕馮念祖，字爾修，浙江海寧人。
〔註73〕丁敬（1695～1765），中國清代篆刻家，西泠八家之一。字敬身，號硯林，還有鈍丁、玩茶叟等別號，浙江錢塘人，是「浙派」篆刻的創始人。他個性耿介，不應博學鴻詞科舉薦，一生未仕。他學識淵博，酷愛金石文字，工詩善書，精於鑒賞，著有《武林金石錄》、《硯林詩集》、《硯林印譜》等書。詳見韓天衡編，《歷代印學論文選》（杭州：西泠印社出版社，2005年4月），頁880。
〔註74〕陳萊孝，字微貞，浙江海寧人。
〔註75〕蔣元龍（1735～1799），字春雨，一字雲卿，又署乾九，浙江秀水人。篤學嗜古，工詩文，精鑒賞。偶亦寄興鐵筆，用釘頭隨意鐫刻白文印，不暇修飾，頗饒古趣。詳見韓天衡編，《歷代印學論文選》（杭州：西泠印社出版社，2005年4月），頁881。
〔註76〕〔清〕吳騫撰《愚谷文存》（臺北：藝文印書館，1969年，《百部叢書集成》第40冊），卷三，頁17。

貝頁須憑國語詮，樣如釘子出清泉。櫟園好古平園似，吉利摩挲向左偏。
梁家小婦最知音，方寸蟲魚竭巧心。他日封侯祝夫婿，不須斗大羨黃金。
讀書台下草連天，一寸藍田冷暮烟。想得當年私印處，銷魂無過感甄篇。
剗却蟠螭刻素肪，幾辭椒殿又文房。拓錢飛白皆奇技，腕力何如指力強。
能事居然屬使居，印牀深鎖到斜曛。翻砂最憶官齋里，琢白填朱仿漢文。
血染洋紅久不消，芝泥方法費深調。君看太史丁香印，絕勝郎官麝酒澆。

〔註77〕

第三節　《拜經樓叢書》

吳騫在生前亦致力於刻書，當時多爲隨刻隨印，茲根據《中國叢書廣錄》、《中國叢書綜錄・續編》所收入的叢書名，分別略述之。

一、《中國叢書廣錄》所收入者

該書中題爲「清吳騫編」的叢書有以下五種：

(一)《拜經樓叢抄》，清吳氏拜經樓鈔本，共收入二十二種書目，分別爲《食史》一卷（題明・兩坨老饕撰）、《選文》一卷、《斷腸詩集》三卷（宋朱淑眞撰）、《海昌閨秀詩》一卷、《藏書記要》一卷（清孫從添撰）、《錢塘先賢贊》一卷（宋袁韶撰）、《經歷奇證》一卷（明錢國賓撰）、《南宋六陵遺事》一卷（清萬斯同輯）、《庚申君遺事》一卷附《宋遺民廣錄訂誤》一卷（清萬斯同撰）、《閱紅樓夢隨筆》一卷（清周春撰）、《紅樓夢偶得》一卷（清徐鳳儀撰）、《東齋脞語》一卷（清吳翌鳳撰）、《六井考》一卷（清吳騫跋）、《希世新編》一卷（清吳騫撰）、《金石類稿》一卷（清吳騫撰）、《圍棋譜》一卷、《查初白行述》一卷（清查歧昌撰，吳騫跋）、清嘉慶刻本《吳兔牀行述》一卷（清吳壽照、吳壽暘撰）、《拜經樓書目》一卷（清吳騫藏並撰）、《里居漫草》一卷（清吳悼撰）、清抄本《璇璣圖》一卷（後秦蘇蕙撰）、《不惑論》一卷（清吳玫中撰）。〔按〕是鈔藏上海圖書館，有清吳騫跋。〔註78〕

(二)《拜經樓鈔書七種》（一名《拜經樓叢抄》），清周春家鈔本及吳氏拜經樓

〔註77〕引自韓天衡編，《歷代印學論文選》（杭州：西泠印社出版社，2005年4月），頁863～867。

〔註78〕參見陽海清編撰，《中國叢書廣錄》（武漢：湖北人民出版社，1999年4月），頁165。

鈔本，共收入七種書目，分別爲《顧氏經解拾遺》一卷（南齊顧歡撰）、
《戚氏周禮音拾遺》一卷（陳戚袞撰）、《考正武成》一卷（清胡洵直撰）、
《孫氏爾雅正義》一卷（清吳騫輯）、《子夏易傳鉤遺》二卷（清吳騫輯）、
《大學辨》一卷、《修明蒼水墓記及題咏》一卷。〔按〕山東省博物館藏。
前三種爲清周春家鈔本，後四種爲清吳騫鈔本。〔註79〕

（三）《拜經樓雜抄》，清吳氏拜經樓鈔本，共收入四種書目，分別爲《三禮目
錄》一卷、《漢甘露石渠禮議》一卷（清丁杰輯）、《五經通義》一卷（漢
劉向撰）、《五經要義》一卷（清吳騫校）。〔按〕北京圖書館藏本有褚德
儀〔註80〕跋語。〔註81〕

（四）《書畫題跋五種》，清鈔本，共收入五種書目，分別爲《顧令君政績卷》
一卷、《楊忠愍公手札題跋》一卷、《文衡山拙政園圖眞蹟》一卷、《徐俟
齋鄧尉十景題跋》一卷、《文衡山拙政園圖眞蹟》一卷。〔按〕北京圖書
館藏，有清吳騫跋。〔註82〕

（五）《海昌麗則》，清乾隆嘉慶間吳氏拜經樓刻本，共收入五種書目，分別爲
清乾隆五十九年（1794）刻《靜庵剩稿》一卷附錄一卷（明朱妙端撰）、
清乾隆三十七年（1772）刻《玉窗遺稿》一卷（清葛宜撰）、清嘉慶八年
（1803）刻《拙政園詩集》二卷《詩餘》三卷（清徐燦撰）、清乾隆五十
七年（1792）刻《梅花園存稿》一卷《詩餘》一卷（清鍾韞撰）、清嘉慶
十一年（1806）刻《月珠樓吟稿》一卷（清黃蘭雪撰）。〔按〕北京圖書
館、群眾出版社有藏。〔註83〕

二、《中國叢書綜錄・續編》所收入者

該書所載的《拜經樓叢書》（一名愚谷叢書），題爲「清吳騫輯」，版本有二：一

〔註79〕參見陽海清編撰，《中國叢書廣錄》（武漢：湖北人民出版社，1999年4月），頁404。

〔註80〕褚德彝（1871～1942），原名得儀，又名德儀、褚彝、褚義，字守隅、松窗，號禮堂、
里堂、豐堂、漢威、籀遺、鄘堂、公禮、去病、亭父、奉禮、舟枕山民、齊隋象主。
浙江餘杭人。褚成憲之姪。幼孤，隨祖父讀書，年十七成諸生，越四年舉於鄉。精
金石考據，嗜古博物。善書，楷行宗褚遂良，兼善漢隸。工畫，寫梅花寒香冷艷。
尤精篆刻，取徑浙宗，而廣涉古璽漢印，沈著遒勁，筆力橫絕。有一子名保衡，留
學美國，爲攝影名家；一女名保聰，亦擅刻印。存世有《金石學續錄》、《竹人續錄》、
《松窗遺印》。

〔註81〕參見陽海清編撰，《中國叢書廣錄》（武漢：湖北人民出版社，1999年4月），頁404。

〔註82〕參見陽海清編撰，《中國叢書廣錄》（武漢：湖北人民出版社，1999年4月），頁711。

〔註83〕參見陽海清編撰，《中國叢書廣錄》（武漢：湖北人民出版社，1999年4月），頁749。

為清乾隆嘉慶間海昌吳氏刊本，另一為民國十一年（1922）上海博古齋據清吳氏刊本增輯景印。〔註84〕

民國十一年（1922）上海博古齋據清吳氏刊本增輯景印本，現藏於國家圖書館，筆者根據該版本作一論述如下：

該叢書由上海博古齋柳蓉邨積年蒐輯讎校，彙成叢編，計為三十種。前有劉承幹〔註85〕的〈重印拜經樓叢書序〉，文云：

> 余於槎客吳先生拜經樓叢書而有感也。先生之生值乾嘉盛時，家富緗素，多宋元槧本。又好山澤之遊，先世有別業在陽羨，常往來於蜀山桃溪之間，遺聞軼事，甄採尤多，如《國山碑考》、《桃溪客語》、《陽羨名陶錄》皆存叢書中。全書共三十種，積四十八冊，多希見之本。〔註86〕

這三十種書目為《詩譜補亡後訂》一卷、《陶詩》四卷、《謝宣城詩集》五卷、《國山碑考》一卷、《桃溪客語》五卷、《扶風傳信錄》一卷、《王節愍公集》一卷、《西湖蘇文忠公祠從祀議》一卷、《南宋方爐題咏》一卷、《海潮說》三卷、《讒書》五卷附校一卷、《陽羨名陶錄》二卷續錄、《論印絕句》一卷、《孟子外書》一卷、《棠湖詩稿》一卷、《許氏詩譜鈔》一卷、《孫氏爾雅正義拾遺》一卷、《蜀石經毛詩殘本考異》二卷、《靜庵謄稿》一卷、《拙政園詩集》二卷及《詩餘》三卷、《玉窗遺稿》一卷、《梅花園存稿》一卷、《珠樓遺稿》一卷、《哀蘭絕句》一卷、《拜經樓詩話》四卷、《拜經樓詩集》十二卷、《拜經樓詩集續編》四卷、《拜經樓詩集再續編》（《萬花餘唱》）一卷、《愚谷文存》十四卷、《拜經樓藏書題跋記》六卷。

其中就多達十九種為吳騫所著作、校訂及編定者，皆已在前一節作介紹。〔註87〕其餘有罕見善本，諸如：宋湯漢撰《陶詩》四卷、《謝宣城詩集》五卷、晉綦母邃注《孟子外書》一卷、宋岳珂撰《棠湖詩稿》一卷等；尚有當地先賢的著述手稿，包

〔註84〕 參見施廷鏞編撰，《中國叢書綜錄・續編》（北京：北京圖書館出版社，2003 年 3 月），頁 137。

〔註85〕 劉承幹（1882～1963）字貞一，號翰怡，別署求恕居士，原籍浙江上虞人，其祖於雍正間遷居湖州南潯鎮。清光緒三十一年（1905）貢生，曾任候補內務府卿，入民國以清遺老自居。參見項文惠，《嘉業堂主——劉承幹傳》（杭州：浙江人民出版社，2005 年 7 月）。

〔註86〕 〔清〕吳騫，《拜經樓叢書》（上海博古齋影印本，1922 年），第一冊。

〔註87〕 這十九種書目為《詩譜補亡後訂》一卷、《國山碑考》一卷、《桃溪客語》五卷、《扶風傳信錄》一卷、《王節愍公集》一卷、《西湖蘇文忠公祠從祀議》一卷、《南宋方爐題咏》一卷、《讒書》五卷附校一卷、《陽羨名陶錄》二卷續錄、《論印絕句》一卷、《許氏詩譜鈔》一卷、《孫氏爾雅正義拾遺》一卷、《蜀石經毛詩殘本考異》二卷、《哀蘭絕句》一卷、《拜經樓詩話》四卷、《拜經樓詩集》十二卷、《拜經樓詩集續編》四卷、《拜經樓詩集再續編》（《萬花餘唱》）一卷、《愚谷文存》十四卷等。

含明朱妙端撰《靜庵膽稿》一卷、清徐燦撰《拙政園詩集》二卷及《詩餘》三卷、清葛宜撰《玉窗遺稿》一卷、清鍾韞撰《梅花園存稿》一卷，以及吳騫第二任妻子徐貞所撰《珠樓遺稿》一卷與其友周春撰《海潮說》三卷、次子壽暘編纂《拜經樓藏書題跋記》六卷。

　　關於吳騫所刊刻的當地文獻，可從其序文得以知見其動機。如徐燦《拙政園詩集》，吳騫於嘉慶八年（1803）所撰〈新刻拙政園詩集序〉中，詳說徐燦〔註88〕詩集刊刻之情形：

　　　　予少日嘗重刻徐夫人深明《拙政園詩餘》，迄今且數十年，復得詩集于其六世從孫奉峨，亟謀剞劂，合入《海昌麗則》集以行。按《拙政園詩餘》一卷（原本一卷，重刊釐爲三卷，附錄一卷），海昌相國在日曾序而刊之，板尋燬，詩集則初未授梓，故世第傳夫人長短句而罕知其詩，是編通得古近體二百四十餘首，未詳當日何人所輯，并無歲月序跋可稽。予細觀辭格清醇半神靚淑，洵可爲閨閣之英。至其身際艱虞，流離瑣尾，絕不作怨悱語，即與相國唱和諸作黽勉慰勖之意，時見乎言表，爲不失風人之旨，尤非尋常巾幗所易及。〔註89〕

《拙政園詩餘》先付梓於順治十年（1653），而《拙政園詩集》則於嘉慶八年（1803）由陳敬璋將家傳鈔本出示吳騫，才得以刊刻行世，距《拙政園詩餘》之付梓，相隔一百五十年。吳騫在《拜經樓詩話》卷四有評徐燦詞云：

　　　　明季東吳徐氏，號多才女。徐媛，字小淑，爲范長倩先生之室，所著絡緯吟盛稱于時，無何而湘蘋繼起，湘蘋名燦，實小淑從孫，尤工長短句，間亦爲詩。人以方阮氏有仲容。然小淑詩以綺麗勝，故姚園客以爲才情不及陸卿子，湘蘋則盡洗鉛華，獨標清韻，又多歷患難，憂愁拂鬱之思，時時流露楮墨間，恐卿子亦當避之三舍，惜詩稿散佚，予重梓《拙政園詩餘》，復得五七言二首，附錄于左，俾世之論湘蘋者，不得僅以詞人目之。……〔註90〕

又如《梅花園存稿》一卷，吳騫亦有序文云此書爲同鄉鍾淑人眉令著，淑人名韞，其工詩及長短句，與逸遠先生唱隨偕老，彷彿鹿門之風，又能教其子，以成令器。

〔註88〕徐燦，字湘蘋，家世吳門人，少保素菴公繼配。幼穎悟，通書史，識大體，爲光祿丞子戀公所鍾愛。其家傳見海寧陳氏宗譜。

〔註89〕〔清〕吳騫，《愚谷文存》（臺北：藝文印書館，1969年，《百部叢書集成》第40冊），卷三，頁1。

〔註90〕〔清〕吳騫，《拜經樓詩話》（上海：上海古籍出版社，2002年，《續修四庫全書》第1704冊），頁140。

〔註91〕而《靜庵膽稿》一卷，明朱妙端撰，吳騫嘗在《拜經樓詩話》卷二中，對其人其詩有所評價：

> 海昌閨秀朱靜庵在明成宏間以詩名于時，前此未聞也，有《自怡集》十卷，今不傳。咏虞美人及梅花燈籠詩，爲時膾炙，又染甲一絕云，金盤和露搗晴霞，紅透纖纖玉筝芽。翠袖籠香理瑤瑟，綠陰新綻海棠花。予按楊鐵崖亦有此題云，夜搗守宮金鳳蕊，十尖盡換紅雅觜，閒來一曲鼓瑤琴，數點桃花泛流水。朱詩似奪胎于此，而有出藍之妙。靜庵名妙端，適同邑周汝航濟，汝航爲光澤教諭，頗得倡隨之樂，而好事者摘其籬落見梅詩，至儕于漱玉、斷腸之流，過矣。〔註92〕

《拜經樓叢書》所收之書，既有罕見之本，又可見吳騫校勘之用心。如吳騫所撰〈重刊宋湯文清公註陶詩跋〉云：

> 昔毛斧季先生晚年嘗以藏書售潘稼堂，太史有宋刻陶集，斧季自題目下曰，此集與世本夐然不同，如〈桃花源記〉「聞之欣然規往」，時本率譌「規」作「親」。今觀是集，始知斧季之言爲不謬，又〈擬古詩〉「聞有田子泰」流俗本多譌作「田子春」，惟此作「子泰」，與魏志符，其他佳處尤不勝更僕數。註中間有引宋本者，鮑君據《吳氏西齋書目》及僧思悅陶詩序，以爲湯氏蓋指宋元獻刊定之本，因勸予重雕。〔註93〕

又如〈重刊宋本謝宣城集跋〉云：

> 案《直齋書錄解題》云，《謝宣城集》原本十卷，宋樓照知宣州，止以上五卷賦與詩刊之。下五卷皆當時應用文字。衰世之事可采者，已見本傳及文選，餘視詩劣焉，以爲雖無傳可也。故今宣城集止五卷。明時有數刻，予所見嘉靖丁酉任邱黎晨刊本，其間紕繆舛錯甚多，又正德辛未康海序劉紹刊本，以爲世本隨王鼓吹曲與樂府多差謬，不知其所謂勘正本差謬正復不少，如鼓吹曲中第一首芳樹，乃誤以再賦者，次於前他人詩，或在再和中者，亦誤次於前，并以玉融之巫山高爲宣城詩，而第五卷中同咏樂器坐上器物諸篇淆亂錯謬，尤不勝更僕數，至明人集錄漢魏六朝諸集固無論也。去秋偶從盧紹弓學士借得舊藏宋本，視明刻迥異，

〔註91〕參見〔清〕吳騫，《愚谷文存》（臺北：藝文印書館，1969年，《百部叢書集成》第40冊），卷三，頁2。

〔註92〕〔清〕吳騫，《拜經樓詩話》（上海：上海古籍出版社，2002年，《續修四庫全書》第1704冊），頁118～119。

〔註93〕〔清〕吳騫，《愚谷文存》（臺北：藝文印書館，1969年，《百部叢書集成》第40冊），卷五，頁14。

因即授剞劂刊入《愚谷叢書》。惜梓垂成而學士已歸道山，不及更相與訂
其亥豕矣。〔註94〕

此外，據民國五十八年（1969）藝文印書館《百部叢書集成》說明，周春《海潮說》
三卷在《拜經樓叢書》及《藝海珠塵》中均有收入，但因拜經本校勘精且多題跋，
故藝文印書館據以影印之。

〔註94〕〔清〕吳騫，《愚谷文存》（臺北：藝文印書館，1969年，《百部叢書集成》第 40 冊），
卷五，頁 13～14。

第四章 吳騫之交遊

　　清乾隆嘉慶年間，浙江、江蘇兩省無論在藏書方面，還是在學術研究方面，都走在全國最尖端；而吳騫是當時著名的浙江藏書家之一，其一生交遊廣泛，關係密切者，多爲同郡和鄰邑的藏書家及學者。本章據《拜經樓詩集》、《拜經樓藏書題跋記》或友人文集之所述爲主，鉤勒出當時吳騫與友朋間遊山玩水、交換藏書心得的情景。茲以吳騫與浙江藏書家、江蘇藏書家及學者之交遊關係，將分成三節予以詳述。

第一節　與浙江藏書家之交遊

　　吳騫與同邑浙江之藏書家交遊最爲密切，其中較爲重要者，略述如下：

一、鮑廷博（1728～1814）〔註1〕

　　從吳騫的《拜經樓詩集》中可以窺見他與鮑廷博的友誼概況。在乾隆三十九年（1774）間，吳騫寫過〈雨渡錢江卻寄淥飲〉一首，當時鮑廷博以「孤雁詩」得名，人稱「鮑孤雁」。而後一年，寫過〈同淥飲銕生過心上人山舫〉，在乾隆四十三年（1778）間，因當時鮑廷博將歸武林，故寫過〈愚谷晚集〉，以贊歎人們回歸淳樸自然生活的愜意與美好。於是，往後幾年他們常相伴同遊，從〈雨夜與淥飲自落星庵至武原〉、〈海昌城外與淥飲別〉、〈同淥飲游茶磨山許九杞先生故居〉、〈夏日閑居聞淥飲文漁諸君涉園雅集卻寄〉二首、〈初夏雨後同陸白齋鮑淥飲陳河莊西湖泛舟〉、〈夏夕從小桐溪泛舟徑硤石至烏青訪淥飲道中即事〉二首、〈淥飲文漁過訪南祠因同晚步湖塘即事〉諸詩中，可以印證之。

〔註1〕生平仕履已見第二章註61。

值得一提的是，吳騫於乾隆四十五年（1780）築藏書之處，名以「拜經樓」，鮑廷博還特地贈送一幅「拜經圖」，吳騫喜悅之餘，撰寫〈予以庚子歲築藏書之樓名以拜經，頃淥飲游新安，購得明鄭旻畫拜經圖見貽，率酬二絕〉詩云：

　　學古名樓事偶符，故人攜贈出天都。祇緣個裏詩書氣，不共烟雲化綠蕪。

　　三徑荒烟帶草青，千竿紆竹自娉婷。主人未必全如我，不解窮經祇拜經。

〔註2〕

直至吳騫晚年，彼此仍常保聯絡，當鮑廷博以夕陽詩著名時，還寫〈題鮑淥飲茂才韻花軒咏物詩後〉五首，另有〈試燈夕喜淥飲文學過訪〉二首，顯示鮑廷博已逾八十之齡，仍不忘拜訪老友，可見彼此友情之深厚。

另根據《拜經樓藏書題跋記》的記載，吳騫常向鮑廷博的知不足齋本借鈔或當底本互勘，亦請他為其藏書作題跋。〔註3〕吳騫嘗於〈水經注跋〉文中，提及他已有明項氏刻本，又思慕柳本，乾隆三十八年（1773）時，鮑廷博為他借得，其欣喜之情溢於言表：

　　　予既錄得趙本，又嘗慨慕柳本，有得隴望蜀之想。癸巳秋日，吾友鮑
　　淥飲忽從湖墅友人齋頭，獲見此本，馳以告予，為之狂喜彌日，因亟從借
　　歸。〔註4〕

又於乾隆四十八年（1783），吳騫在與鮑廷博同遊時，向書賈購得《容齋五筆》，並向鮑廷博借其所藏的何義門評校本，以藍筆批點之。〔註5〕

此外，鮑廷博嘗贈予吳騫《道園學古續錄》，這在嘉慶八年（1803）吳騫所撰此書題記中提及：

　　　予友鮑淥飲嘗云，生平見學古錄數本，獨未見此本，驗其楮墨之精，
　　當屬元時初刻本。又為覓舊鈔學古續錄見遺，俾成合璧云。〔註6〕

吳騫原有《道園學古錄》元刊本五十卷，現藏中研院傅斯年圖書館，詳見第六章。

〔註2〕〔清〕吳騫，《拜經樓詩集》（上海：上海古籍出版社，2002 年，《續修四庫全書》
　　　　第 1454 冊），卷五，頁 45。
〔註3〕詳見第五章。
〔註4〕〔清〕吳壽暘編撰，《拜經樓藏書題跋記》（北京：中華書局出版社，1995 年 8 月，
　　　　《清人書目題跋叢刊》第十冊），卷三，頁 630。
〔註5〕參見〔清〕吳壽暘編撰，《拜經樓藏書題跋記》（北京：中華書局出版社，1995 年 8
　　　　月，《清人書目題跋叢刊》第十冊），卷四，頁 650。
〔註6〕〔清〕吳壽暘編撰，《拜經樓藏書題跋記》（北京：中華書局出版社，1995 年 8 月，
　　　　《清人書目題跋叢刊》第十冊），卷五，頁 673。

二、周　春（1729～1815）〔註7〕

　　從吳騫的《拜經樓詩集》中，可略見彼此的交遊情況。他嘗寫〈五君詠〉，其一就有周春，詩詠云：

　　　　子隱少折節，讀書慕終古。偃息南山陽，畏俗不畏虎。

　　　　偶茲寸祿霑，遂棄腰下組。懿彼五溪人，遐思少游語。〔註8〕

嘉慶三年（1798）至十年（1805）間，他們皆以詩相唱和，或交換彼此的讀書心得；諸如吳騫所寫〈松靄大令謂予涉園脩禊記，頗似戴剡源戲酬四韻〉、〈梅花和松靄大令〉、〈次韻再酬松靄大令覲鄉見寄〉、〈松靄大令舊藏唐周文遂墓誌甄于書齋，一夕失去，久之復得，戲呈三絕〉、〈讀松靄西湖十二月楊柳枝詞戲為補閏月一首〉、〈讀松靄海潮說三篇書後〉、〈松靄大令以西夏書列傳見示率題三體〉三首、〈松靄大令以金原郡玉印見遺詩以酬之〉、〈松靄大令遺我元槧隸韻，楮墨精好，審其印記，知為明趙寒山舊物，率題古風一首〉等詩。其中於嘉慶十七年（1812）所作〈松靄大令偶篋笥得予平日投贈書尺，凡七百三十餘通，詩二百五十餘首，合計殆不下千紙書來備述之心，感其意率酬一律〉詩云：

　　　　八十年來千紙書，深慙精力比何如。周侯自重情無限，吳質端因病有餘。

　　　　豈必夜航頻附酒，祇憐尺素累烹魚。雪泥鴻爪陳陳跡，聊伴曇華懺佛車。

　　　　〔註9〕

既而吳騫晚年在病中，嘗有懷諸耆宿詩，其一則為〈同邑周松靄大令〉云：

　　　　曇華幾現鄭公鄉，蘋藻橫連八桂芳。轉憶歸愚題句好，禹糧堯韭舊耕桑。

　　　　〔註10〕

此外，吳騫亦嘗為周春寫過〈周松靄訂譌序〉〔註11〕、〈周松靄黃髮集序〉〔註12〕、〈讀經題跋序〉〔註13〕、〈西夏書序〉〔註14〕，可見彼此「以文會友」之情誼。

〔註7〕　生平仕履已見第三章註35。

〔註8〕　〔清〕吳騫，《拜經樓詩集》（上海：上海古籍出版社，2002年，《續修四庫全書》第1454冊），卷六，頁53。

〔註9〕　〔清〕吳騫，《拜經樓詩集再續編》（上海：上海古籍出版社，2002年，《續修四庫全書》第1454冊），頁174。

〔註10〕　〔清〕吳騫，《拜經樓詩集再續編》（上海：上海古籍出版社，2002年，《續修四庫全書》第1454冊），頁182。

〔註11〕　詳見〔清〕吳騫，《愚谷文存》（臺北：藝文印書館，1969年，《百部叢書集成》第40冊），卷一，頁10。

〔註12〕　詳見〔清〕吳騫，《愚谷文存》（臺北：藝文印書館，1969年，《百部叢書集成》第40冊），卷二，頁7。

〔註13〕　詳見〔清〕吳騫，《愚谷文存續編》（上海：上海古籍出版社，2002年，《續修四庫

　　另據《拜經樓藏書題跋記》的記載，吳騫亦嘗請周春爲其藏書作題跋，並有周春送書給吳騫的記錄。〔註15〕

三、陳　鱣（1753～1817）〔註16〕

　　吳騫與陳鱣交情甚篤，在《清史列傳》卷六十九、《清儒學案小傳》卷九、《碑傳集補》卷四十八之中，皆有記載陳鱣與同里吳騫互相傳鈔，並日事校讎，不預戶外事。所以，或云海寧藏書家，當推吳氏、陳氏爲首。〔註17〕

　　吳騫在爲陳鱣的〈經籍跋文序〉嘗提及：

> 予與簡莊孝廉，少日皆酷嗜書籍，購置不遺餘力。凡經史子集，得善本輒互相傳觀，或手自校勘、相質，蓋數十年如一日。〔註18〕

而在吳騫所寫的〈陳仲魚詩人考序〉文末云：

> 仲魚與予爲忘年交，書成屬之一言，爰爲述其端緒如此。〔註19〕

然亦因他們倆常互相傳鈔秘籍，才能使先士遺文得以寶守若此。這在《拜經樓藏書題跋記》多有記載，其中較爲重要者，略述如下：

　　朱型家〈大學辨跋〉文云：

> 大學辨，乾初先生本蕺山緒論，斷以己意，著之于篇，實足以解宋儒之禍，羽翼先聖之道，以曉示來學，厥功甚偉。竹垞經義考所載，第撮舉其大旨，寥寥數言而已，其全書終未得見，聞其嗣孫東宇珍秘是書，不肯出以示人。愚谷主人因屬陳子河莊婉轉懇請，始許借錄，且訂以越一昔繳還，河莊賫書至，亟命諸弟子分鈔畢，踐約歸之。〔註20〕

吳騫想一窺陳確先生《大學辨》之內容，因拜託其嗣孫未果，故轉請陳鱣懇借，終得鈔成此書。

全書》第 1454 冊），卷一，頁 329。

〔註14〕詳見〔清〕吳騫，《愚谷文存續編》（上海：上海古籍出版社，2002 年，《續修四庫全書》第 1454 冊），卷一，頁 333。

〔註15〕詳見第五章。

〔註16〕生平仕履已見第二章註 41。

〔註17〕許傅霈等原纂，《浙江省海寧州志稿》（臺北：成文出版社，1983 年），卷十四，頁 1622。

〔註18〕〔清〕吳騫，〈經籍跋文序〉（上海：上海古籍出版社，2002 年，《續修四庫全書》第 923 冊），頁 655。

〔註19〕〔清〕吳騫，《愚谷文存》（臺北：藝文印書館，1969 年，《百部叢書集成》第 40 冊），卷一，頁 9。

〔註20〕〔清〕吳壽暘編撰，《拜經樓藏書題跋記》（北京：中華書局出版社，1995 年 8 月，《清人書目題跋叢刊》第十冊），卷一，頁 609。

乾隆四十一年（1776），吳騫寫〈遺老高風跋〉，更可看出他對陳鱣之好意，文云：

> 登高龍山，偶得是書，皆海昌遺老詩文雜著，雖卷帙無多，而流傳絕
> 少，予不敢自秘，別錄一本，以贈吾友陳君仲魚。〔註21〕

嘉慶十年（1805），陳鱣購得從文淵閣本鈔出的《錢塘遺事》足本，吳騫則出示經吳翌鳳手校之舊鈔本。此事於陳鱣〈錢塘遺事跋〉，文云：

> 今夏寓吳門購得是書，蓋從文淵閣本鈔出，猶是足本。但書經三寫，
> 脫誤甚多。既歸，訪吳兔牀明經于小桐溪，明經出舊鈔本見示，曾經吳中
> 吳伊仲手校者，頗為精詳，遂借至津逮舫中，互相勘正，并錄明經跋語。
> 時方秋半，爽氣迎人，適偕明經遊杭，連舫共泊，對酌論文，連日登山臨
> 水，闐市訪舊，殊多樂事。一夕，徐步玩月，坐橫河橋，共談《錢塘遺事》，
> 娓娓忘倦，明經復誦岳倦翁《玉楮集》詩數首，不禁感慨係之，歸途校畢，
> 備載于此。〔註22〕

這可以見知彼此常約同校勘，分享讀書心得之情誼。

嘉慶十四年（1809），吳騫在〈蘇文忠公鹽官絕句石刻殘字跋〉中提及此石刻為陳鱣贈予，可惜斷缺僅存四十五字，不全者九字，自云不敢自私，遂亟倩善手鉤摹別勒貞石，䃲於安國寺壁，希望與西湖表忠觀碑并垂不朽，而成鄉邦一則佳話。〔註23〕

此外，從吳騫的《拜經樓詩集》中，更能得見他們彼此情誼的深厚。大約乾隆四十年（1775）至五十八年（1793）間，吳騫寫過十五首詩，其內容多是與陳鱣相伴出遊，以及相應答唱和之作；尤以〈簡莊冬讀書圖〉一首，描寫陳鱣的治學態度最為貼切。詩云：

> 夫君何日不讀書，讀書寧盡於冬日。偶思趙衰亦可愛，遂倩長康縱奇筆。
> 雙虬奮鬣交倔強，之而怒奪鬼斧出。百城南面萬卷擁，于思孰似髯之逸。
> 復陶覆體絮減溫，風帽掉頭冠不秩。紛紛俗學識者寡，斂手但云賈島佛。
> 憶自秦人有九有，欲愚黔首捐儒術。冬不種松乃種瓜，偶語盡伏詩書鐍。
> 炎劉諸老功不細，屋壁山巖悉鉤繘。簡編零落或在口，雪竇螢窗幾鷫鷞。
> 曲臺之記后氏傳，聖普踵興均入室。三無五起雖可疑，漢制贏文容併黜。
> 君也意取其八篇，不廢三餘逃凜冽。上窮邱索及墳典，貫串疏通如比櫛。

〔註21〕〔清〕吳壽暘編撰，《拜經樓藏書題跋記》（北京：中華書局出版社，1995年8月，《清人書目題跋叢刊》第十冊），卷五，頁681。

〔註22〕〔清〕吳壽暘編撰，《拜經樓藏書題跋記》（北京：中華書局出版社，1995年8月，《清人書目題跋叢刊》第十冊），卷二，頁623。

〔註23〕參見〔清〕吳騫，《愚谷文存續編》（上海：上海古籍出版社，2002年，《續修四庫全書》第1454冊），卷二，頁350。

時乎心吻忽相會，冰霰霑襟坐忘拂。嗟余學殖落苦晚，蒿目昏逾漆燈漆。

豈無炳燭藉餘照，開卷輒思難處乙。南榮負暄銷痠寒，北堄探梅遣愁疾。

偶占驢背一篇詩，笑比遺經挂繭栗。〔註24〕

嘉慶元年（1796）至六年（1801），則寫過四首長詩，分別是〈津逮舫歌戲爲簡莊賦〉、〈送簡莊徵車北上〉、〈簡莊尙友圖〉、〈簡莊以朝鮮臺笠見遺，蓋貢使朴檢書齊家所贈也，製作精巧爲中土所僅見漫酬短歌〉。而後吳騫於生前十年間，仍寫不少有關陳鱣之詩作，尤以〈與簡莊觀宋開封石經周禮殘本〉、〈簡莊擬築文選樓，余先爲作圖，並係詩以趣之〉兩首長詩，足以明瞭彼此忘年交情，非三言兩語可道盡。〈與簡莊觀宋開封石經周禮殘本〉詩云：

> 吾黨二三子，歲晏還來歸。豈無石凍春，適此銷寒期。閑軒炳明燭，圖史互鉤披。煜煜宋石經，照我密坐圍。展卷得周官，古錦包陸離。久耳忽在目，能不神爲怡。至和昔詔刊，欲追漢京遺。善手楊與胡，篆眞璧聯璣。冢宰掌邦治，體國先王圻。更命大宗伯，天神爾其司。自餘百執事，星散隨烟霏。仁廟實令主，首築太平基。豈如岐陽狩，但刻其魚維。緬當肇立初，車轂下成蹊。一旦戎馬來，鐘簴同顚擠。金人辭露盤，泣下風淒淒。石鼓橐駝載，石經孰提攜。民愁柱礎泅，僧苦磨礱遲。區區未漸滅，復淪黃河泥。翻羨臨安學，敲擊餘粉虀。我搜廣政迹，推闡孟氏微。召南迄於邶，考異存幾希。何圖崑山玉，駢連桂林枝。得隴而望蜀，思熊魚亦隨。況君勤著錄，懷珠夙探驪。殘年尚可假，猶足慰輖飢。如有用我者，執此往不疑。聊託酒人後，永侍天官扉。〔註25〕

〈簡莊擬築文選樓，余先爲作圖，並係詩以趣之〉詩云：

> 君家世傳經，十二攻選學。人呼小秀才，豈特爛與熟。
>
> 逮乎徵車徵，猶日勤陶淑。宋元雕故精，近刻徒類鶩。
>
> 建安麻沙翻，臨安書棚賣。五臣及六臣，較若辨眉目。
>
> 挐都復練京，注記窮隱伏。如彼安革猛，早著名輩錄。
>
> 載之津逮舫，沿泳日三復。前身豈小宋，夢授神人握。
>
> 擬築百尺樓，并兼四部蓄。我聞爲欣然，亟翦鵝溪綠。
>
> 雲烟雖小試，邱壑聊委婉。咄哉新坡南，斜露峰一角。

〔註24〕〔清〕吳騫，《拜經樓詩集》（上海：上海古籍出版社，2002年，《續修四庫全書》第1454冊），卷七，頁66～67。

〔註25〕〔清〕吳騫，《拜經樓詩集續編》（上海：上海古籍出版社，2002年，《續修四庫全書》第1454冊），卷二，頁142。

從今士鄉堂，緬接昭明塾。卻待松風來，時聞續兒讀。〔註26〕

直至吳騫去世時，其次子壽暘亦仍與陳鱣相來往，壽暘嘗作〈過陳簡莊徵君紫薇講舍〉詩云：

> 背倚蒼厓閣一間，雲生北牖抹煙鬟。放翁詩句堪移贈，買宅錢多爲見山。
>
> 新坡舊業本黃岡，卷軸丹鉛說士鄉。重繼白公吟眺地，紫薇花下讀書堂。

〔註27〕

第二節　與江蘇藏書家之交遊

吳騫與鄰邑江蘇之藏書家交遊亦甚密切，其中較爲重要者，略述如下：

一、吳翌鳳（1742～1819）〔註28〕

吳騫在〈桐陰日省編上〉、〈重刻羅昭諫讒書跋〉皆有記載，可看出他與吳翌鳳先世有親屬關係，且有彼此傳鈔、借閱藏書的交流情形。文云：

> 吾家伊仲茂才（翌鳳）《東齋脞語》云：海鹽張芑堂（燕昌）示余周雪客《南唐書箋註》，頗稱詳贍，惜少翦裁。海寧槎客宗兄（騫）商刻未果也。芑堂多才藝，精鑑別，嘗著《金石契》，予有本。槎客藏書充棟，予嘗借鈔《淳熙三山志》、厲氏《遼史拾遺》諸書。伊仲故家商山系，予故家厚田，今爲玉堂支系，幷出唐左臺公，後商山爲春公派，玉堂爲晉公派，皆在明末分遷。〔註29〕
>
> 按枚庵，名翌鳳，本休寧商山人。與予同宗，徙家于吳，遂占籍爲長洲諸生。家素貧，博學而嗜古，吳故多藏書家，聞有善本，輒宛轉購借，往往手自校錄，字必經楷，與予交尤莫逆，得佳帙必互相傳鈔。〔註30〕

〔註26〕　〔清〕吳騫，《拜經樓詩集續編》（上海：上海古籍出版社，2002年，《續修四庫全書》第1454冊），卷二，頁146。

〔註27〕　〔清〕吳壽暘編撰，《拜經樓藏書題跋記》（北京：中華書局出版社，1995年8月，《清人書目題跋叢刊》第十冊），附錄，頁690。

〔註28〕　吳翌鳳，字伊仲，號枚庵，晚自稱漫叟，清吳縣（今江蘇蘇州）人。諸生。於學無所不窺，曾主講瀏陽南台書院。酷嗜異書，家貧，無力購致，從人借鈔，手鈔秘冊幾及千卷，皆校讎精核，無一訛字。乾隆五十二年（1787）挈家人爲楚游，書留於家，皆散佚。藏書處曰「奇懷室」、「古歡堂」、「古香樓」。詳見〔清〕葉昌熾撰，王鍔、伏亞鵬點校《藏書紀事詩》（北京：北京燕山出版社，1999年5月），頁436。

〔註29〕　〔清〕吳騫，《愚谷文存》（臺北：藝文印書館，1969年，《百部叢書集成》第40冊），卷十二，頁4。

〔註30〕　〔清〕吳騫，《愚谷文存》（臺北：藝文印書館，1969年，《百部叢書集成》第40冊），

在乾隆五十二年（1787），亦談及吳翌鳳家中藏書的聚散狀況，文云：

> 伊仲家吳趨，甚貧而有書癖，凡收藏家珍祕善本，罔不宛轉借鈔，且手自校勘。乾隆丁未挈家人為楚游，惟書不能載，留于家，今皆散佚。予與仲魚各收得數種，丹鉛宛然也。生平工詩文，尤善長短句。王琴德少司寇選入《國朝詞綜二集》。〔註31〕

> 猶憶乾隆丁未暮春，與枚庵相約同訪慧樓于松陵。茗話之頃，適西莊光祿亦至，相與流連款洽，極文酒之樂，夜漏數十刻始各散去。度爾時，二君皆已有此書，而彼此無談及之者。無何，枚庵即挈家入楚，而光祿亦謝世，二家書籍均多放失。〔註32〕

乾隆五十二年（1787），吳騫寫〈錢塘遺事跋〉，文中敘述自己幸而獲得吳翌鳳手校本的經過：

> 錢塘遺事十卷，昨歲從澉水吳子應和借得，倩族姪禹敷傳錄。今年春，偶攜姑胥以示宗人伊仲，伊仲適有藏本，因為余校正，凡硃筆皆是也。此書展轉不出吳氏，亦奇。伊仲名翌鳳，博學彊記，遇異書，輒手自鈔校，蓋今日之方山也。〔註33〕

吳騫且於乾隆五十五年（1790）寫〈懷枚菴楚中〉一首，以示思念之意。詩云：

> 吳楚春風萬里賒，緘題欲寄重咨嗟。漢皋游女元非女，夢澤烟花可是花。詞客飄零思解珮，騷人哀怨極懷沙。憑君早鼓湘江舵，莫使黃陵日又斜。
>
> 〔註34〕

二、顧之逵（1753～1797）〔註35〕

吳騫在嘉慶二年（1797），即顧之逵去世當年，嘗寫一篇〈元和顧氏重刊宋本列

卷五，頁 16。

〔註31〕〔清〕吳騫，《愚谷文存》（臺北：藝文印書館，1969 年，《百部叢書集成》第 40 冊），卷十二，頁 4。

〔註32〕〔清〕吳騫，《愚谷文存》（臺北：藝文印書館，1969 年，《百部叢書集成》第 40 冊），卷五，頁 16。

〔註33〕〔清〕吳壽暘編撰，《拜經樓藏書題跋記》（北京：中華書局出版社，1995 年 8 月，《清人書目題跋叢刊》第十冊），卷二，頁 623。

〔註34〕〔清〕吳騫，《拜經樓詩集》（上海：上海古籍出版社，2002 年，《續修四庫全書》第 1454 冊），卷六，頁 51。

〔註35〕顧之逵，字抱冲，清元和（今江蘇蘇州）人。廩貢生。顧千里從兄，好藏書、校書，家多宋元以來善本，若宋本《漢書》、《列女傳》等。藏書處曰「小讀書堆」。所校刊《列女傳》甚善。著有《一瓻錄》。詳見〔清〕葉昌熾撰，王鍔、伏業鵬點校《藏書紀事詩》（北京：北京燕山出版社，1999 年 5 月），頁 461。

女傳書後〉，文中提及他探訪顧之逵「小讀書堆」的情形：

> 元和顧抱沖氏，性好藏書，家多宋元以來善本。予以乙卯春訪之，過
> 其小讀書堆，窬言片晷，不及遍覽祕籍而別。丙辰再過，會其方燕客武邱，
> 不晤。今年夏復至吳趨，則抱沖已染瘵物故。疾亟時以新刊宋本劉向《列
> 女傳》屬其從弟千里致予，千里亦博綜嗜古，撰考證一卷附刊卷末。予攬
> 涕而讀之，洵《列女傳》之善本已，顧尚不能無疑者。〔註36〕

同年間又寫〈過小讀書堆悼顧抱沖茂才〉二首，以示心中之哀慟。詩云：

> 東吳顧文學，精舍讀書堆。賸破一生事，閒搜萬卷回。
> 成仙先脈望，化鶴近蓬萊。玉笛斜陽路，傷心客從來。
> 白髮高堂淚，青燈少婦愁。曉窗餘藥裹，春樹想風流。
> 影尚留金粟，魂應到玉樓。一編身後寄，此意總千秋（君重雕宋本列女傳，
> 瀕危時猶屬其弟千里留贈）。〔註37〕

三、黃丕烈（1763～1825）〔註38〕

後人學者談及乾嘉時期的著名藏書家，皆會將吳騫與黃丕烈齊名，其因有自。
嘉慶七年（1802），黃丕烈所收藏的宋版書已有百餘種，於是在新居（懸橋巷）特建
一室名「百宋一廛」，專貯所有宋版書，請顧蒓〔註39〕題寫室名，請顧千里為作《百
宋一廛賦》，一時書林傳為佳話。〔註40〕於是，吳騫在羨慕之餘，亦擬廣購元槧佳
本，取荀子駑馬十駕之義，顏所居曰「千元十駕」，遂作詩云：

> 少日螢牕忽歲徂，白頭空守拜經圖。不知百宋一廛客，絕倒千元十駕無。
> 雜曲歌詞防僭濫，銀鉤鐵畫戒模糊。憑君更向春明問，為我從容議宅租。
>
> 〔註41〕

黃丕烈〈席上輔談跋〉亦記云：

> 予向名藏書所曰百宋一廛，其時海昌吳槎客聞之，即自題其居曰千元

〔註36〕〔清〕吳騫，《愚谷文存》（臺北：藝文印書館，1969 年，《百部叢書集成》第 40 冊），
　　　　卷五，頁 11。

〔註37〕〔清〕吳騫，《拜經樓詩集》（上海：上海古籍出版社，2002 年，《續修四庫全書》
　　　　第 1454 冊），卷八，頁 79

〔註38〕生平仕履已見第二章註 53。

〔註39〕顧蒓，字希翰，號南雅，江蘇長州人。嘉慶七年（1802）進士。工詩文辭，居詞館
　　　　者三十餘年，文名甚尊。著有《南雅詩文鈔》。

〔註40〕參見姚伯岳，《黃丕烈評傳》（南京：南京大學出版社，2002 年 5 月重印），頁 173。

〔註41〕〔清〕吳騫，《拜經樓詩集續編》（上海：上海古籍出版社，2002 年，《續修四庫全
　　　　書》第 1454 冊），卷二，頁 146。

十駕。蓋吳亦藏書者，謂千部之元板，遂及百部之宋板，如駑馬十駕耳。

繼後嘉定錢潛研老人著說部，名曰十駕齋養新錄，即此十駕之義。〔註42〕

清末著名文獻學家葉昌熾〔註43〕亦爲此寫詩歌詠：

爲慕一廛藏百宋，更移十駕度千元。生兒即以周官字，俾守楬書比孝轅。

〔註44〕

他還爲此「千元十駕」非「千元十架」作補正說明如下：

《東湖叢記》：「黃蕘圃主政百宋一廛，吳兔牀明經以千元十架相敵，
故老風流，猶令聞者色飛眉舞。」昌熾案：拜經十架，諸家所記皆作插架
之架，獨蕘圃〈席上輔談跋〉云：「余藏書所曰百宋一廛，海昌吳槎客聞
之，即自題其居曰千元十駕，謂千部元板，遂及百部之宋板，如駑馬十駕
耳。潛研老人《十駕齋養新錄》即此十駕之義。」其字作駕，且從而爲之
辭，蕘翁同時同好，不知何以傳聞異詞也。〔註45〕

吳騫每次到蘇州，一定要到黃家拜訪，並出古書相質，與黃丕烈互相抄補、交換各
自所需之書。黃丕烈〈前漢書跋〉中嘗記載：

海寧吳槎客先生藏書甚富，考核尤精。每過吾郡，必承枉訪，並出一
二古書相質。然艤舟匆匆，未及暢談，余亦不獲舉所藏以邀鑒賞。〔註46〕

另在〈淳祐臨安志跋〉亦提及自己購得宋《淳祐臨安志》六卷，雖非全本，然自來
著錄家多未見，因他知曉吳騫藏有宋刻《咸淳臨安志》九十五卷，故喜而作詩，與
吳騫相唱和。〔註47〕

〔註42〕〔清〕黃丕烈撰，屠友祥校注，《蕘圃藏書題識》（上海：上海遠東出版社，1999年
10月），卷六，頁483。

〔註43〕葉昌熾（1847～1917），字菊裳，號頌魯、緣督。江蘇長洲（今江蘇蘇州）人。葉氏
從歷代正史、方志、筆記、文集、書目和藏書志中，輯錄出大量歷史上藏書家活動
的資料，集中展示了我國自印刷術普及應用以來直至清末的藏書家、書賈、印刷工
匠以及有關刻、校、抄、讀人士一千一百多人的事迹及其對文化學術所作出的具
體貢獻，從而使得對歷代藏書家的研究，成爲中國文化史的重要組成部分。該書所
開創的「紀事詩體藏書家傳」的體式，素有「書林之掌故，藏家之詩史」之譽。詳
見傅璇琮、謝灼華等，《中國藏書通史》（寧波：寧波出版社，2001年），頁1018。

〔註44〕〔清〕葉昌熾撰，王鍔、伏業鵬點校《藏書紀事詩》（北京：北京燕山出版社，1999
年5月），頁436。

〔註45〕〔清〕葉昌熾撰，王鍔、伏業鵬點校《藏書紀事詩》（北京：北京燕山出版社，1999
年5月），頁437。

〔註46〕〔清〕黃丕烈撰，屠友祥校注，《蕘圃藏書題識》（上海：上海遠東出版社，1999年
8月），卷二，頁77。

〔註47〕唱和之詩，已詳述於第二章的生平中。

　　當嘉慶七年（1802），黃丕烈於〈圖繪寶鑒跋〉嘗說道自己向吳騫借《圖繪寶鑒》之書，並題跋數語而歸之。〔註48〕既又於嘉慶十年（1805）向吳騫借讀《笠澤叢書》，並參閱其校本，可看出彼此校勘之精審。〔註49〕隔年時，亦爲吳騫所收藏的宋刻《周禮》作題跋，直至吳騫去世之後，他仍和吳騫次子壽暘保持聯絡，這在其〈續宋中興編年資治通鑑跋〉中嘗提及：

> 余向收得舊鈔殘本，系郡中柱國坊王氏物。既而借海昌吳兔牀鈔本是
> 正，又借坊間元刻本校之。校未終，取去。因又借香嚴書屋藏鈔本參校，
> 復經兔牀嗣君蘇閣（壽暘）手校正，可云盡善矣。〔註50〕

而壽暘亦嘗於《拜經樓藏書題跋記》中說道：

> 按菟翁手札，知其（黃丕烈）家有（《陳眾仲集》）元刻七卷，並多張
> 耆序一篇，曾許補入，當更訪之。〔註51〕

又於嘉慶二十一年（1816）作〈丙子歲除前六日過吳門訪黃蕘圃主事于士禮居賦贈二律〉詩云：

> 雪滿楞伽又歲除，乍從江夏識林居。千秋盛業歸求古，三世交遊重訪書。
> 閣建長恩嵐翠列，圖傳員嶠墨光舒。祇今故蹟摩娑處，展對雲山愴有餘（先
> 君子曾爲蕘圃作員嶠訪書圖，時適攜員嶠眞逸印，因以爲贈）。
> 數卷遺經獨抱殘，延津敢望劍雙完。甯知百衲成琴易，未使千古集古難。
> 董氏全編供合校，重言片帙輔精刊（時方校刊周禮鄭注，以明董氏本爲主，
> 而校以各宋本，假余家舊藏小字京本重言重意合勘，余家本闕春官及夏官
> 上，菟翁出小字宋本夏官並秋官上，許歸余補入更望並得春官成全璧焉。）。
> 新年好向梅花祝（曩歲曾刊梅花喜神譜），更與春風補一官。〔註52〕

吳氏《拜經樓藏書題跋記》亦有記載不少黃丕烈爲其藏書所作題跋，〔註53〕其中《樂志園集》後附〈歲暮懷人〉詩，可道見彼此的友情彌堅。其一云：

〔註48〕詳見〔清〕黃丕烈撰，屠友祥校注，《蕘圃藏書題識》（上海：上海遠東出版社，1999
　　　　年10月），卷五，頁310。

〔註49〕詳見〔清〕黃丕烈撰，屠友祥校注，《蕘圃藏書題識》（上海：上海遠東出版社，1999
　　　　年10月），卷七，頁568。

〔註50〕〔清〕黃丕烈撰，屠友祥校注，《蕘圃藏書題識》（上海：上海遠東出版社，1999年
　　　　10月），卷二，頁90。

〔註51〕〔清〕吳壽暘編撰，《拜經樓藏書題跋記》（北京：中華書局出版社，1995年8月，
　　　　《清人書目題跋叢刊》第十冊），卷五，頁674。

〔註52〕〔清〕吳壽暘編撰，《拜經樓藏書題跋記》（北京：中華書局出版社，1995年8月，
　　　　《清人書目題跋叢刊》第十冊），附錄，頁690。

〔註53〕詳見第五章。

異地能同好，一州得兩人。僑居情久密（謂髯翁），過訪跡常親（君每過必至余舍）。屢寄書相賞，曾遺畫絕珍（蒙君作員嶠訪書圖以贈）。髯翁倘歸去，爲我賀新春（每歲底，託髯翁帶拜年帖稱賀）。〔註 54〕

吳騫在晚年寫過〈除夕寄懷蕘圃〉詩三首，以相問候新春到來的喜悅。詩云：

鬢上年華枕上書，迢迢雙鯉問巢居。何時築就長恩閣，雪滿支硎歲又除（蕘圃嘗擬作長恩閣於支硎以藏書）。

百宋廛頭萬卷陳，飛來爆竹一枝春。惟應九九銷寒後，細數梅花報喜神（君有宋槧本朱伯仁梅花喜神譜最精）。

楞伽山色照樓新，暖入書堆翠欲嚬。會得石湖詩句好，年時祭竈請比鄰。〔註 55〕

第三節　與學者之交遊

吳騫與當時著名的學者亦有聯繫，其中較爲重要者，略述如下：

一、盧文弨（1717～1795）〔註 56〕

吳騫父子與盧文弨交往密切，嘗於乾隆四十四年（1779）爲騫父撰寫〈吳愚齋處士墓碣〉一文云：

文弨與其季子騫游。騫博覽多通，能文章，泊然於榮利之途。〔註 57〕

並因吳騫之邀而於乾隆五十二年（1787）爲其《休寧厚田吳氏宗譜》作序。從盧文弨〈酬槎客見投原韻〉的兩首詩中，可以見知彼此感情深遠：

與君相見非今日，千里神交即一堂。滿徑莓苔來舊雨，凝塵几席染荀香。信知人是羲皇上，便想居依磵壑旁。蝨穴蟫窩諧夙好，燔枯酌醴話宵長。

抽簪聊得喜塵顏，諸老成人悵莫攀。忽覩瓊枝標意外，宛如明月入懷間。羨君杞梓堪爲棟，異我邱陵不至山。況有驪珠能耀握，未應香艷較輸班。〔註 58〕

〔註 54〕〔清〕吳壽暘編撰，《拜經樓藏書題跋記》（北京：中華書局出版社，1995 年 8 月，《清人書目題跋叢刊》第十冊），卷五，頁 679。

〔註 55〕〔清〕吳騫，《拜經樓詩集續編》（上海：上海古籍出版社，2002 年，《續修四庫全書》第 1454 冊），卷三，頁 154～155。

〔註 56〕生平仕履已見第二章註 1。

〔註 57〕詳見《休寧厚田吳氏宗譜》（清乾隆 52 年吳氏原刊本），卷五。

〔註 58〕〔清〕吳騫，《拜經樓詩集》（上海：上海古籍出版社，2002 年，《續修四庫全書》

而吳騫亦寫過〈喜盧弓父學士歸自白下〉二首、〈西湖秋泛呈弓父學士〉、〈喜弓父學士過山齋話別〉、〈八月十四日同盧弓父學士朱映辰茂才集項文波孝廉萊園看桂即席〉、〈小至日過婁東書院同盧弓父學士顧懷祖茂才訪陸潤之書齋小集〉、〈訪盧弓父學士於龍城書院即席留別〉諸詩，直至盧文弨過世時，他又寫〈哭抱經學士〉二首及〈送抱經學士葬〉，以示心中無限哀傷之意。〈哭抱經學士〉詩云：

> 吳山捉袂重丁寧，小別誰知判死生。服鳥有妖傷賈傅，蛇年無計引康成。
> 藏山事業眞三代，脫手丹鉛尚百城。我是西州門下客，何時馬策恨方平。
> 八十那教賦遠游，暮雲江樹悵悠悠。祇今夢斷陪京路，何日書歸故國樓。
> 雨雪銘旌千里凍，關河涕淚一生休。空看篋裡盟言在，肝膽輪囷照九秋（今秋學士寄書有誓言與夫子永結爲弟昆之語）。〔註59〕

〈送抱經學士葬〉詩云：

> 經時不過鄭公鄉，宿草萋萋滿徑霜。千里故人同會葬，卅年交誼倍難忘。
> 風前華表寒無語，篋裏遺經夜有光。腸斷修文并驥子，銘碑誰與倩中郎。
> 〔註60〕

當盧文弨過世十八年後，吳騫得知他所撰寫的《抱經堂集》未有序，即爲其補序一篇，以感念生年的交情。〔註61〕

另據《拜經樓藏書題跋記》的記載，吳騫多次向盧文弨借錄或補鈔書籍，並亦請他爲其藏書作題跋。〔註62〕其中以吳騫於乾隆四十八年（1783）所寫〈太元經跋〉，更可知見彼此的交情匪淺。文云：

> 嘗收得萬玉堂舊刻太元經，紙墨頗佳，前葉印記纍纍，蓋橫塘吳氏曾藏之。惜前闕三卷，無從物色。餘姚盧紹弓學士續補方言時，嘗借觀之，亦惜其不全。閱數年，學士掌教晉陽，偶借得全本，因憶及予家缺卷，亟令楷書手爲補錄三卷，從數千里外寄余，俾成完書，其好古懷友之心，均非近人中所有也。爰識於此，俾後人知是書獲全之始末云。〔註63〕

第 1454 冊），卷二，頁 15。

〔註59〕〔清〕吳騫，《拜經樓詩集》（上海：上海古籍出版社，2002 年，《續修四庫全書》第 1454 冊），卷七，頁 71。

〔註60〕〔清〕吳騫，《拜經樓詩集》（上海：上海古籍出版社，2002 年，《續修四庫全書》第 1454 冊），卷八，頁 78。

〔註61〕參見〔清〕吳騫，《愚谷文存續編》（上海：上海古籍出版社，2002 年，《續修四庫全書》第 1454 冊），卷一，頁 328。

〔註62〕詳見第五章。

〔註63〕〔清〕吳壽暘編撰，《拜經樓藏書題跋記》（北京：中華書局出版社，1995 年 8 月，《清人書目題跋叢刊》第十冊），卷四，頁 647。

而盧文弨在校刻《荀子》時，亦嘗向吳騫借得元本《纂圖互注荀子》，並說此本乃當時坊間所刊印，脫誤差舛，不一而足，然正以未經校改之故，其本真翻未盡失，書中頗多采用。〔註64〕

二、錢大昕（1728～1804）〔註65〕

吳騫與錢大昕相識已久，亦嘗同遊西湖，可見錢大昕嘉慶七年（1802）所作〈拜經樓詩集序〉。文云：

> 海寧吳君槎客名久矣。方余備兵浙西閱海塘至尖山，槎客迓余道左，相見古廟中，言所居近，欲邀至其家，所謂拜經樓者。屬以事遽不果往，既而槎客數過余，余每邀之遊西湖之上，流連詩酒極歡。

由於錢大昕外地作官的關係，多和吳騫以書信往來，且對未曾至吳騫拜經樓之事，心感惋惜。又云：

> 前年余移官楚南，槎客偕查秀才梅史以詩送余，別後往還，書問不絕，必附以詩，綢繆款曲之誠，皆見於篇什。比今年歸自湖湘，同游硤石之東西兩峰，游罷輒作詩酬答如是者。余與槎客交亦既數年，而槎客之所謂拜經樓者，卒未之至也。無何槎客書來，啟視則郵拜經樓詩集至，凡若干卷，余雖未至拜經樓而先交其人，又讀其詩，不已如登拜經樓耶！

此外，錢氏的《竹汀日記鈔》〔註66〕卷一為「所見古書」，其中三個段落是關於吳騫的記載，可知見他嘗向吳騫借過書，如元中統二年刻《史記索隱本》、陸氏《論語釋文》、吳騫《國山碑考》等書；且在吳騫所寫的〈史記跋〉中亦有此記載。〔註67〕

另外，吳騫亦嘗寫〈五君詠〉，其一即詠錢大昕，對其有很深重的敬仰之意，詩云：

> 大雅久淪歇，經訓疇蓄畜。斯人獨勤拳，發憤羣賢途。
>
> 矻矻以窮年，如飢得朝餔。味道古有然，高風良可模。〔註68〕

〔註64〕 參見〔清〕吳壽暘編撰，《拜經樓藏書題跋記》（北京：中華書局出版社，1995年8月，《清人書目題跋叢刊》第十冊），卷四，頁646。

〔註65〕 錢大昕（1728～1804），字曉徵，號辛楣、及之、竹汀、竹汀居士，室名曰「十駕齋」、「潛研堂」、「孱守齋」、「餐柏齋」，江蘇嘉定人，清乾隆十九年（1754）進士，授翰林院編修，官至詹事府詹事，晚年稱病不復出，主講鍾山書院、婁東書院、紫陽書院，於音韻訓詁，尤多創見，著有《十駕齋養新錄》、《廿二史考異》等書。其事蹟可詳見《碑傳集》卷四十九。

〔註66〕 〔清〕錢大昕原撰，何元錫編次，《竹汀日記鈔》（臺北：廣文書局，1971年8月）

〔註67〕 參見〔清〕吳壽暘編撰，《拜經樓藏書題跋記》（北京：中華書局出版社，1995年8月，《清人書目題跋叢刊》第十冊），卷一，頁617。

〔註68〕 〔清〕吳騫，《拜經樓詩集》（上海：上海古籍出版社，2002年，《續修四庫全書》第1454冊），卷六，頁53。

乾隆五十四年（1789）正月，年已六十二歲的錢大昕主講蘇州紫陽書院，吳騫為此寫〈游滄浪亭寄呈竹汀先生〉一詩，以示思念；當錢氏七十大壽時，又寫〈人日立春寄祝竹汀宮詹七十初度〉一詩，以表祝賀。

據《拜經樓藏書題跋記》的記載，吳騫嘗請錢大昕為其藏書作題跋，並摘錄《竹汀日記鈔》、《養新錄》的校訂說明。〔註69〕

三、周廣業（1730～1798）〔註70〕

吳騫與周廣業的交往，略從吳騫的詩文集得以窺見。在周廣業生前，吳氏曾寫過〈得周耕崖孝廉燕臺詩卻寄〉之詩及為其撰著《蓬廬文鈔》作序〔註71〕。此書八卷，周氏種松書塾綠格鈔本，現藏國家圖書館。此外，又於其身後為之撰寫〈周耕崖孝廉傳〉一文〔註72〕，以及〈讀耕崖遺稿書後〉二詩，詩中尤顯哀慟之意：

> 三杯易醉金臺酒，一第難題雁塔雲。珍重牀頭書數卷，千秋留與哭劉賁。
>
> 南轅北轍為誰忙，旅食江東鬢已霜。晒煞桐花魚上日，更無新著壓歸艎（君晚掌教桐汭，每歸里必以撰著見貽，桐花魚亦出桐汭。）〔註73〕

另據《拜經樓藏書題跋記》的記載，吳騫亦嘗多次請周廣業為其藏書作校訂和題跋。〔註74〕

四、秦　瀛（1743～1821）〔註75〕

吳騫與秦瀛的交往情形，可見彼此的詩集。吳騫自嘉慶元年（1796）至其晚年間，嘗寫過十多首詩，其內容多是與秦瀛同遊、相唱和之事；諸如〈過寶東皋先生祠呈小峴廉使〉二首、〈喜晤小峴廉使于海上〉三首、〈九日吳山登高聞小峴廉使獨游湖中卻寄〉、〈孤山蘇文忠公祠落成呈小峴廉使〉、〈送小峴廉使移任楚南〉二首、〈與梅史送小峴廉使後晚出東新關〉二首、〈告歸述懷奉和小峴廉使元韻〉二首、〈同小峴廉使陳春浦遊高忠憲公園觀止水〉、〈八月十四日夜奉陪小峴司寇同人重集紫微山

〔註69〕詳見第七章。

〔註70〕生平仕履已見第三章註39。

〔註71〕詳見〔清〕吳騫，《愚谷文存續編》（上海：上海古籍出版社，2002年，《續修四庫全書》第1454冊），卷一，頁334。

〔註72〕詳見〔清〕吳騫，《愚谷文存》（臺北：藝文印書館，1969年，《百部叢書集成》第40冊），卷十，頁9～12。

〔註73〕〔清〕吳騫，《拜經樓詩集》（上海：上海古籍出版社，2002年，《續修四庫全書》第1454冊），卷十一，頁106。

〔註74〕詳見第五章。

〔註75〕生平仕履已見第二章註43。

院即席〉二首、〈和小峴少寇過雲石山房〉等等。其中以晚年所作〈寄小峴司寇〉最
為感人。詩云：

> 先生老屋城南隅，蒼松翠竹冬不枯。三盈三虛門前客，載欣載奔歸來途。
> 五湖煙水落吾手，一竿晚食正得鱸。蘇門遊舊幾人在，淮海文章世所無。
> 三年未見痛余老，采采芙蓉空日晡。啟期九十猶帶索，而我白髮不可劚。
> 明年若得病魔遣，尚欲西尋碧社圖。一尊芳醑續寄暢，醉敲銅斗歌嗚嗚。

〔註76〕

而秦瀛在《小峴山人詩集》中，亦有〈槎客七十生辰以詩寄之〉、〈吳槎客過訪
即送其之宜興，兼問吳仲倫消息〉、〈喜槎客返自宜興重過草堂有作〉、〈槎客出東風
細雨圖索題輒成二絕〉、〈槎客邀游惠山以病不赴，賦此贈之，即送其還海寧〉、〈遇
陽羨人無不知有吳槎客者，賦此寄槎客〉等六首詩，可見彼此情誼之深。其中〈槎
客七十生辰以詩寄之〉，則道盡對吳騫讚賞之意。詩云：

> 海昌一老重公卿，坐擁書倉富百城。齊國經師拜轅固，漢家束帛禮桓榮。
> 須麋已入高賢傳，杖笠真餘太古情。爾我相思通一水，秋來早訂鷺鷗盟。

〔註77〕

另外一首〈遇陽羨人無不知有吳槎客者，賦此寄槎客〉，則是表揚吳騫的《桃溪客語》
能夠揚名於世。詩云：

> 自昔荊南記寓公，桃溪客語話鄉風。只今膾炙邦人口，團扇家家寫放翁。

〔註78〕

此外，吳騫嘗為秦瀛所輯錄的《己未詞科錄》作序〔註79〕，該書十二卷，清嘉慶十
二年（1807）刻本，現藏中研院傅斯年圖書館。

〔註76〕〔清〕吳騫，《拜經樓詩集再續編》（上海：上海古籍出版社，2002年，《續修四庫
全書》第1454冊），頁182。

〔註77〕〔清〕秦瀛，《小峴山人詩集》（上海：上海古籍出版社，2002年，《續修四庫全書》
第1464冊），卷十五，頁669。

〔註78〕〔清〕秦瀛，《小峴山人詩集》（上海：上海古籍出版社，2002年，《續修四庫全書》
第1464冊），卷十九，頁716。

〔註79〕詳見〔清〕吳騫，《愚谷文存續編》（上海：上海古籍出版社，2002年，《續修四庫
全書》第1454冊），卷一，頁330。

第五章　吳騫之拜經樓藏書

第一節　拜經樓藏書之緣起

在本論文第二章中，已約略提及吳騫的先世頗乏藏書，其兄起先雖稍有購書，但並不可觀，惟吳騫自獲得清代初期海寧藏書家馬思贊道古樓〔註1〕、查慎行得樹樓〔註2〕遺佚之書，有了良好開端，方能漸次發展，並極大地擴充吳氏拜經樓藏書量，如管庭芬〈拜經樓藏書題跋記跋〉所云：

> 國初吾邑東南藏書家，首推道古樓馬氏、得樹樓查氏。蓋兩家插架，多宋刻元鈔，而於甲乙兩部，積有異本，其珍守已逾數世，不僅爲充棟計也。兔牀先生，祖籍休寧，流寓尖山之陽，百有餘年矣。……值馬氏查氏遺書散布人間，先生偶得其殘帙，流連景慕，每繫跋語，以寄其慨，迨後搜討益勤，兼於吳門武林諸藏書家互相鈔校，并與同邑周松藹大令、陳簡莊徵君賞奇析疑，獲一秘冊，則共爲題識歌詩以紀其事。故拜經樓之藏弆，足與道古、得樹二家後先鼎峙。……〔註3〕

直至乾隆四十五年（1780），吳騫即因其藏書量增多，遂築拜經樓，這在《海昌備志》

<hr>

〔註1〕　生平仕履已見第二章註65。

〔註2〕　查慎行（1650～1727），初名嗣璉，字夏重，號他山，一號檠州，後字悔余，號查田，亦號石居士，晚年築初白庵，自稱初白翁，學者稱初白先生，賜號煙波釣徒。康熙四十二年（1703）進士，授編修，七十三歲時退居家中，貯書萬卷，坐臥其中。至乾隆時，查慎行之孫查岐昌仍以「得樹樓」命藏書之所。詳見李性忠，〈海寧藏書史述略〉，《海寧藏書文化研究》（杭州：西泠印社出版社，2004年4月），載於網址：http://www.hnlib.com/bngp/cswhlw.htm

〔註3〕　〔清〕吳壽暘編撰，《拜經樓藏書題跋記附錄》（嚴靈峰編，臺北：成文出版社，1978年，《書目類編》第72冊），頁32973。

中嘗提及：

> （吳騫）篤嗜典籍，遇善本傾囊購之弗惜，所得不下五萬卷，築拜經
> 樓藏之。晨夕坐樓中展誦摩挲，非同志不得登也。〔註4〕

拜經樓建成後，吳騫終生與樓為伴，以書為友。其子孫於《吳兔牀府君行述》中亦云：

> 日夕坐其中，博覽載籍，校讎精審，好學之勤，鮮有其匹。雖當俗務
> 紛遝之時，執一卷書，手不忍釋，螢窗雪案，更闌燭而猶未已，八十年如
> 一日。〔註5〕

至若「拜經」一樓之名，係因襲清代學者臧庸〔註6〕之室名，「拜經」二字之寓，尊崇
經籍之意。吳騫自忖其藏書志趣，與臧氏相合，故命其藏書樓曰「拜經樓」。〔註7〕
陳鱣還為此作〈題兔牀先生拜經樓〉二首，以傳頌他的藏書樓盛況。詩云：

> 延陵凰望舊門廬，谷口新開竹下居。四坐賓朋春載酒，一樓燈火夜讎書。
> 文章論世情難已，弓冶傳家業有餘。環堵蕭然真自得，海濱高行更誰如。
> 過眼煙雲氣象超，振衣長嘯仰清標。樓高獨占千家月，海闊常迴萬古潮。
> 世上何須爭勢利，山中端合話漁樵。到門不少探奇客，三徑從遊興自饒。
>
> 〔註8〕

吳氏藏書樓名播遠近，名人學者皆為之仰慕。錢泰吉嘗在〈拜經樓藏書題跋記序〉
贊云：

> 拜經樓當與四明范氏天一閣並峙，而為浙東西宛委之藏也。〔註9〕

第二節　拜經樓圖書之徵訪

今根據《拜經樓藏書題跋記》及《愚谷文存》，詳加鉤稽，輯得吳氏訪求遺書的

〔註4〕轉引自智曠，〈吳騫拜經樓藏書考略〉，《海寧藏書文化研究》（杭州：西泠印社出版
社，2004年4月），載於網址：http://www.hnlib.com/bngp/cswhlw.htm

〔註5〕轉引自智曠，〈吳騫拜經樓藏書考略〉，《海寧藏書文化研究》（杭州：西泠印社出版
社，2004年4月），載於網址：http://www.hnlib.com/bngp/cswhlw.htm

〔註6〕臧庸（1767～1811），初名鏞堂，字在東，號拜經，室名曰「拜經堂」，江蘇武進人，
著有《臧氏文獻考》、《孝經考異》、《拜經堂文集》等書。

〔註7〕詳見智曠，〈吳騫拜經樓藏書考略〉，《海寧藏書文化研究》（杭州：西泠印社出版社，
2004年4月），載於網址：http://www.hnlib.com/bngp/cswhlw.htm

〔註8〕〔清〕陳鱣，《河莊詩鈔》（上海：上海古籍出版社，2002年，《續修四庫全書》第
1487冊），頁305。

〔註9〕〔清〕吳壽暘編撰，《拜經樓藏書題跋記附錄》（嚴靈峯編，臺北：成文出版社，1978
年，《書目類編》第72冊），頁32606。

方法，主要有三端：一得自藏書家；二好友饋贈；三錄傳影鈔。茲分述如後。

一、得自藏書家

拜經樓藏書的來源，有很多是得自於先賢及前輩藏書家散遺之書，然依其主要來源的藏書家，試略舉如下，所舉藏書，照《拜經樓藏書題跋記》原文摘錄相關說明。

（一）朱彝尊（1629～1709）〔註10〕

1.《紫巖易傳》

　　《紫巖易傳》舊鈔本三冊，前有秀水朱氏彝尊錫鬯圖記，蓋曝書亭藏書。其經文尚存一二古本，如繫辭力少而任重，不作小，解云互兌兌毀力少也；傷於外者必反於家，不作其，解云明德之傷不反諸家，其能治乎。古義之不泯於今，猶賴此以得其梗概。〔註11〕

另據《皕宋樓藏書志》卷一之記載，此書有十卷，宋張浚撰，前有易論。現藏日本靜嘉堂文庫。

2.《隸續》

　　《隸續》十九卷，竹垞先生舊藏，有從子甫田隸書先生跋於卷首，先君子手校。〔註11〕

先君子是壽暘對其父之尊稱；可見此書曾經過吳騫之手校。

3.《讀史紀要》

　　梅村先生手鈔本。嘉慶乙丑，先君子以示吳門黃蕘圃主事，云的係先生親筆，因出所藏先生手寫《綏寇紀略》共觀，與此筆跡無異，洵可寶也。前有秀水朱氏潛采堂圖書記方印。〔註12〕

〔註10〕　朱彝尊（1629～1709）字錫鬯，號竹垞，晚號小長蘆釣魚師，又號金風亭長，清秀水（今屬浙江）人。清康熙十八年（1679），以布衣舉博學鴻詞科，授檢討。曾參與撰修《明史》。其學問博洽，精於考證金石，長於古文詩詞。彝尊好聚書，多秘鈔善本，藏書約八萬卷，有《曝書亭書目》。藏書處曰「曝書亭」。著有《經義考》、《日下舊聞》、《曝書亭集》等書。詳見〔清〕葉昌熾撰，王鍔、伏業鵬點校《藏書紀事詩》（北京：北京燕山出版社，1999年5月），頁330。

〔註11〕　〔清〕吳壽暘編撰，《拜經樓藏書題跋記》（北京：中華書局出版社，1995年8月，《清人書目題跋叢刊》第十冊），卷一，頁601。

〔註11〕　〔清〕吳壽暘編撰，《拜經樓藏書題跋記》（北京：中華書局出版社，1995年8月，《清人書目題跋叢刊》第十冊），卷一，頁614。

〔註12〕　〔清〕吳壽暘編撰，《拜經樓藏書題跋記》（北京：中華書局出版社，1995年8月，《清人書目題跋叢刊》第十冊），卷二，頁620。

4.《後村集》

右五十卷，藍格鈔寫，極精，卷內朱筆評點，前有秀水朱氏潛采堂圖書印，卷首林希逸序，目錄後題迪功郎新差昭州司法參軍林秀發編次，後有武林盧文弨手校圖記。《四庫書目》作六十卷，今此實止五十卷。〔註13〕

可見此書曾經盧文弨之手校，內容應當更為精審。

（二）曹溶（1613～1685）〔註14〕

1.《詩傳通釋》

舊鈔本《詩傳通釋》二十卷，前有曹溶之印，橋李曹氏藏書印二圖記，蓋秋岳侍郎藏本。經文及注，並與宋本同，竹竿遠兄弟父母亦未改，惟羊牛下括作牛羊，彼徂矣岐句下引沈氏說，與吳門袁氏所藏宋本詩集傳為錢汀宮詹所拈出者同，且中多缺筆，蓋從宋本影鈔者。〔註15〕

2.《名相贊》

《名相贊》五卷，明尹直著，起漢蕭相國，迄宋文承相，前有宏治甲子直自序，後有宏治十八年歐陽雲序，首頁有曹溶、潔躬二圖記，蓋秋岳先生舊藏也。〔註16〕

3.《備遺錄》

《備遺錄》一冊，不分卷。題後學新淦張芹編輯，後學清江敖英校正。張序云，錄中四十六人，其爵里名氏皆閩中，宋君端儀嘗采輯為錄而未成者，予因旁加考摭，得其間二十餘人事略，類而萃之，以為斯錄。所載記皆靖難死節諸臣事蹟，無考者二十六人，第書爵里於後。卷末敖英跋。此

〔註13〕〔清〕吳壽暘編撰，《拜經樓藏書題跋記》（北京：中華書局出版社，1995年8月，《清人書目題跋叢刊》第十冊），卷五，頁671。

〔註14〕曹溶（1613～1685），字洁躬，又字秋岳，號倦圃，明末浙江秀水（今屬浙江嘉興）人。工詩詞，嗜藏書。尤好收宋元人文集，藏有宋人文集自柳開《河東集》以下一百八十家，元人文集自耶律楚材《湛然集》以下一百十五家。其藏書處曰「靜惕堂」。曾撰《流通古書約》一篇，主張刊刻古人之書，以廣諸同好，以免遭厄運；藏書家之間，應交換鈔錄、觀閱所藏善本，約定有無相易，各自命人精心繕寫以互交換，其說至為通達。編有《靜惕堂書目》，著錄所藏宋元人文集。著有《靜惕堂詩文集》等書。詳見〔清〕葉昌熾撰，王鍔、伏業鵬點校《藏書紀事詩》（北京：北京燕山出版社，1999年5月），頁292。

〔註15〕〔清〕吳壽暘編撰，《拜經樓藏書題跋記》（北京：中華書局出版社，1995年8月，《清人書目題跋叢刊》第十冊），卷一，頁603。

〔註16〕〔清〕吳壽暘編撰，《拜經樓藏書題跋記》（北京：中華書局出版社，1995年8月，《清人書目題跋叢刊》第十冊），卷二，頁627。

　　冊亦倦圃藏書，圖記與面頁題字，並與名相贊同。〔註17〕

　　4.《古靈集》

　　　　鈔本《古靈集》二冊，乃曹氏古林書屋藏本，有曹溶私印、潔躬二圖
　　記，無闕葉，有闕字，較宋刻多本傳及年譜二篇，先君子以宋本及小草齋
　　藏本校。〔註18〕

拜經樓另藏有宋刻本《古靈集》二十五卷，每卷前有子目，末有《使遼語錄》一卷，
乃諸本所無者。雖間有闕葉及文字漫漶處，然紙墨精雅，古香醞釀，誠宋本之甲也。
在《愚谷文存續編》卷二中有吳騫之跋語，《皕宋樓藏書志》卷七十四亦有著錄，現
藏日本靜嘉堂文庫。

（三）馬思贊（1669～1722）〔註19〕

　　1.《春秋屬辭》

　　　　舊刻本，每葉二十六行，行二十七字，後列校刻氏名，為曝書亭、道
　　古樓二家藏書，有其圖記，俱極精雅。〔註20〕

　　2.《纂圖互注文中子》

　　　　宋本《纂圖互注文中子》十卷，前有文中子纂事世系年表一篇，題河
　　汾肄子王壬，無目錄，有阮逸序，末卷敘篇後，為杜淹文中子世家，錄唐
　　太宗與房魏論禮樂事、關子明事。……此本與前《纂圖互注老子》同，紙
　　墨俱佳，有海昌馬思贊印，中安一號漁邨圖記。〔註21〕

（四）汪文柏〔註22〕

　　1.《隸釋》

　　　　明時仿宋刻本，桐鄉汪氏藏書，有展硯齋圖書印，休甯汪季青家藏書

〔註17〕〔清〕吳壽暘編撰，《拜經樓藏書題跋記》（北京：中華書局出版社，1995年8月，
　　　　《清人書目題跋叢刊》第十冊），卷二，頁627。
〔註18〕〔清〕吳壽暘編撰，《拜經樓藏書題跋記》（北京：中華書局出版社，1995年8月，
　　　　《清人書目題跋叢刊》第十冊），卷五，頁667。
〔註19〕生平仕履已見第二章註65。
〔註20〕〔清〕吳壽暘編撰，《拜經樓藏書題跋記》（北京：中華書局出版社，1995年8月，
　　　　《清人書目題跋叢刊》第十冊），卷一，頁605。
〔註21〕〔清〕吳壽暘編撰，《拜經樓藏書題跋記》（北京：中華書局出版社，1995年8月，
　　　　《清人書目題跋叢刊》第十冊），卷四，頁649。
〔註22〕汪文柏，字季青，一字柯庭，汪森弟。官至北城兵馬司指揮使。善畫墨蘭，尤工詩
　　　　詞。其喜讀書、藏書，藏有《隸釋》、《本草衍義》等善本書。藏書處曰「摛藻堂」、
　　　　「古香樓」。著有《柯庭餘習》、《古香樓吟稿》等書。詳見〔清〕葉昌熾撰，王鍔、
　　　　伏業鵬點校《藏書紀事詩》（北京：北京燕山出版社，1999年5月），頁335。

籍二印記，極精美。〔註23〕

2. 《蘇詩補注》

《蘇詩補注》五十卷，查初白先生手稿，桐鄉汪氏藏本，面頁題初白翁原稿，擁書樓收藏，並有梧桐鄉汪氏擁書樓所藏圖記。〔註24〕

（五）吳翌鳳（1742～1819）〔註25〕

1. 《泰昌朝記事》

舊鈔本一冊，前署江上遺民李遜之輯，有吳翌鳳家藏文苑圖記，蓋家枚菴先生藏本。　先君子書後云，嘉慶甲子，收得友人枚菴藏書，蓋自君之別已三十餘載矣，不禁撫卷黯然。〔註26〕

當吳騫之同鄉好友翌鳳，在其老家藏書散佚之後，吳騫曾獲此書，遂不禁悲從中來。

2. 《列仙傳》

右二卷，汲古閣刊本，枚菴先生所藏，有枚菴藏本、枚菴流覽所及二印記，首沈汾序。枚菴書云，此首乃《續仙傳敍》，誤冠於此。〔註27〕

（六）查慎行（1650～1727）〔註28〕

1. 《呂氏春秋》

呂覽二十六卷，元刻本，卷首有遂昌鄭元祐序，序後有嘉興路儒學教授陳泰、至正十□（下缺）吳興謝盛之刊一行，每葉二十行，每行大小字俱二十，有南書房史官、海寧查慎行字夏重又曰悔餘、得樹樓藏書諸圖記，蓋曾為初白先生收藏。序首缺半頁，先生手書補全。〔註29〕

吳騫還形容查慎行之手筆鈔補，猶如「白獺髓矣。」另於書前副頁附上周春之手札，簡略說明其讀此書之心得。〔註30〕

〔註23〕〔清〕吳壽暘編撰，《拜經樓藏書題跋記》（北京：中華書局出版社，1995年8月，《清人書目題跋叢刊》第十冊），卷一，頁614。

〔註24〕〔清〕吳壽暘編撰，《拜經樓藏書題跋記》（北京：中華書局出版社，1995年8月，《清人書目題跋叢刊》第十冊），卷五，頁669。

〔註25〕生平仕履已見第四章註28。

〔註26〕〔清〕吳壽暘編撰，《拜經樓藏書題跋記》（北京：中華書局出版社，1995年8月，《清人書目題跋叢刊》第十冊），卷二，頁627。

〔註27〕〔清〕吳壽暘編撰，《拜經樓藏書題跋記》（北京：中華書局出版社，1995年8月，《清人書目題跋叢刊》第十冊），卷二，頁629。

〔註28〕生平仕履已見本章註2。

〔註29〕〔清〕吳壽暘編撰，《拜經樓藏書題跋記》（北京：中華書局出版社，1995年8月，《清人書目題跋叢刊》第十冊），卷四，頁646。

〔註30〕參見〔清〕吳壽暘編撰，《拜經樓藏書題跋記》（北京：中華書局出版社，1995年8

2. 《孝詩》

　　　　林同撰，一卷，劉克莊序。查初白先生從崑山徐氏借千頃堂鈔本傳

錄。……有慎行初白菴主、得樹樓藏書、查慎行印、南書房史官及查岐昌

印諸圖記。〔註31〕

3. 《雲林集》

　　　　《雲林集》鈔本，南陽迺賢易之編，虞集伯生序，詩二卷，文一卷。

查初白先生藏本，有其手校，及南書房史官印記。〔註32〕

另於書後有查慎行之按語。

4.《林公輔集》

　　　　天台《林公輔先生文集》一冊，不分卷，初白菴藏本，補書目錄于前。

〔註33〕

查慎行亦另有跋語於後，現藏中國國家圖書館，詳見第六章。

（七）錢　曾（1629～1701）〔註34〕

1.《春秋尊王發微》

　　　　先君子跋云，予收得舊鈔本《春秋尊王發微》，書體頗端楷，玩其圖

記，蓋虞山錢遵王先生藏本，嘗諸載諸《讀書敏求記》者，殆即此也。

〔註35〕

此書現藏日本靜嘉堂文庫，詳見第六章。

2.《李侍郎北使錄》

　　　　鈔本《北使錄》一冊，不著撰人名氏。首行題李侍郎北使錄。先君子

記云，此錢遵王藏書。〔註36〕

月，《清人書目題跋叢刊》第十冊），卷四，頁646。

〔註31〕〔清〕吳壽暘編撰，《拜經樓藏書題跋記》（北京：中華書局出版社，1995年8月，
　　　　《清人書目題跋叢刊》第十冊），卷五，頁672。

〔註32〕〔清〕吳壽暘編撰，《拜經樓藏書題跋記》（北京：中華書局出版社，1995年8月，
　　　　《清人書目題跋叢刊》第十冊），卷五，頁675。

〔註33〕〔清〕吳壽暘編撰，《拜經樓藏書題跋記》（北京：中華書局出版社，1995年8月，
　　　　《清人書目題跋叢刊》第十冊），卷五，頁675。

〔註34〕錢曾（1629～1701），字遵王，號貫花道人，清常熟（今屬江蘇人）。謙益族曾孫，
　　　　嗣美第三子。畢生以藏書為業，精於目錄、校勘之學。自編有《述古堂書目》、《也
　　　　是園書目》、《讀書敏求記》等目錄書。詳見〔清〕葉昌熾撰，王鍔、伏業鵬點校《藏
　　　　書紀事詩》（北京：北京燕山出版社，1999年5月），頁287。

〔註35〕〔清〕吳壽暘編撰，《拜經樓藏書題跋記》（北京：中華書局出版社，1995年8月，
　　　　《清人書目題跋叢刊》第十冊），卷一，頁605。

〔註36〕〔清〕吳壽暘編撰，《拜經樓藏書題跋記》（北京：中華書局出版社，1995年8月，

（八）錢 馥〔註37〕

1.《字鑑》

　　《字鑑》二冊，錢綠窗處士校本，先君子購藏。識後云，此亡友錢廣伯處士遺書也。廣伯生平尤精究小學，所校正字鑑及郭氏汗簡。予昔嘗從之借校，今廣伯既沒，遺書盡散。予偶見苕賈攜示數種，皆手澤宛然，亟以善值購而藏之，每一披對，不禁泫然。〔註38〕

2.《廣韻》

　　書後云：某按潘稼堂宋本《廣韻》序云，先師顧亭林深明音學，憫學者泥今而昧古，實始表章此書，刻之淮上。然其所見，乃明內府刊本，已經刪削者，久而覺其書之不完，作後序以志遺憾，蓋即謂此本。今此本不見亭林後序，殆失之矣。予友錢廣伯處士，究心韻學，沒後，其家粥書，予購得此本，宛然故人之手澤存焉，可勝悽絕。〔註39〕

此書五卷，爲潁川陳氏刻本，亦由錢馥所收藏且手校者。

（九）杭世駿（1697～1772）〔註40〕

　　如《千頃堂書目》：

　　　　漾飲先生爲先君子購得，復從抱經學士借金陵新校勘補。又從道古堂遺文內補鈔黃氏書錄序于卷首。〔註41〕

此書目三十二卷，清黃虞稷撰。吳騫在〈重校千頃堂書目跋〉說明該稿本曾是杭世駿道古堂之藏書，末有其手跋，因未經授梓，故流傳絕少，嘗托請鮑廷博物色數年，才從書賈購得之。〔註42〕

　　《清人書目題跋叢刊》第十冊），卷二，頁 627。

〔註37〕錢馥，字廣伯，號綠窗，又號慢亭布衣。生平潛心楊園之書，尤善六書音韻之學。自題所居曰「小學盦」，年四十而歿。著有《集古鐘鼎千文》一卷、《圖書譜》一卷、《楊園先生年譜集證》一卷、《錢氏譜系略》一卷、《小學盦遺稿》等書。詳見許傅霈等原纂，《浙江省海寧州志稿》（臺北：成文出版社，1983 年），卷十四，頁1661。

〔註38〕〔清〕吳壽暘編撰，《拜經樓藏書題跋記》（北京：中華書局出版社，1995 年 8 月，《清人書目題跋叢刊》第十冊），卷一，頁 612。

〔註39〕〔清〕吳壽暘編撰，《拜經樓藏書題跋記》（北京：中華書局出版社，1995 年 8 月，《清人書目題跋叢刊》第十冊），卷一，頁 611。

〔註40〕生平仕履已見第三章註 59。

〔註41〕〔清〕吳壽暘編撰，《拜經樓藏書題跋記》（北京：中華書局出版社，1995 年 8 月，《清人書目題跋叢刊》第十冊），卷三，頁 640。

〔註42〕參見〔清〕吳騫，《愚谷文存》（臺北：藝文印書館，1969 年，《百部叢書集成》第40 冊），卷四，頁 18。

二、好友饋贈

拜經樓藏書的來源，也有少部分得自於吳騫好友的饋贈，分別舉例如下：

1.《漢隸分韻》

　　　　君子跋云，右隸韻七卷，蓋宋刻而元時翻雕者，頃周松藹大令以見遺，
楮墨既精，古香可愛，閱其圖記，知爲明趙寒山故物。書側題識，尚其手
筆，想見陸卿子翠袖摩抄時，覺鹿門之高風，去人未遠，松藹嘗有跋，刻
小學餘論。予別作古風一章，見《拜經續稿》。〔註43〕

此書爲周春所贈，其中「敦」字缺筆，餘則不避。

2.《漢隸分韻》

　　　　先君子書云，歲乙巳冬日，周松藹大令偶得此不全《漢隸分韻》，特
以見遺，余舊有寫本甚精，似從此本傳錄，雖不及松藹所藏宋槧本之佳，
然視近來萬氏刻本，則有上下牀之分矣。〔註44〕

此書亦爲周春所贈，爲元刻本，紙色稍不及宋本，但墨氣頗佳，字畫較肥。「敦」字
亦缺筆，前有國子監官印，可惜缺首卷及末後二葉。

3.《北海經學七錄》

　　　　右八篇，孔葒谷農部所錄古雋樓刻本，抱經學士贈。先君子即從學士
校本借臨于此，題後云：甲辰春仲，訪盧檠齋學士於杭之抱經堂，學士時
自晉陽歸，以是錄見遺。蓋曲阜孔葒谷農部新刻本也，并借得學士手校本
臨之，是日適葒谷訃到，爲之憮然。吳某記。〔註45〕

乾隆四十九年（1784），當吳騫訪視盧文弨時，盧文弨贈予此書，並得知孔廣林〔註46〕
去世的消息，傷感不已。此書現藏美國國會圖書館，詳見第六章。

4.《元豐九域志》

　　　　嘉興馮氏刊《元豐九域志》十卷，先君子以青芝堂鈔本校，跋云：戊
申秋日，仲魚新購得錢遵王影宋鈔《元豐九域志》，即從京師寄予，予受
而讀之，庚戌仲夏南還，復以此本見遺，蓋嘉禾馮氏新刊本也。〔註47〕

〔註43〕〔清〕吳壽暘編撰，《拜經樓藏書題跋記》（北京：中華書局出版社，1995年8月，
　　　　《清人書目題跋叢刊》第十冊），卷一，頁614。
〔註44〕〔清〕吳壽暘編撰，《拜經樓藏書題跋記》（北京：中華書局出版社，1995年8月，
　　　　《清人書目題跋叢刊》第十冊），卷一，頁614。
〔註45〕〔清〕吳壽暘編撰，《拜經樓藏書題跋記》（北京：中華書局出版社，1995年8月，
　　　　《清人書目題跋叢刊》第十冊），卷一，頁611。
〔註46〕孔廣林（1745～?），清代著名的經學家。
〔註47〕〔清〕吳壽暘編撰，《拜經樓藏書題跋記》（北京：中華書局出版社，1995年8月，

陳鱣原購得影宋鈔本，寄給吳氏，而後吳氏將此歸還，陳鱣復贈予此本，吳氏以青芝堂鈔本校於其上，可見倆人交情之深，以及彼此對校勘執著之態度。

5.《茶經》

> 先君子書籤云：善本，簡莊贈，原本作卷上、卷中、卷下，此作卷之
> 一、二、三，每卷前有總目。〔註48〕

此書三卷，由陳鱣鈔錄並校正，再贈予吳騫。

6.《震西賸稿》

> 先君子題前云：嘉慶壬戌（1802）冬，陳仲魚孝廉獲此稿見貽，以其
> 間有與先處士觴詠詩也。每披對間，如讀柳州先友記一過。〔註49〕

此書一冊，不分卷，吳淞上董掌衡（寧銓）先生著，由陳鱣獲得後，即贈給吳騫。

7.《霏雪錄》

> 是本爲淥飲先生所貽，有世守陳編之家、老屋三間賜書萬卷、歙西長
> 塘鮑氏知不足齋藏書印三圖記。〔註50〕

吳騫在〈霏雪錄題詞〉中亦提及，此爲相交五十年的鮑廷博所贈予之舊鈔本，前無序目，不分卷末，後有胡謐、張文昭二跋。〔註51〕

8.《傳是樓書目》

> 鈔本六冊，亦不分卷，知不足齋主人所贈，係淥飲先生手錄。〔註52〕

此書亦爲鮑廷博所贈予，且爲鮑氏本人手鈔本。

三、傳錄影鈔

在《拜經樓藏書題跋記》中提到傳錄影鈔之例子甚多，這是吳騫常用的求書方式之一。對於稀見傳本或有價值而不易購得的書，多半都是透過這種方式獲得。吳騫鈔書多用毛太紙，無欄格。毛太紙色呈米黃，質量僅次於毛邊紙，紙幅也稍小，

《清人書目題跋叢刊》第十冊），卷三，頁631。
〔註48〕〔清〕吳壽暘編撰，《拜經樓藏書題跋記》（北京：中華書局出版社，1995年8月，
《清人書目題跋叢刊》第十冊），卷四，頁653。
〔註49〕〔清〕吳壽暘編撰，《拜經樓藏書題跋記》（北京：中華書局出版社，1995年8月，
《清人書目題跋叢刊》第十冊），卷五，頁682。
〔註50〕〔清〕吳壽暘編撰，《拜經樓藏書題跋記》（北京：中華書局出版社，1995年8月，
《清人書目題跋叢刊》第十冊），卷四，頁654。
〔註51〕參見《愚谷文存續編》卷一，頁332。
〔註52〕〔清〕吳壽暘編撰，《拜經樓藏書題跋記》（北京：中華書局出版社，1995年8月，
《清人書目題跋叢刊》第十冊），卷三，頁643。

薄厚不一，有明顯紙紋。〔註53〕

有關吳騫借錄傳鈔的藏書，試舉例如下：

1. 《十三經名文鈔》

鈔本五十四卷，先君子從沈屠雲先生借錄，並手書凡例目錄一冊。〔註54〕吳騫並於跋文中，說明嘗想一睹此書：

> 古來説經之書，浩如煙海，苟不究其統緒，一其指歸，雖矻矻窮年，皓首而莫知所津逮，是何異於適燕而南其轅，遡越而北其轍，不幾愈騖而愈遠乎。先輩沈昭子先生，生平雅以崇道統闡正學爲己任，所輯《十三經名文鈔》一書，尤爲學者所推許，未經壽梓，以故流傳絕少，余每從耿巖文集中讀文鈔諸引，未嘗不嘆其去取之謹嚴，而議論之醇正，恨其書不得一見。〔註55〕

而後剛好有機會借得此書，吳騫即日以繼夜地鈔畢之。如跋中所云：

> 辛丑冬日，有書舟泊孫家埯，予與陳君仲魚偶過之，舟中適有《文鈔》目錄一帙，時日已曛黑，未及購，深以爲悔。昨歲，沈呂璜孝廉歸自日下，予亟懇其于家集中傳錄一目，孝廉許諾。而是書夙爲其弟婦所掌，知予負書癖，輒啓篋笥以畀，孝廉殊欣然。炳燭細書，幾至達旦，亦可作一段佳話也。稿既見授，并許異日以全書借鈔。……未幾，呂璜竟以全書借予，遂錄一部藏於家塾，乃同邑張明經爲儒評點本，丹黃甲乙，議論極精當，實耿巖身後一知己也。〔註56〕

此書現藏美國柏克萊加州大學東亞圖書館，詳見第六章。

2. 《七經孟子考文補遺》

鈔本，十三冊，先君子跋云，《七經孟子考文補遺》三十有二卷，爲日本西條侯掌書記山井鼎所輯，往武林汪君鵬既獲彼國古文孝經及皇侃論語義疏以歸，余友鮑君次第刻入叢書，復得此本，惜卷帙稍繁，未有踵鮑君而梓之者，予從鮑君借觀，就其所考經注而鈔之，疏則未暇也，故命曰《七經孟子考文補遺錄》。夫經籍去聖日遠，闕文訛字，謬本實繁，賴古

〔註53〕參見韓淑舉，〈清代大藏書家吳騫〉，《圖書館研究與工作》，1990年第3期，頁9。
〔註54〕〔清〕吳壽暘編撰，《拜經樓藏書題跋記》（北京：中華書局出版社，1995年8月，《清人書目題跋叢刊》第十冊），卷一，頁609。
〔註55〕〔清〕吳壽暘編撰，《拜經樓藏書題跋記》（北京：中華書局出版社，1995年8月，《清人書目題跋叢刊》第十冊），卷一，頁609。
〔註56〕〔清〕吳壽暘編撰，《拜經樓藏書題跋記》（北京：中華書局出版社，1995年8月，《清人書目題跋叢刊》第十冊），卷一，頁609。

書流傳海外，使學者猶得藉以考證其謬誤，而補訂其闕失，豈不誠斯文一
大幸哉。〔註57〕

吳騫向鮑廷博借鈔此書，因該作曾為海外日本學者所考證，故具有參考價值。

3.《雲麓漫鈔》

《雲麓漫鈔》十五卷，先君子從知不足齋借本傳錄，手自校正，用硃
筆，並屬朱巢飲先師校，用綠筆。〔註58〕

此書又為吳騫向鮑廷博借錄，除了自己用朱筆手校外，亦請其友朱型家以綠筆作校
勘。在近人傅根清點校本中的附錄三是關於《雲麓漫鈔》之版本源流考證，其提及
該書出現四個卷數不同的本子，而每個本子又有不同的刊刻或鈔寫年代，因而形成
四個系統的版本。吳騫鈔本則為十五卷本系統，有二冊一函，現藏湖南省圖書館。
該本為吳氏據鮑廷博知不足齋鈔藏趙氏小山堂本的轉鈔本，鮑氏三跋俱錄存卷中，
即說明此本的來源。陳鱣又借此本傳鈔，且為之跋，而後為長沙葉德輝〔註59〕所得，
亦有跋語並作考訂之。〔註60〕

4.《唐音戊籤》

《戊籤》八百十七卷，義門先生評本。先君子從漉飲先生知不足齋借
錄，後六冊係巢飲師手書，並補鈔缺頁。〔註61〕

此書亦是吳騫向鮑廷博借鈔，而後六冊未成，剛好朱型家過訪，則為其卒業。至今
僅存三十卷，現藏國家圖書館，詳見第六章。

5.《荊南倡和集》

先君子從鮑氏知不足齋明初刻本傳錄手校，並輯《荊南集》附錄於後。

〔註62〕

〔註57〕〔清〕吳壽暘編撰，《拜經樓藏書題跋記》（北京：中華書局出版社，1995年8月，
《清人書目題跋叢刊》第十冊），卷一，頁609。

〔註58〕〔清〕吳壽暘編撰，《拜經樓藏書題跋記》（北京：中華書局出版社，1995年8月，
《清人書目題跋叢刊》第十冊），卷四，頁650。

〔註59〕葉德輝（1864－1927），字煥彬，一字漁水，號郋園，一號直山，自署朱亭山民、麗
廔主人。因出過天花又稱葉麻子。原為江蘇吳縣人，太平天國時遷居長沙，後以湘
潭為籍。曾編纂《觀古堂書目叢刻》、《書林清話》、《古今夏時表》，並校刊《元朝秘
史》，《書林清話》算是中國第一部真正有系統的書籍史，用筆記體寫成，敘述唐宋
以來刻板、活板、套色各種印刷方法。

〔註60〕參見〔宋〕趙彥衛撰、傅根清點校，《雲麓漫鈔》（北京：中華書局出版社，1996年
8月），頁287～298。

〔註61〕〔清〕吳壽暘編撰，《拜經樓藏書題跋記》（北京：中華書局出版社，1995年8月，
《清人書目題跋叢刊》第十冊），卷五，頁676。

〔註62〕〔清〕吳壽暘編撰，《拜經樓藏書題跋記》（北京：中華書局出版社，1995年8月，

吳騫又於跋文中提及此書傳本絕少，故亟傳錄其副，並采摭記傳爲附錄，且自云最
愛荊南山水之勝，遊玩之餘，必隨身攜帶其書，以思念與荊南好友唱酬文酒之樂。

6.《周易經義》

> 《周易經義》三卷，前題進士臨川涂渭生易庵擬。先君子從枚庵先生
> 借鈔。〔註63〕

吳騫又於跋文中，提及各著名藏書家都無此書，極具可貴，故前往吳翌鳳家中借鈔
之。

7.《元豐九域志》

> 先君子跋云：家枚菴僑居吳下，性喜藏書，每遇秘本，輒手爲傳錄，
> 蓋今之方山也。王正仲《九域志》，流傳絕少，而有古跡者，尤爲難得。
> 癸卯夏，從枚菴借得，因亟鈔而藏諸拜經樓。〔註64〕

吳騫已原有錢曾影宋鈔本，但因吳翌鳳所擁有的青芝堂影宋鈔本，比舊志多古跡一
門，實爲難見，故又從其處借鈔，並和陳鱣所贈予的馮氏新刊本作對校。

8.《六臣注文選》

> 《六臣注文選》三十卷，汲古閣刊何義門先生七校本。先君子從盧學
> 士抱經堂借本手錄。〔註65〕

此書亦少見於世，因而向盧文弨借鈔之。

9.《陰晉陵集》

> 右《陰子監》集一冊，詩三十二首，後附錄詩話。先君子從抱經堂借
> 舊鈔錄藏，記首頁云：《陰晉陵集》，爲周苊分大令手輯，其後予從盧紹弓
> 學士借得一舊鈔本，不知何人所集，視周本多詩數首，因錄其副，以補毛
> 氏百三名家刻之所未備，附錄詩話，乃周所輯。〔註66〕

吳騫本有周春手輯《陰晉陵集》，乃因盧文弨所藏的舊鈔本比其周本多幾首詩，故又
借其鈔錄，以補其完善。

10.《元大一統志》

　　　　《清人書目題跋叢刊》第十冊），卷五，頁679。
〔註63〕〔清〕吳壽暘編撰，《拜經樓藏書題跋記》（北京：中華書局出版社，1995年8月，
　　　　《清人書目題跋叢刊》第十冊），卷一，頁610。
〔註64〕〔清〕吳壽暘編撰，《拜經樓藏書題跋記》（北京：中華書局出版社，1995年8月，
　　　　《清人書目題跋叢刊》第十冊），卷三，頁631。
〔註65〕〔清〕吳壽暘編撰，《拜經樓藏書題跋記》（北京：中華書局出版社，1995年8月，
　　　　《清人書目題跋叢刊》第十冊），卷五，頁676。
〔註66〕〔清〕吳壽暘編撰，《拜經樓藏書題跋記》（北京：中華書局出版社，1995年8月，
　　　　《清人書目題跋叢刊》第十冊），卷五，頁663。

> 元槧大一統志殘本六巨冊，自六百十五至七百五十一，中少九十七
> 卷，僅存三十九卷。全卷二十八，不全卷十一，共四百三番，每番二十行，
> 行二十字，字大悅目。〔註67〕

吳騫在《愚谷文存》卷四有其跋文，提及此書楮墨精好，並無官印，自是民間流傳
之本；故向錢大昕借鈔，並錄其考證跋語。

11.《竹垞初白二先生尺牘》

> 竹垞、初白二先生尺牘手跡，並爲武原涉園主人所藏，蓋皆與寒中上
> 舍者，乾隆甲寅春，先君子假歸，彙錄一冊。〔註68〕

此內容多爲朱彝尊、查慎行與馬思贊的書信往來，因書中大抵皆論典籍事籍，或論
人物實錄，足正史傳之失，吳騫當甌錄一副。

12.《經歷奇證》

> 《經歷奇證》，不分卷，明錢唐錢君穎著。先君子從道古堂借錄，識
> 後云：錢君穎，在勝國時以醫鳴，是編病原治法，多常人耳目所未及者，
> 惜流傳不廣。昔年見舊刊於董浦先生案頭，因從之借鈔，以備活人之一種
> 云。〔註69〕

此書爲吳騫向道古堂借鈔，因流傳不廣，故可備作不時之需。

有的藏書是吳騫好友代爲鈔錄，如：《淳祐臨安志》六卷，即由陳鱣爲他從吳中
鈔得，同時黃丕烈亦錄一本。故此書有其二人之跋文，現藏日本靜嘉堂文庫，詳見
第六章。

另有吳騫命其長子壽照鈔錄者，如：《佩觿》三卷，張氏澤存堂重刻本，尚有《中
吳紀聞》六卷，汲古閣刊本。又如《海昌閨秀詩》爲褚貞、周傔齡等人之詩，吳騫
深愛讀之，故借歸，再由其子姪輩鈔錄副本；另在吳騫的《拜經樓詩話》，亦有介紹
其中閨秀鄒若瑗、印白蘭、黃湘雲、朱妙端等的生平及詩風。

第三節　拜經樓藏書之數量考

拜經樓藏書之數量，據現存文獻所載，略有出入。今列出各種說法，以供查考：

〔註67〕〔清〕吳壽暘編撰，《拜經樓藏書題跋記》（北京：中華書局出版社，1995年8月，
《清人書目題跋叢刊》第十冊），卷三，頁638。

〔註68〕〔清〕吳壽暘編撰，《拜經樓藏書題跋記》（北京：中華書局出版社，1995年8月，
《清人書目題跋叢刊》第十冊），卷四，頁658。

〔註69〕〔清〕吳壽暘編撰，《拜經樓藏書題跋記》（北京：中華書局出版社，1995年8月，
《清人書目題跋叢刊》第十冊），卷四，頁660。

一、陳鱣〈愚谷文存序〉之說法

（吳騫）築拜經樓聚書數十萬卷，丹黃甲乙，排列幾筵。

二、張衢〈拜經樓詩集序〉之說法

先生擁書十萬卷，沉酣偃息於其中，梳爬剔抉，芒角四出。

三、《海昌備志》之說法

（吳騫）所得不下五萬卷，築拜經樓藏之。〔註70〕

四、《吳兔牀府君行述》之說法

自壯歲以來，一無所好，唯酷嗜典籍，直以衣食視之。汲汲焉購買書籍常若不及，遇有善本，必予厚值。一生精力所萃，得書五萬四千餘卷。
〔註71〕

五、《愚谷文存》卷十三〈桐陰日省編〉下之說法

自束髮迄乎衰老，置得書萬本，性複喜厚帙，計不下四五萬卷。分歸大二兩房者，不在此數。〔註72〕

以上《海昌備志》、《吳兔牀府君行述》二者所載藏書數量相符。至於吳騫自己所述的「四、五萬卷」，應是一個概數；他又提及另有一部分書籍分歸其兩個兒子吳壽照、吳壽暘保管，不包括在內。若然，吳騫說的藏書數量應是五萬餘卷。〔註73〕這藏書量雖在清乾嘉時期似乎無過人之處，但由於吳騫更加重視精善本，故能使海寧拜經樓藏書鼎甲浙東近百年，如蔣光煦在〈拜經樓藏書題跋記跋〉贊云：

苟非若兔牀先生之精於鑒別，雖擁書數萬卷，未足傲南面百城也。〔註74〕

而當吳騫六十四歲時，嘗撰〈拜經樓書目序〉云：

今年（乾隆六十年）春，與兒輩逐加點檢，先成草目，以備尋覓，約可三、四萬卷，九千餘冊，雖不爲多，亦一生心力之所萃也。〔註75〕

至於其藏書究竟有多少種，據鄭偉章的說法，吳騫嘗擬編《拜經樓書目》，乾隆

〔註70〕 轉引自智曠，〈吳騫拜經樓藏書考略〉，《海寧藏書文化研究》（杭州：西泠印社出版社，2004年4月），載於網址：http://www.hnlib.com/bngp/cswhlw.htm

〔註71〕 轉引自智曠，〈吳騫拜經樓藏書考略〉，《海寧藏書文化研究》（杭州：西泠印社出版社，2004年4月），載於網址：http://www.hnlib.com/bngp/cswhlw.htm

〔註72〕 〔清〕吳騫，《愚谷文存》（臺北：藝文印書館，1969年，《百部叢書集成》第40冊），卷十三，頁7。

〔註73〕 詳見智曠，〈吳騫拜經樓藏書考略〉，《海寧藏書文化研究》（杭州：西泠印社版社，2004年4月）

〔註74〕 〔清〕吳壽暘編撰，《拜經樓藏書題跋記附錄》（嚴靈豐編，臺北：成文出版社，1978年，《書目類編》第72冊），頁32972。

〔註75〕 轉引自鄭偉章，《文獻家通考》（北京：中華書局，1999年），頁372。

六十年（1795）春，他與兒孫輩先編竣草目，不分類，依插架之地登錄，分七部分，第七部分標明「乙卯後續置書目」，則是編此目時留空頁以記續增之目，僅加八十餘種。全書共著錄千餘種，極簡略。另有《拜經樓書目》四卷，四冊，依四庫分類，經部約二百種，史部百五十種，子部二百五十種，集部五百五十餘種，其中集部尤多，大半皆清人文集及鄉賢詩友文集，甚為可貴。〔註76〕而筆者在國家圖書館所目見的《拜經樓書目》不分卷，則為逸園鈔本，正文分三欄，上記書名，中記冊數，下記價格，末署「孫徵署首」，並附印記，全書未分類目，亦未依序表列，四部之書交錯而出。以筆者統計，大約著錄近一千二百種書目（不包含玉石、山水畫冊等），其中有十一種宋版，八種元版，近二百種鈔本。〔註77〕

由於《拜經樓書目》只著錄一千二百種書目，而《拜經樓藏書題跋記》亦僅收書三百二十一種，並不足以概括其藏書量；現今只能根據相關文獻記載，再酌以參照現時公藏者（詳見第六章），除去複出之書，計近一千五百種。

第四節　拜經樓藏書之特色

吳騫為一代藏書大家，文化底蘊深厚，學識淵博，藏書之眼力也不同凡俗。經吳騫之手所收藏的拜經樓藏書，亦頗具特色。試以上節所言約一千五百種藏書目內容，分析其藏書的主要特色如下：

一、崇尚宋元版本

拜經樓之藏書，以宋元舊刻舊鈔為勝，且多精品珍本，正如吳騫自己於〈桐陰日省編下〉文中所言：

> 非特裝潢端整，且多以善本校勘，丹黃精審，非世俗藏書可比。〔註78〕

〔註76〕參見鄭偉章，《文獻家通考》（北京：中華書局，1999年），頁377。

〔註77〕另在北京圖書館藏有《拜經樓書目》一卷，寫本。本目分卷上、卷下，無序跋。左右雙欄，上下單欄，單墨魚尾，不著撰人。卷端題「海昌吳騫兔牀藏本」。疑為吳騫之子壽暘撰，後人重鈔。不分類，只錄書名，下列本數，系藏書登錄簿之屬。有些書名下間注「鈔本」二字，則餘為刊本。卷上著錄644種，卷下著錄514種。詳見來新夏《清代目錄提要》（濟南：齊魯書社，1997年），頁115。尚有一種《拜經樓書目》一冊，不分卷，是吳騫之孫吳之澄所編藏書目錄，與吳騫的藏書目錄迥異。詳見林申清，《明清著名藏書家・藏書印》（北京：北京圖書館出版社，2000年），頁126。

〔註78〕〔清〕吳騫，《愚谷文存》（臺北：藝文印書館，1969年，《百部叢書集成》第40冊），卷十三，頁7～8。

據鄭偉章統計，《拜經樓藏書題跋記》中有宋版二十一種，元版二十四種，約達四十五種，占其全部藏書三百二十一種的八分之一略強。〔註79〕但經筆者辨別之，宋版僅十七種，與嚴佐之說法一致。〔註80〕而《拜經樓書目》中著錄之宋版《宋史長編》、元版《韻府羣玉》、《尚書纂註》，則於《拜經樓藏書題跋記》裡未收入。茲分別舉例並略述如下：

（一）宋版：諸如《周易兼義》、《詩集傳》、《周禮纂圖互注重言重義》、《九經白文》、《漢隸分韻》、《白虎通》、《前漢書》、《咸淳臨安志》、《纂圖互注老子》、《太元經》、《說苑》、《近思錄續錄》、《纂圖互注文中子》、《百川學海》、《古齡集》、《王梅溪集百家注東坡先生詩集》、《肇論中吳集解》等。

其中《九經白文》、《咸淳臨安志》均藏於南京圖書館，詳見第六章。吳騫在《九經白文》跋文有提及此書嘗經盧文弨、鮑廷博、黃丕烈等好友所贊賞，如跋所云：

> 《九經白文》，乃宋麻沙本之佳者。蓋明錫山秦氏刊本之所祖也。楮墨古雅，經盧抱經、鮑淥飲、黃堯圃諸公所賞鑑。其經文字句，較時本間多不同。〔註81〕

而另一宋大字本《咸淳臨安志》為九十五卷，其跋文說明該藏書之傳授經過：

> 潛說友《咸淳臨安志》一百卷，歷今數百年，卷帙繁重，儲藏家罕得全本。朱竹垞檢討從海鹽胡氏、常熟毛氏先後得宋槧八十卷，又借鈔十三卷，其七卷終闕焉。厥後書歸花山馬氏，轉入桐鄉汪氏、錢塘吳尺鳧、趙誠夫，展轉購鈔，或宋槧或影宋鈔，大抵皆闕七卷者。乾隆乙未，予始從鮑君以文得此本，凡宋刻二十卷，影宋鈔七十五卷，通計九十五卷，較曝書亭本多二卷，此則竹垞所未見也。〔註82〕

可知此書由鮑廷博得於平湖高氏，再歸以吳騫，其有季滄葦圖記，卷帙與「傳是樓」宋版書目相符，蓋東海舊藏原本。

《說苑》為二十卷，吳騫嘗用高價購藏，其長子壽照很喜愛其書，卻因壽照得眼疾而深感惋惜。文云：

〔註79〕 參見焦桂美，〈拜經樓吳氏藏書的特色及影響〉，《山東圖書館季刊》，2004 年第 3 期，頁 23。

〔註80〕 參見嚴佐之，《近三百年來古籍目錄舉要》（上海：華東師範大學出版社，1994 年），頁 50。

〔註81〕 〔清〕吳壽暘編撰，《拜經樓藏書題跋記》（北京：中華書局出版社，1995 年 8 月，《清人書目題跋叢刊》第十冊），卷一，頁 607。

〔註82〕 〔清〕吳騫，《愚谷文存》（臺北：藝文印書館，1969 年，《百部叢書集成》第 40 冊），卷四，頁 12。

此書爲吾鄉陳茂才以崗舊藏，予用善價購得，兒壽照甚愛之。丁未春，計偕入都，攜之行篋，舟車往返，未嘗暫離，不意旋染目眚，廢書者四、五年，展閱此書，慨焉竊歎。〔註83〕

又如《詩集傳》爲不全宋本，止八卷，陳鱣從中吳爲吳氏購得。經文悉與唐石經同，注文悉存文公原本，與陳鱣所藏宋刻相伯仲，係明晉府圖書，每冊皆有印記，楮墨古雅，字畫精楷，蓋宋刻之佳者。《太元經》十卷，後附王涯說元五篇、太元經釋文一卷，萬玉堂刊本，有右迪功郎充兩浙東路提舉查鹽司令幹辦公事張實校勘一行。每葉十六行，每行大小字俱十七，中多缺筆避諱之處，有子孫保之、太師趙氏世德堂印、長川吳氏諸圖記。《太元經》十卷中有三卷是由盧文弨親自補錄，而後馬國翰〔註84〕在其所輯之《玉函山房輯佚書》，卻僅存一卷。《近思錄續錄》二十三卷，每葉二十六行，每行大字二十四，小字二十五六字不等，紙墨精雅，有東谷武原鄭氏圖記。蓋鄭端簡〔註85〕舊藏，彌足珍貴。《百川學海》爲現傳最早之叢書刻本，此收五十八種，內重中華古今注，試筆二種，有休寧汪季家藏書籍圖記，即嘗爲汪文柏收藏。《肇論中吳集解》三卷，釋淨原集釋，僧肇所作四論而解之者。首有慧遠序，末有淨原後序。傳是樓藏書，有東海臣炯別號自彊、徐章仲所讀書、徐炯收藏書畫、傳是樓等圖記。蓋嘗爲清初著名「傳是樓」主人徐乾學之子——徐炯〔註86〕之藏書。

其餘如《前漢書》、《王梅溪集百家注東坡先生詩集》，則詳見第七章。

（二）元版：諸如《周易傳義附錄》、《春秋諸傳會通》、《儀禮圖》、《四書經疑問對》、《大廣益會玉篇》、《漢隸分韻》、《史記索隱》、《戰國策》、《通志》、《茅山志》、《元大一統志》、《元混一方輿勝覽》、《晏子春秋》、《曾子》、《荀子》、《呂氏春秋》、《圖繪寶鑑》、《葬書》、《韓文考異》、《中和集》、《道園學古錄》、《學古續錄》、《陳眾仲集》、《方淑淵稿》等。

其中《儀禮圖》十七卷有兩部，一部書後附旁通圖，另一部無附圖，行款無異，而字畫更精楷，圖畫益清晰，爲鮑廷博所贈與，現藏國家圖書館，詳見第六章。《大

〔註83〕〔清〕吳壽暘編撰，《拜經樓藏書題跋記》（北京：中華書局出版社，1995年8月，《清人書目題跋叢刊》第十冊），卷四，頁648。

〔註84〕馬國翰（1794～1857），字詞溪，號竹吾，室號「玉函山房」。詳見王重民〈清代兩個大輯佚書家評傳〉，《中國目錄學史論叢》（北京：中華書局，1984年12月），頁277。

〔註85〕鄭曉（1499—1566）字窒甫。武原鎮人。明嘉靖元年（1522）鄉試第一。隆慶初，追贈太子少保，謚端簡。

〔註86〕徐炯，字章仲，號自彊，乾學（1631～1694）之子。官直隸巡道。承家業，亦喜藏書。

廣益會玉篇》有三十卷，吳騫嘗依周春《小學餘論》作修改，現藏日本靜嘉堂文庫，詳見第六章。在《史記索隱》跋文中，吳騫嘗考述此書版本：

> 元中統刻史記索隱，有中統二年校理董浦序，按元世祖中統二年爲宋理宗景定二年辛酉，然則此書雖署元號年，其實宋刻也。汲古閣專刻《史記索隱》，世稱善本，餘刻皆芟節不全，此本校毛刻注尤備。〔註87〕

又如《周易傳義附錄》十四卷，每葉二十四行，行二十二字。前列圖說綱領，後附五贊筮儀，卷末有至正壬午桃溪居敬堂刊行方印，蓋元刻之佳者。《春秋諸傳會通》二十四卷，後有至正辛卯仲冬虞氏明復齋刊長墨印、南谿精舍小墨印。每葉二十四行，行二十二字。元刻之最精者，前有何焯之印，後有叢書堂印二圖記，蓋爲匏翁、義門二先生所藏弄者。書側題識精整，猶義門先生手筆。《戰國策》三十卷，鮑彪注，元吳師道本，刻於至正十五年。每葉二十行，行二十一字。《通志》二百卷，每葉十八行，行二十一字，字大悅目。前有吳繹序，後刻至治二年九月印造，並列諸府路等衛名，紙墨精好，首頁有談氏延恩樓收藏印圖記。《茅山志》爲每葉二十六行，行二十三字，有闕數卷，又張燕昌先生藏本亦有闕卷，吳騫以爲雖吉光片羽，猶宜珍惜。《元混一方輿勝覽》三卷，不著撰人名氏。每葉二十四行，每行大小字俱二十。字畫端楷，紙墨古雅。《晏子春秋》八卷，惜首闕半頁，有書帶艸堂、欵多書屋、馬叔靜圖書記諸印，紙墨俱古。《曾子》二卷，內外篇凡十四，每卷題傳道四子書卷第，次有達左序，每篇末引宋諸儒說及達左按語。《荀子》二十卷，每葉二十二行，每行大字二十一，小字二十五，序目不全。《葬書》爲草廬先生所定，分內外雜三篇。吳騫嘗以示黃丕烈，並別錄宋濂序一紙于後。《中和集》三冊，前題都梁清菴瑩蟾子李道純元素撰，門弟子損菴寶蟾子蔡志頤編。《方淑淵稿》有五言詩四十二首，後至元己卯樊士寬所鈔，有跋。此冊面葉題寄樓鈔藏，有寄樓東萊仲子手鈔二印記。

從以上所著錄的元刻本，《周易傳義附錄》、《春秋諸傳會通》均爲元刻之佳者；《茅山志》、《元混一方輿勝覽》、《晏子春秋》即使有些殘缺不全，卻可得見吳騫一直很盡力達成「千元十駕」理想；而其所藏《荀子》則因未經人刪改，盧文弨就嘗借校之。至若道家、術數類方面，如《中和集》、《葬書》，吳騫亦積極蒐求。

當初黃丕烈之「百宋一廛」，可自《百宋一廛賦注》中得見其落實；而吳騫之「千元十駕」，則未見有落實之著錄，就如嚴佐之在《近三百年來古籍目錄舉要》所云，雖然吳騫終未能圓「千元」之夢，但拜經樓藏本校勘精審則不下「士禮居」，且其子

〔註87〕　〔清〕吳壽暘編撰，《拜經樓藏書題跋記》（北京：中華書局出版社，1995 年 8 月，《清人書目題跋叢刊》第十冊），卷二，頁 617。

孫亦能善承家訓，保護遺籍。

其餘如《道園學古錄》、《學古續錄》詳見第六章，《四書經疑問對》、《元大一統志》、《韓文考異》、《陳眾仲集》則詳見第七章。

另從吳騫所刊刻之書，亦可知其喜好蒐藏宋元版本，如〈重刊宋湯文清公註陶詩跋〉所云，《陶靖節先生詩》世少傳本，鮑廷博游吳時偶得之，楮墨精好，誠爲宋槧佳本，故予以重雕。〔註88〕其中有摹宋何秘監畫陶淵明小像、明人所摹「歷代名賢像」一幅及從宋刻別本摹「陶淵明墓山圖」，皆極精美。《蒲褐山房詩話》即云：

> 槎客喜搜羅宋元刻本，如陶淵明、謝玄暉諸集，皆取而重刻之，學者
> 珍爲秘寶。〔註89〕

二、多精校本

吳騫不僅性喜藏書，而且能讀善校。其孫吳之淳嘗在〈尖陽叢筆跋〉云：

> 昔先大夫聚書萬卷，手不停披，潛志探討。〔註90〕

徐熊飛亦嘗於〈拜經樓詩集續編序〉云：

> 先生行年八十精神未衰，著作等身，皆手自校勘。〔註91〕

如乾隆四十八年（1783），吳騫從丁杰〔註92〕處鈔校宋王應麟撰寫的《古文春秋左傳》，並自識書後云：

> 乾隆癸卯秋日，從歸安丁君小疋借錄，九月晦日校于皋亭道中。烏柏
> 醉霜，青山如畫。〔註93〕

又如吳騫嘗就諸多《笠澤叢書》版本校勘五次，可見其精審用心，此跋云：

〔註88〕參見〔清〕吳騫，《愚谷文存》（臺北：藝文印書館，1969 年，《百部叢書集成》第 40 冊），卷五，頁 13。

〔註89〕轉引自清葉昌熾著，王欣夫補正《藏書紀事詩》（上海：上海古籍出版社，1989 年 9 月），頁 544。

〔註90〕轉引自清葉昌熾著，王欣夫補正，《藏書紀事詩》（上海：上海古籍出版社，1989 年 9 月），頁 544。

〔註91〕〔清〕吳騫，《拜經樓詩集續編》（上海：上海古籍出版社，2002 年，《續修四庫全書》第 1454 冊），頁 127。

〔註92〕丁杰（1738～1807），字升衢，號小山，又號小疋，清歸安（今浙江湖州市）人。乾隆四十六年（1781）進士，官至寧波府學教授。爲學長於校讎，得一書必審定句讀，博稽他本同異，用小紙反覆細書，經所校者皆爲善本，若《周易鄭氏注》及與盧抱經同校之《方言校正補遺》等。著有《周易鄭注後定》、《大戴禮記繹》、《小酉山房文集》等書。詳見〔清〕葉昌熾撰，王鍔、伏業鵬點校《藏書紀事詩》（北京：北京燕山出版社，1999 年 5 月），頁 451。

〔註93〕〔清〕吳壽暘編撰，《拜經樓藏書題跋記》（北京：中華書局出版社，1995 年 8 月，《清人書目題跋叢刊》第十冊），卷一，頁 605。

甲午秋日，借錢塘郁陛宣東獻軒舊鈔本校，用硃筆，復用拜經樓藏本

校，用綠筆，乙未二月，以文又購得林厂山先生鈔本，用藍筆校，丙申秋

仲，復從海鹽吾太學以方借其照宋本校正陸氏刊本，用墨筆，并補錄小名

錄序及跋，辛丑九月，又借得秀水蔣君春雨舊鈔本校勘，仍用硃筆。〔註94〕

其實後來吳騫又以《文苑英華》、《唐文粹》參校。另外，朱型家亦曾爲之勘閱《列

女傳》，夾簽數十條。〔註95〕乾隆四十五年（1780），吳騫得知張燕昌從揚州訪得周

在浚著《南唐書注》，便借歸，與朱型家取家藏各書逐條校勘，凡諸異同，悉筆之簡

端，又經周廣業校訂，黏簽數百條。〔註96〕

三、多名人批校題跋本

拜經樓之藏書以名人批校、題跋本最多，因而深具價值。在《拜經樓藏書題跋

記》著錄的三百二十一種書中，有鈔本一百五十餘種，名人手校本五十餘種，二者

占其全部藏書的大半。正如吳騫自己於〈桐陰日省編下〉所言：

至於宋元本精鈔，往往經名人學士賞鑑題跋，如杭堇浦、盧抱經、錢

辛楣、周松靄諸先生；鮑淥飲、周耕崖、朱巢飲、張芑堂、錢綠窗、陳簡

莊、黃堯圃諸良友，均有題識，尤足寶貴。〔註97〕

試就這些名人學士所題跋之藏書，略舉述於後：

1. 《乾道臨安志》爲鈔本三卷，現藏於中央研究院歷史語言研究所傅斯年圖書
   館，前有屬鶚序，後有杭世駿之跋文，旨在說明此傳本之源流。〔註98〕
2. 《周易兼義》爲宋本十卷，末一卷爲略例，並附陸氏釋文。卷首則由吳騫補
   入盧文弨之跋云：

元本半頁九行，每行十七字，其敕字，唐人皆作勅，今并提行皆仍之，

以不失其舊，至於闕筆避諱之處，今無取於相沿耳。〔註99〕

〔註94〕〔清〕吳壽暘編撰，《拜經樓藏書題跋記》（北京：中華書局出版社，1995年8月，
　　　　《清人書目題跋叢刊》第十冊），卷五，頁664。

〔註95〕詳見〔清〕吳壽暘編撰，《拜經樓藏書題跋記》（北京：中華書局出版社，1995年8
　　　　月，《清人書目題跋叢刊》第十冊），卷二，頁629。

〔註96〕詳見〔清〕吳壽暘編撰，《拜經樓藏書題跋記》（北京：中華書局出版社，1995年8
　　　　月，《清人書目題跋叢刊》第十冊），卷二，頁621。

〔註97〕〔清〕吳騫，《愚谷文存》（臺北：藝文印書館，1969年，《百部叢書集成》第40冊），
　　　　卷十三，頁8。

〔註98〕詳見〔清〕吳壽暘編撰，《拜經樓藏書題跋記》（北京：中華書局出版社，1995年8
　　　　月，《清人書目題跋叢刊》第十冊），卷三，頁632。

〔註99〕〔清〕吳壽暘編撰，《拜經樓藏書題跋記》（北京：中華書局出版社，1995年8月，
　　　　《清人書目題跋叢刊》第十冊），卷一，頁601。

3. 《白虎通》為北宋槧本，分上下二卷，其紙墨精雅，古香馣馤，盧文弨嘗刊
   刻此書，故向吳騫借校，歸還時則附上其跋文。〔註 100〕

4. 《金陀粹編》為二十八卷，舊刻本，有錢大昕之題跋，旨在說明此書版本及
   其序文考證。〔註 101〕

5. 《夷白齋集》十二卷為何焯先生手校本，多所補正。鮑廷博嘗題云：

   > 張習刻本，每有出於三十五卷之外者，當時所據者，不知何本，又玉
   > 山雅集，錄敬初詩，大半不在集中，知夷白齋稿遺佚者多矣，安得好事者
   > 廣為搜輯，以永其傳焉。〔註 102〕

6. 《季漢書》為六十卷，吳騫嘗手錄周廣業之跋文於末，並稱贊云：

   > 亡友周勤補孝廉〈季漢書跋〉，見于《蓬廬文鈔》。勤補自少好學工
   > 文，讀書具有卓識，此跋灑灑千餘言，反覆辨論，援據賅洽，真能直揭作
   > 者之心事，而息千載後聚訟之喙。予故錄之于季漢書之後，以告讀史之君
   > 子。〔註 103〕

7. 《玉窗遺稿》一卷為朱型家之手寫本並有其跋，吳騫因好古風雅，遂刻入《拜
   經樓叢書》之中。〔註 104〕

8. 《考正朱子晚年定論》二卷為孫承澤〔註 105〕先生著，有其自序及錢馥之題
   跋。錢馥書後云：

   > 退谷著書甚富，以《考正晚年定論》為第一。顧當時雖曾鏤版而流傳
   > 頗少，遠近積書家罕有藏弆者。友人吳君子安，偶於舊書中檢得，一日語
   > 次及之，遂假以歸，亟讀一過，見其考訂精確，陽明復生，不能不服。夫
   > 退谷本以該博稱，而能留心正學，息邪距詖若此，殊不若邇來博綜家，沾
   > 沾於無用之辨，不急之察，語及程朱，輒笑為腐且陋也。手錄一本，藏之

〔註 100〕 詳見〔清〕吳壽暘編撰，《拜經樓藏書題跋記》（北京：中華書局出版社，1995 年 8
月，《清人書目題跋叢刊》第十冊），卷一，頁 615。

〔註 101〕 詳見〔清〕吳壽暘編撰，《拜經樓藏書題跋記》（北京：中華書局出版社，1995 年 8
月，《清人書目題跋叢刊》第十冊），卷二，頁 624。

〔註 102〕 〔清〕吳壽暘編撰，《拜經樓藏書題跋記》（北京：中華書局出版社，1995 年 8 月，
《清人書目題跋叢刊》第十冊），卷五，頁 675。

〔註 103〕 〔清〕吳壽暘編撰，《拜經樓藏書題跋記》（北京：中華書局出版社，1995 年 8 月，
《清人書目題跋叢刊》第十冊），卷二，頁 621。

〔註 104〕 詳見〔清〕吳壽暘編撰，《拜經樓藏書題跋記》（北京：中華書局出版社，1995 年 8
月，《清人書目題跋叢刊》第十冊），卷五，頁 684。

〔註 105〕 孫承澤（1592～1676），益都人，世隸上林苑籍，故亦稱大興人。字耳北，號北海，
又號退谷。明崇禎四年進士，官給事中，入清仕至吏部侍郎。收藏甚富，有《庚子
銷夏記》、《尚書集解》等。

筍籃，謀重鋟梓，以廣其傳。卷末所載羅公書，殘缺不全，爲考整菴遺集補完焉。〔註106〕

9. 《周禮纂圖互注重言重義》爲宋刻本，前周禮經圖三十有九，各繫以說，次篇自正文全錄鄭玄注及唐陸德明音義，復加重言、重意、互注三例，共十二卷。此書有黃丕烈借校一跋，其中談及所見版本：

　　宋刻《周禮》，所見有三本，一爲余仁仲本，藏於小讀書堆，係中版，獨闕秋官；倚樹吟軒有蜀本，止秋官二卷，則大板也，見爲余有。陶筠椒有纂圖互注本，卻無闕卷，有闕葉，板子適中，惟此又係巾箱中本。〔註107〕

10. 《高麗圖經》爲四十卷，宋宣和六年，徐兢奉使高麗所撰，凡三百條，可惜經靖康之變，圖亡經存，陳鱣有跋語說明，並爲此書作校訂。〔註108〕

11. 《珩璜新論》一卷，經由吳騫從畢氏鈔本補錄七條，陳鱣又以所得本互勘，並有跋文於後。〔註109〕

12. 《元珠密語》爲影宋寫本，陳鱣因曾得袁氏鈔本，遂爲互勘一過，吳氏題跋說此兩本若彼此互勘，方稱完善。〔註110〕

13. 《圖繪寶鑑》爲元刻本，有黃丕烈跋文，其中道盡閱讀此書之情：

　　壬戌仲秋二十有七日，海寧陳簡莊攜此本示余，云是吳兔牀所儲，屬余題識，越五日，爲九月二日，聽雨士禮居中，繙閱一過，古香襲人，殊破岑寂，爰跋數語而歸之。〔註111〕

此書亦有陳鱣跋文，說明其藏本源流及特色：

　　《圖繪寶鑑》五卷，元吳興夏文彥撰，是本雖墨色漫壞，然猶是元版而明印者，遠勝今本之竄亂混淆矣。卷首抱遺老人敘，草書極佳，蓋係鐵厓手書付梓，敘稱雲間義門夏氏，則文彥又爲雲間人，是書每冊有盧江王

〔註106〕 〔清〕吳壽暘編撰，《拜經樓藏書題跋記》（北京：中華書局出版社，1995年8月，《清人書目題跋叢刊》第十冊），卷四，頁655。

〔註107〕 〔清〕吳壽暘編撰，《拜經樓藏書題跋記》（北京：中華書局出版社，1995年8月，《清人書目題跋叢刊》第十冊），卷一，頁606。

〔註108〕 詳見〔清〕吳壽暘編撰，《拜經樓藏書題跋記》（北京：中華書局出版社，1995年8月，《清人書目題跋叢刊》第十冊），卷二，頁623。

〔註109〕 詳見〔清〕吳壽暘編撰，《拜經樓藏書題跋記》（北京：中華書局出版社，1995年8月，《清人書目題跋叢刊》第十冊），卷四，頁653。

〔註110〕 詳見〔清〕吳壽暘編撰，《拜經樓藏書題跋記》（北京：中華書局出版社，1995年8月，《清人書目題跋叢刊》第十冊），卷四，頁658。

〔註111〕 〔清〕吳壽暘編撰，《拜經樓藏書題跋記》（北京：中華書局出版社，1995年8月，《清人書目題跋叢刊》第十冊），卷四，頁662。

圖記，王藏書甚富，就余所見，凡數種，皆善本云。〔註112〕

14. 《會稽三賦》不分卷，有黃丕烈之跋文，又談及其所見版本：

> 宋本《會稽三賦》，往予所見有三本，一得諸顧八愚家，一見諸顧五
> 癡處，一見諸顧抱沖所。八愚五癡爲昆仲，其兩本悉屬舊藏，若抱沖則得
> 諸它處，非郡中物也。然皆大字，不分卷，每半葉九行，每行大十八字，
> 小冊二三字不等，注中有注，此板板式與前所見者異矣。茲本首載史序，
> 弟一葉與《會稽三賦》弟一葉誤倒，故印記反鈐于賦之弟一葉，應正之。
>
> 〔註113〕

四、收藏珍貴史志與先賢著作

拜經樓所藏史志頗富，且深具史料價值。吳騫極重視史志類書籍的收藏，並對一些珍本潛心考證，深入研究。在《拜經樓藏書題跋記》中，校錄史志及目錄著作有六十餘種，如針對《史記索隱》、《前漢書》、《吳越春秋》、《遼史拾遺》等書，吳騫多有作考證或提要著錄；其中《史記索隱》見載於《嘉業堂藏書志》，《前漢書》、《吳越春秋》之考述將於第七章作分析，而《遼史拾遺》爲鈔本四冊，有楊復吉題記，並補入數百條，現藏國家圖書館。此外，國家圖書館尚有拜經樓所藏有關史志之書目，如《高麗史》、《大金國志》、《通曆》等，詳見第六章。

然吳騫在《愚谷文存》中也收有不少關於當地史志的論述，如：〈宜興縣志拾遺序〉、〈張繼才補元史藝文志序〉、〈陳莊叔湖候圖說序〉、〈海昌訪舊圖序〉〔註114〕等，皆獨具慧眼，非凡俗之輩可比擬。

吳騫對於海寧地方文獻、先賢著述，數十年如一日，煞費苦心，搜集不遺餘力，以補志乘之闕略。他在〈海寧經籍志備考序〉中有云：

> 海昌自東晉六朝以來，名賢著述夥頤。舊志頗多漏略舛譌，而先後失
> 次亦復有之，爰爲增補訂正，重加編次。其間撰人名跡稍晦者，并著其字，
> 亦從舊志例也。予于海昌先賢典籍蒐訪垂數十年，露鈔雪購，頗費苦心，
> 是編藏之家塾，庶幾以備文獻之徵云爾。〔註115〕

〔註112〕〔清〕吳壽暘編撰，《拜經樓藏書題跋記》（北京：中華書局出版社，1995年8月，《清人書目題跋叢刊》第十冊），卷四，頁662。

〔註113〕〔清〕吳壽暘編撰，《拜經樓藏書題跋記》（北京：中華書局出版社，1995年8月，《清人書目題跋叢刊》第十冊），卷五，頁678。

〔註114〕具收入〔清〕吳騫，《愚谷文存》（臺北：藝文印書館，1969年，《百部叢書集成》第40冊），卷三。

〔註115〕〔清〕吳騫，《海寧經籍志備考》（上海：上海古籍出版社，2002年，《續修四庫全

其輯成的內容分兩部分：「海寧名宦修志目」、「海寧名賢著書目」，周廣業嘗作序稱許之：

> 君淵雅能文，尊著文專主經籍，但略倣朱氏經義考之例，每書條其存佚未見，而附疏名字爵里，於稍晦者兼序行事，蔚為海邦文獻，不亦偉觀也。〔註116〕

關於先賢著作，諸如《朱靜庵自怡集》、《赤霞公詩鈔》、《朱文肅公詩集》等，均藏國家圖書館，詳見第六章。

　　拜經樓所藏方志，並不僅僅局限於海昌一地。吳騫還藏有宋本《咸淳臨安志》九十五卷、《乾道臨安志》（鈔本）三卷與《淳祐臨安志》（鈔本）六卷，總計一百零四卷。這三部書籍是南宋時期編修的杭州方志，歷代學者對這三部方志評價頗高，亦極其推崇，當時曾為拜經樓鎮庫之寶。

第五節　拜經樓藏書之散佚與流向

　　吳騫一生雖嗜書如命，但對其聚書之不易守，卻有著深切的感慨，這在嘉慶十三年（1808）時，偶讀盧文弨《抱經堂集・跋玉楮集》，感歎其身後藏書散佚殆盡，不禁想到自己藏書的情景：

> 偶讀盧學士《抱經堂集・跋玉楮集》云，未見刊本，因錄其跋語於卷首，以見前輩好古之篤，并憶先生昔過艸堂，登拜經樓，徧覽藏書，而此編惜未寓目。今先生之歸道山，已十餘寒暑，聞抱經堂遺書，散佚殆盡，而予之抱殘守缺，所藏雖未能若先生讎校之精，幸而未散。然歐公有言，物聚於所好，而散於所不好，人生數十寒暑耳，孜孜矻矻，露鈔雪購，欲子孫常為世守而弗替，豈不難哉！豈不難哉！〔註117〕

他即使意識到圖書聚散無常，不可能子孫永保，但終究希望自己辛苦所積聚的藏書能長相世守，因此，吳騫很注重培養子孫，其長子壽照中年失明，遂著力培養次子壽暘，並帶著他四處訪書，使之結識同好。〔註118〕吳騫嘗於〈拜經樓書目自序〉提

　　　　　書》第 918 冊），頁 3。

〔註116〕〔清〕吳騫，《海寧經籍志備考》（上海：上海古籍出版社，2002 年，《續修四庫全書》第 918 冊），頁 2。

〔註117〕〔清〕吳壽暘編撰，《拜經樓藏書題跋記》（北京：中華書局出版社，1995 年 8 月，《清人書目題跋叢刊》第十冊），卷五，頁 672。

〔註118〕參見焦桂美，〈拜經樓吳氏藏書的特色及影響〉，《山東圖書館季刊》，2004 年第 3 期，頁 24。

及遺訓云：

> 日後凡家資產業等，二子壽照、壽暘均派作兩股分受。惟書籍共同閱
> 看。若得後人更加充拓，永遠保守，如四明范氏者尤妙。萬一子孫長成有
> 願個自收藏，再議分析，是亦不得已之思耳。然終需念我致此之艱難，忽
> 土苴視之。遇至戚密友暫時借閱，亦須彼此關會，不可一人專之，致有遺
> 失散亡之患。〔註119〕

拜經樓亦有一長篇藏書銘印，即談及如何保護書籍之道，希望後世子孫能謹守此法：

> 每冊副頁鈐以朱文木印云，聚書藏書，良匪易事，善觀書者，澄神端
> 慮，淨几焚香，勿捲腦，勿折角，勿以爪侵字，勿以唾揭幅，勿把穢手，
> 勿展食案，勿以作枕，勿以夾刺，隨損隨修，隨開隨掩，後有得吾書者，
> 並奉贈此法。余嘗仿此刻一印，惟易末二語云，後人寶遺書者，必當謹守
> 此法。〔註120〕

而後吳騫第一孫之淳亦襲守拜經樓，直至道光二十六年（1846）之淳過世，蔣光煦
〔註121〕嘗在〈拜經樓藏書題跋記跋〉中云：

> 歲丙午，鱸鄉下世，吳氏所藏亦不若曩時之易於借觀矣。〔註122〕

這與之淳過世，其子孫擔心三世藏書不能善守有關；同時亦可明瞭之淳後代守藏之
力必然較弱。〔註123〕

　　而管庭芬〈拜經樓藏書題跋記跋〉云：

> 鱸鄉謝世，遺書塵封，問奇無自。

錢泰吉〈海昌藝文志〉附記云：

> 鱸鄉善承祖父之志，研究遺書，實有心得。所藏宋本漢書、元本史記，
> 余借校留齋中數年。今纂修志乘，方資一瓻之惠，而鱸鄉遽爾殂謝。重過

〔註119〕轉引鄭偉章，《文獻家通考》（北京：中華書局，1999年），頁378。

〔註120〕〔清〕吳壽暘編撰，《拜經樓藏書題跋記》（北京：中華書局出版社，1995年8月，
《清人書目題跋叢刊》第十冊），卷五，頁678。

〔註121〕蔣光煦（1813～1860），字日甫，一字愛笋，號生沐，自號放庵居士，清海寧人。
諸生，與錢泰吉、管庭芬等人友善。少孤好學，專意收藏金石書畫，連同先世所藏，
達四五萬卷，多宋元刻本，亦皆手爲讎勘，丹黃爛然。藏書處曰「別下齋」。又刊
刻有《別下齋叢書》、《涉聞梓舊》二叢書，世稱善本。著有《東湖叢記》、《花事草
堂詩稿》等書。詳見〔清〕葉昌熾撰，王鍔、伏業鵬點校《藏書紀事詩》（北京：
北京燕山出版社，1999年5月），頁532。

〔註122〕〔清〕吳壽暘編撰，《拜經樓藏書題跋記附錄》（嚴靈峯編，臺北：成文出版社，1978
年，《書目類編》第72冊），頁32972。

〔註123〕參見焦桂美，〈拜經樓吳氏藏書的特色及影響〉，《山東圖書館季刊》，2004年第3期，
頁24。

拜經樓，不勝悵惘。〔註124〕

可見之淳離世之後，就少有拜經樓藏書的消息。

此外，據翁同龢於同治十二年（1783）十一月〈虹月歸來圖序〉所云：

> 近日有南鄉蔡氏，農家也，而浙中拜經樓鈔本多歸之，計其收藏之日，
> 正在烽火震盪之中。〔註125〕

這句「正在烽火震盪之中」之語，可見拜經樓藏書曾遭遇戰亂。但徐康〔註126〕在光緒十一年（1885）所寫的《前塵夢影錄》，其卷上談及「未遭兵火劫」，卻有人為變賣書籍之事。如文所云：

> 樓中所藏碑帖、書籍、字畫，因居住幽僻，未遭兵火劫。有飛鳧人家
> 結伴至其家，捆載至中，約直三千餘金。蓋與槎客酬酢者，皆乾嘉名士，
> 不但卷冊等可得厚值，即往復詩箋尺牘，無不爭先購去。唐蕉翁得南宋巾
> 箱本、老子文二種，又鈔本記明末國初事野史數冊。〔註127〕

至於拜經樓藏書究竟流向如何，可根據文獻記載或藏書印尋得其狀況。在《中國藏書通史》中有提及張鈞衡〔註128〕適園藏書，曾先後收得朱學勤「結一廬」、張蓉鏡「小琅嬛福地」、吳騫「拜經樓」、顧沅「藝海樓」諸家舊藏，這幾家原都是以收藏或從事鈔寫著名的；張鈞衡之子——張乃熊又陸續收入韓應陛「讀有用書齋」、楊守敬「觀海堂」等藏書，現有見於國家圖書館者。〔註129〕另從〈陸心源「皕宋樓」宋元版藏書來源初探〉一文中得知陸心源〔註130〕藏書來源中，其間有吳騫藏書十一

〔註124〕轉引自清葉昌熾著，王欣夫補正，《藏書紀事詩》（上海：上海古籍出版社，1989年9月），頁545。

〔註125〕參見仲偉行編，《鐵琴銅劍樓研究文獻集》（上海：上海古籍出版社，1997年7月），頁294。

〔註126〕徐康，字子晉，號窳齋，長洲人。諸生。著有《神明鏡稿》、《石室秘藏詩》等。

〔註127〕〔清〕徐康，《前塵夢影錄》（臺北：新文豐出版社，1985年，《叢書集成新編》第五十冊），頁409。

〔註128〕張鈞衡（1872～1927），字石銘，號適園主人。祖籍安徽休寧，清康熙中遷至吳興南潯，以鹽業世家致富。

〔註129〕參見璇琮、謝灼華等，《中國藏書通史》（寧波：寧波出版社，2001年），頁1211。

〔註130〕陸心源（1834～1894），字剛甫，號存齋，晚號潛園老人，清歸安（今浙江湖州市）人。咸豐九年（1859）舉人，先後執掌廣東南詔連兵備道兼管水利關務，閩鹽法道，後被革職，遂專意于書。為學淵博，擅長校勘，熟諳金石，性好聚書，家藏書十五萬卷，築皕宋樓藏宋元刊本及名人手鈔、手校者。著有《皕宋樓藏書志》一百二十卷、《儀顧堂題跋》十六卷等書，後其子樹藩舉其所藏，以十萬元售于日本靜嘉堂文庫，國人無不扼腕。詳見〔清〕葉昌熾撰，王鍔、伏業鵬點校《藏書紀事詩》（北京：北京燕山出版社，1999年5月），頁550。

部，宋版一部，元版二部，現今藏於日本靜嘉堂文庫。〔註131〕

　　此外，從中研院傅斯年圖書館善本古籍檢索系統中，可從其藏書印，得知群碧樓〔註132〕之書即有三部曾爲吳騫藏書，現已藏於中央研究院傅斯年圖書館。其他吳氏藏書現況，將於第六章詳述。

〔註131〕　參見林淑玲，〈陸心源「皕宋樓」宋元版藏書朶源初探〉，《國立中央圖書館臺灣分館館刊》，2001年第3期，頁104～113。
〔註132〕　鄧邦述，字孝先，號正闇。先世壽州人，清初其遠祖名旭字元昭者，號藏書，移居上元，遂爲江寧人。清宣統三年編爲《群碧樓書目初編》九卷，《書衣雜識》一卷。

第六章　拜經樓藏書之現況

　　就前所言，可知拜經樓藏書散佚距今約有一百餘年，目前想要完整明瞭當時吳氏三代所有藏書情形，實已不可能；筆者則以吳騫與拜經樓藏書印〔註1〕作爲檢索條件，查考清末重要的藏書志，諸如《皕宋樓藏書志》、《善本書室藏書志》、《嘉業堂藏書志》……等，兼及目前各地主要圖書館的中文善本書志，俾能更加了解拜經樓藏書的流向爲何，以略窺其中一部分之概況，計查得現存吳氏藏書約共109種。其中以國家圖書館藏量28部爲多，其次爲中國國家圖書館14部、中央研究院歷史語言研究所傅斯年圖書館10部；另在《皕宋樓藏書志》中著錄嘗爲吳氏藏書亦有11部，現藏於日本靜嘉堂文庫；《善本書室藏書志》中著錄嘗爲吳氏藏書則有7部，現藏於南京圖書館。此外，吳騫藏書亦有不少見載於傅增湘《藏園群書經眼錄》，其所記書名下有「△」，即表示現藏中國國家圖書館，並附錄館藏書號。〔註2〕而《嘉業堂藏書志》前言有說明其原稿本，著錄吳興劉氏嘉業堂所藏善本書一千七百餘種，計含宋、元刻本九十一種，明刻本八百四十一種，明活字本六種，稿本五十六種，明、清鈔本七百四十一種。經筆者查索此《藏書志》，其中有七部曾爲吳氏藏書。茲根據傳統四部分類分作四節，每節分別依館藏地及見載於《藏園群書經眼錄》者、見載於《嘉業堂藏書志》者，分別著錄其書名、卷數、版本、版本簡述、藏書印摘錄諸欄，而補充說明則見最後之備註欄，統爲之列表敘述於後。

〔註1〕　關於吳騫的藏書印，據鄭偉章《文獻家通考》之記載有31種；林申清《明清著名藏書家、藏書印》則有二十四種藏書印圖；而袁逸〈我看中國藏書印〉之說法，《海寧藏書家印鑒》一書收入43種，詳見《海寧藏書文化研究》（杭州：西泠印社出版社，2004年4月），載於網址：http://www.hnlib.com/bngp/cswhlw.htm

〔註2〕　詳見〔清〕傅增湘，《藏園群書經眼錄》（北京：中華書局，1983年9月），卷一，頁1。

第一節　經　部

本節拜經樓藏書之現況，在經部方面，約有三十四種，其中十種藏書於《拜經樓藏書題跋記》中有著錄，則記於備註欄中。

一、國家圖書館（台北）

書名、卷數	版　本	版　本　簡　述	藏書印摘錄	備　註
1.《易學全書》五十卷三十冊（明卓爾康撰）	明刊本配補舊鈔本	四周單邊。每半葉9行，行20字。版心花口，單魚尾，上刻書名「易學」，中刻卷第，但因本書分卷似未確定，故「卷之」二字下爲墨釘，下刻頁次、字數及千字文等排序文字。鈔本無邊無界。首卷首行頂格題「易學卷之」，次行低九格題「武林卓爾康去病父輯著」。全書刻本不足七冊，其餘皆是鈔本。卷首有吳騫錄自仁和縣志儒林傳之作者本傳。（《國家圖書館善本書志初稿》經部易類）	「拜經樓吳氏藏書印」朱文方印、「事學鍾離存義概求宛委續餘編」朱文長方印、「莅圃收藏」朱文長方印、「國立中央圖書館收藏」朱文長方印。（同左）	《拜經樓藏書題跋記》卷一著錄。文中簡單介紹作者之生平。
2.《周易明辯錄》十八卷十四冊（清沈青崖撰）	舊鈔本	每半葉11行，行22字。首行首卷頂格題「周易明辯論卷之一」，次行低九格題「香水後學沈青崖良思父著」。書根題「周易明辯錄」。（《國家圖書館善本書志初稿》經部易類）	「拜經樓吳氏藏書」朱文方印、「澤存書庫」朱文方印、「國立中央圖書館收藏」朱文長方印。（同左）	
3.《詩經闡秘》不分卷四冊（明魏冲撰）	明天啓間清稿本	每半葉10行，行28字，註文小字雙行，字數同，另有作者按語，以小字書寫，行、字數不定。首卷首行頂格題「國風」，以下雙行小字註文。各冊封面書簽題「詩經闡秘」，各冊書根題「詩經闡秘」。卷首有詩經闡秘序，署「天啓四年秋七月上浣眷友生魏冲識於汲古閣之東軒」。書眉附書註文，文中有紅、藍、綠三色圈點。卷末有（清）毛表、毛扆、丁斌手跋，並附印記。（《國家圖書館善本書志初稿》經部詩類）	「毛晉字子晉一名鳳苞字子九」白文方印、「汲古閣」朱文方印、「魏冲之印」白文方印、「叔子」朱文方印、「吳兔牀書籍印」朱文長方印、「海寧陳鱣觀」朱文長方印、「毛奏叔讀書記」朱文長方印、「子孫保之」朱文葫蘆形印、「清白傳家」白文長方印、「莅圃收藏」朱文長方印、「國立中央圖書館收藏」朱文長方印。（同左）	《拜經樓藏書題跋記》卷一著錄。
4.《儀禮圖》十七卷，《儀禮旁通圖》一卷，附《儀禮正文》十七卷十六冊（宋楊復撰）	元昭武謝子祥刊明代修補本	左右雙邊。每半葉10行，行20字，註文小字雙行，字數同。版心或小黑口、或大黑口、或白口，雙黑魚尾，上方記大小字數，中間記書名卷第，下方記葉次，再下署刻工姓名。首卷首行頂格題「儀禮卷第一」，次行頂格題「士冠禮第一」。卷首有「晦庵朱文公乞修三禮奏箚」、「紹定	「千元十駕人家藏本」白文方印、「拜經樓」白文方印、「鵑安校勘祕籍」朱文方印、「質肅公孫翰題印長壽」白文方印、「新豐鄉人庚申以後所聚」朱文長方印、「國立中央圖書館考藏」朱文方印。（同左）	

		戊子正月望日秦溪楊復」自序，楊序後次行起低一格陳普序（陳普《書志》誤作陳德普），序後有儀禮篇目。原刻字跡多模糊，卷十一第十六、十七葉版毀泰半。（《國家圖書館善本書志初稿》經部禮類）		
5.《歲時儀節》一卷（清吳騫撰）	清稿本	每半葉 10 行，行 22 字，小字雙行夾註。卷端首行頂格題「歲時儀節」，次行低一格題「正月元旦節日」。卷首有吳騫自序，署：「嘉慶十四年己巳正月兔牀老人志於觀復堂」。書中間有朱筆點校。（《國家圖書館善本書志初稿》經部禮類）	「吳騫之印」白文方印、「槎客」朱文方印、「夜明竹軒主人」白文方印、「羅子經」白文方印、「國立中央圖書館收藏」朱文長方印。（同左）	
6.《書學正韻》三十六卷十六冊（元楊桓撰）	元至大間江浙行省刊後至元二年（1336）余謙及明代遞修本	左右雙邊。每半葉 8 行，註文小字雙行，每行大小 20 字不等，大字一約當小字四。版心線黑口，雙黑魚尾，上記大小字數，中間記篇名卷第，下方署刻工名。首卷首行頂格題「書學正韻卷第一」，次行低一格題「奉直大夫國子司業楊桓譔集」。卷末有尾題。全書卷首有目錄。書末最後一行題「二年八月江浙等處儒學提舉余謙補修」。書中偶有缺頁，原版版面多漫渙殘損。（《國家圖書館善本書志初稿》經部小學類）	「徐燦」朱文圓印、「一品夫人」朱文方印、「拜經樓吳氏藏書印」朱文方印、「吳興張氏適園收藏圖書」朱文長方印、「莇圃收藏」朱文長方印、「張印鈞衡」白文方印、「石銘收藏」朱文方印、「擇是居」朱文橢圓印、「國立中央圖書館收藏」朱文長方印。（同左）	
7.《音聲紀元》六卷二冊（明吳繼仕撰）	明萬曆三十九年（1611）徽郡吳氏熙春樓刊本	四周單邊，每半葉 10 行，行 20 字。版心花口，單白魚尾，上方記書名，中間記卷第，下方記葉次。此本卷葉頗受蠹損。首卷首行頂格題「音聲紀元卷之一」，次行低八格題「徽郡蒼舒吳繼仕公信甫編著」。卷末有尾題。正文中有韻圖。扉葉有三行，有欄牌記：「萬曆辛亥九月梓/音聲紀元/熙春樓藏板」。卷首萬曆辛亥詹國衡序及吳繼仕自序。（《國家圖書館善本書志初稿》經部～小學類）	「新安吳氏書畫之印」朱文長方印、「竹垞藏本」朱文長方印、「登府之章」朱文方印、「吳騫之印」朱白文方印、「國立中央圖書館收藏」朱文長方印。（同左）	正文卷之二、五有韻圖。

二、中央研究院歷史語言研究所傅斯年圖書館

書名、卷數	版　本	版　本　簡　述	藏　書　印　摘　錄	備　註
1.《江邨氏經學二書》三卷，附錄經傳訂疑（明邵弁撰）	鈔本	卷首有明萬曆十五年（1582）邵氏自序，有清吳騫跋。（傅斯年圖書館善本古籍檢索系統）	「拜經樓吳氏藏書」、「鷦安校勘祕籍」。（同左）	
2.《字原人篇》四卷（明穆希文撰）	烏絲欄舊鈔本	拜經樓藏本，末有題記。（傅斯年圖書館善本古籍檢索系統）	「拜經樓」、「兔牀山人」、「增湘」、「藏園」、「雙鑑樓」、「雙鑑樓藏書」。（同左）	
3.《苑洛志樂》存十卷六冊（韓邦奇撰）	藍格鈔本	首有韓氏自序。（傅斯年圖書館善本古籍檢索系統）	「兔牀經眼」、「拜經樓吳氏藏書」、「群碧樓」、「精鈔校本」。（同左）	
4.《音韻日月燈》六十卷（明呂維祺撰）	明崇禎六年（1633）呂氏原刊本	明崇禎六年（1633）呂氏自序，楊文驄序。（傅斯年圖書館善本古籍檢索系統）	「海豐吳氏」、「拜經樓吳氏藏書印」、「有石蓮闇所藏書」。（同左）	
5.《十三經歷代名文鈔目錄》一卷（清沈珩輯）	清鈔本	首有沈氏上表，清乾隆四十八年（1783）吳騫朱墨筆手跋，清嘉慶十二年（1817）又記。（傅斯年圖書館善本古籍檢索系統）	「小桐谿印記」。（同左）	

三、中國國家圖書館（北京）

書名、卷數	版　本	版　本　簡　述	藏書印摘錄	備　註
1.《周易傳義》十卷十冊（宋程頤傳，朱熹本義）	明刻本	書名據盒套書籤題，卷端題「周義」；8行14字，小字雙行19字。黑口，四周雙邊，雙魚尾。有硃筆圈點。（國家圖書館中文古籍書目資料庫）	「吳兔牀書籍印」、「拜經樓吳氏藏書印」。（《中國國家圖書館古籍藏書印選編》經部）	見書影二。
2.《春秋五禮例宗》十卷存七卷一冊（宋張大亨撰）	舊寫本	每半葉11行，行18至20字。無格。前有吳騫跋。（《藏園群書經眼錄》卷一經部一）	「紅藥山房收藏私印」、「杭世駿印」、「槎客」、「拜經樓吳氏藏書」、「臨安志百卷人家」、「鷦安校勘祕籍」。（同左）	《拜經樓藏書題跋記》卷一著錄。文中記載大致與書志簡述同。《藏園群書經眼錄》著錄館藏書號 9734。詳見《北京圖書館古籍善本書目》經部春秋類。
3.《左傳附注》五卷《後錄》一卷五冊（明陸粲撰）	明嘉靖間刻本	每半葉8行，行18字。（《中國善本書提要》經部春秋類）	「海昌吳葵里收藏記」、「莫友芝圖記」、「莫印繩孫」、「延古堂李氏珍藏」。（同左）	《中國善本書提要》著錄館藏地。
4.《四書經疑問對》八卷二冊（元董鼒撰）	元至正間刻本	每半葉11行，行21字。按是書《四庫全書總目》不載，盧文弨《補遼金元藝文志》云：「董鼒《四書經疑問對》八卷，字宗文，進士。」（《中國善本書提要》經部四書類）		吳騫云：「此至正辛卯建安同文堂刻本，予家有之，《經義考》以爲明常熟之董鼒，非也。」其詳具載《拜經樓藏書題跋記》卷一與《愚谷文存續編》卷二中。另詳見《北京圖書館古籍善本書目》經部四書類，其著錄館藏書號 14083。

書名、卷數	版　本	版　本　簡　述	藏　書　印　摘　錄	備　註
5.《增修復古編》二卷二冊（明張有編，吳均增補）	明鈔本	7行注雙行28字。卷上分子卷三、卷下分子卷二，實爲五卷。篆書頗精，是必明人精於六書者所錄。前後序跋均爲吳騫、錢馥所鈔補，然多非全文。張氏《愛日精廬藏書志》卷七載張美和序，惜乎吳騫不及知也。（《中國善本書提要》經部小學類）	「世濟美堂項氏圖籍」、「錫山龍亭華氏珍藏」、「吳兔牀書籍印」、「寒可無衣，飢可無食，至於書不可一日無，此昔人詒厥之名言，是可爲拜經樓藏書之雅則」、「梁溪夢氏」、「馥」。（同左）	《拜經樓藏書題跋記》卷一著錄。吳騫跋云：「吳均增補復古編二卷，予得汲古閣舊鈔本，卷首無序，茲從安邑葛氏新刊復古編補錄此序，不知世尚有全篇否？」又此本經錢馥手校，黏簽於上，並書張序後云，張美和，名九韶，臨江人。《中國善本書提要》著錄館藏地。

四、南京圖書館

書名、卷數	版　本	版　本　簡　述	藏　書　印　摘　錄	備　註
1.《九經白文》	宋刊巾箱本	每半葉20行，行27字。（《拜經樓藏書題跋記》卷一）		現著錄於《江南圖書館善本書目》經十二。
2.《古文奇字》一卷（明冀黃撰）	明寫本	其書自一畫至二十九畫，綜五百六十三字，藍格精鈔，尙出明人手筆。（《善本書室藏書志》卷五）	「毛晉私印」、「汲古主人書香千載」、「虞山毛晉子晉書印」、「小桐溪上人家」、「拜經樓吳氏藏書印」。（同左）	現著錄於《江南圖書館善本書目》經十六。

五、蘇州圖書館

書名、卷數	版　本	版　本　簡　述	藏　書　印　摘　錄	備　註
1.《詩經世本古義》二十八卷十二冊（明何楷撰）	明崇禎刻本	每半葉9行，行20字，小字雙行，行字同。白口，四周單邊。前有崇禎十四年何楷自序、崇禎庚辰曹學佺序。（《蘇州圖書館古籍善本提要》經部詩類）	「小桐谿」、「拜經樓吳氏藏書印」、「莫友芝圖書印」、「莫彞孫印」、「莫繩孫印」、「留眞館藏書印」。（同左）	

六、日本靜嘉堂文庫

書名、卷數	版　本	版　本　簡　述	藏　書　印　摘　錄	備　註
1.《紫巖居士易傳》十卷（宋張浚撰）	舊鈔本	前有易論。（《皕宋樓藏書志》卷一）	「秀水朱氏彝尊錫鬯圖記」。（同左）	吳騫舊藏。現著錄於《靜嘉堂文庫漢籍分類目錄》經部易類。
2.《讀書管見》四卷（元王充耘撰）	明刊本	有吳騫跋曰：「王充耘，字與耕，元統進士，惜作序者，未詳何人，豈其卷末所謂梅幼和耶？」（《皕宋樓藏書志》卷四）	「千頃堂圖書印章」。（同左）	《拜經樓藏書題跋記》卷一著錄。文中說明其書前有千頃堂圖書印章，知爲黃氏舊藏，裝訂甚精整。而後有梅鷟之跋文。
3.《春秋尊王發微》十二卷（宋孫復撰）	舊鈔本	有魏安行及吳騫跋。（《皕宋樓藏書志》卷八）	「虞山錢曾遵王藏書圖記」、「季振宜印」、「滄葦」。（《拜經樓藏書題跋記》卷一）	《拜經樓藏書題跋記》卷一著錄。每半頁14行，行22字。現著錄於《靜嘉堂文庫漢籍分類目錄》經部春秋類。

書名、卷數	版　本	版　本　簡　述	藏　書　印　摘　錄	備　註
4.《大廣益會玉篇》三十篇（梁顧野王撰）	元刊本	有玉篇廣韻指南、自序、進玉篇啓、大中祥符牒。每半葉 12 行，每行小字 28 字。（《皕宋樓藏書志》卷十三）	「朱氏爵形墨記」、「晰書堂鬲形印記」。（同左）	《拜經樓藏書題跋記》卷一著錄。現著錄於《靜嘉堂文庫漢籍分類目錄》經部小學類。

七、美國國會圖書館

書名、卷數	版　本	版　本　簡　述	藏　書　印　摘　錄	備　註
1.《北海經學七錄》八卷（清孔廣林輯）	清乾隆間刻本	二冊一函。卷內題「隆甲午古俊樓校刊」。按此僅刻鄭志，爲北海經學七錄第七種，有眉校，據筆跡知出盧文弨手。乾隆四十九年，抱經以是書一部贈吳騫。（國家圖書館中文古籍書目資料庫）		《拜經樓藏書題跋記》卷一著錄。

八、美國哈佛大學燕京圖書館

書名、卷數	版　本	版　本　簡　述	藏　書　印　摘　錄	備　註
1.《周禮句解》十二卷四冊（宋朱申撰）	明嘉靖三十五年（1556）蔡揚金刻本	每半葉 8 行 18 字，四周雙邊，白口，雙魚尾。是本字畫端整精湛，白棉紙。（《美國哈佛大學哈佛燕京圖書館中文善本書志》經部禮類）	「碧雲齋」、「拜經樓」。（同左）	
2.《皇氏論語義疏參訂》不分卷（清吳騫撰）	稿本四冊	清周黃業、鮑志祖校，清唐翰題跋。書口寫「拜經樓抄本」，無格。有騫書簽。（《中國珍稀古籍善本書錄》，頁 15）	「竹下書堂」、「鵑安校勘秘籍」。（同左）	

九、美國柏克萊加州大學東亞圖書館

書名、卷數	版　本	版　本　簡　述	藏　書　印　摘　錄	備　註
1.《十三經歷代名文鈔》五十四卷十六冊（清沈珩輯）	清乾隆吳氏拜經樓鈔本	此本五十四卷俱全，係拜經樓鈔自原稿者，又經吳騫手錄邑人張爲儒評點(卷二十六至三十八卷朱筆評點外，均出兔牀先生手)，所評不下數十萬言，頗多卓論。（《柏克萊加州大學東亞圖書館中文古籍善本書志》經部）	「臨安志百卷人家」白文長方、「拜經樓」白文方、「拜」「經」朱白文連珠印、「劉承幹字貞一號翰怡」白文方、「吳興劉氏嘉業堂藏書印」朱文方、「吳興劉氏嘉業堂藏書記」朱文長方印。（同左）	《拜經樓藏書題跋記》卷一著錄。

十、見載於《藏園群書經眼錄》者

書名、卷數	版　本	版　本　簡　述	藏　書　印　摘　錄	備　註
1.《周易傳義附錄》十四卷（宋董楷撰）	元刊本	每半葉 12 行，行 22 字，黑口雙欄。拜經樓舊藏，有跋。（《藏園群書經眼錄》卷一經部一）		

書名、卷數	版本	版本簡述	藏書印摘錄	備註
2.《周易經義》三卷（宋涂溍生撰）	舊寫本	每半葉13行，行23字，標書名大字占雙行。前有總目。卷一上下經七篇，卷二繫辭上三十二篇，卷三繫辭下二十七篇，說卦六篇。行格似從宋照鈔，篇中時有缺字。有吳翌鳳、吳騫識語。（《藏園群書經眼錄》卷一經部一）	「拜經樓吳氏藏書印」、「吳兔牀書印」、「鶴安校勘秘籍印」。（同左）	
3.《重慶陳用之眞本入經論語全解義》十卷（宋陳祥道撰）	明藍格寫本	每半葉10行，行20字。前有門人章粹序，而題曰校勘，殊不可解。全書經舊人以朱筆校勘，吳騫又以墨筆正之。（《藏園群書經眼錄》卷二經部二）	「拜經樓吳氏藏書」、「兔牀」、「海昌吳葵里收藏記」。（同左）	
4.《鄭志》三卷（魏鄭小同編）	聚珍本	吳騫手校並手鈔補十二條，又司農魯禮禘袷義陳鱣校款一行，凡七葉。（《藏園群書經眼錄》卷二經部二）	「精校善本得者珍之」、「槎客」、「陳鱣」、「仲魚」、「江山劉履芬觀」、「海豐吳重憙印」。（同左）	
5.《改併五音類聚四聲篇》十五卷（金韓道昭撰）	明成化十年刊本	每半頁13行，大版心，黑口，四周雙欄。前有御製序。棉紙初印。（《藏園群書經眼錄》卷二經部二）	「紅藥山房收藏私印」、「拜經樓吳氏藏書」。（同左）	

十一、見載於《嘉業堂藏書志》者

書名、卷數	版本	版本簡述	藏書印摘錄	備註
1.《書纂言》四卷（臨川吳澄纂言）	明刻本	有顧應祥序、陳光華後序、□□（下缺）後序、十世孫理識。（《嘉業堂藏書志》補）	「小長蘆釣魚師」、「竹垞朱印」、「彝尊」、「馬氏收藏經籍印」、「海昌馬氏枕經堂收藏圖籍印」、「吳氏兔牀書畫記」。（同左）	

第二節　史　部

　　本節拜經樓藏書之現況，在史部方面，約有二十九種，其中十一種藏書於《拜經樓藏書題跋記》中有著錄，與《拜經樓詩話》所提及之《遼史拾遺》皆記於備註欄中。

一、國家圖書館（台北）

書名、卷數	版本	版本簡述	藏書印摘錄	備註
1.《遼史拾遺》不分卷，附《拾遺補》四冊（清厲鶚撰）	舊鈔本	每半葉12行，行25字。卷端首行頂格題「遼史拾遺本紀第一太祖上錢唐居厲鶚太鴻撰」。各冊書根題「遼史拾遺」。卷首有「遼史拾遺序」，署「乾隆八年歲次癸亥春王正	「厲氏太鴻」朱文方印、「拜經樓典籍印」朱文方印、「吳騫之印」朱白文方印、「兔牀經眼」朱文長方印、「拜經樓吳氏藏書印」朱文扁方印、「小桐谿上人家」朱文圓印、「拜經樓吳	《拜經樓藏書題跋記》卷二著錄。吳騫跋文說道楊復吉嘗借鈔之並補作數百條，可惜終未及傳錄。《拜經樓詩話》卷三中說道周春亦嘗著《遼詩話》，深爲歸愚先生所稱

		月下浣同學愚弟全祖望書」，次有作者自序。卷末有附「遼史拾遺補」。第四冊前護葉有吳騫、楊復吉各手書題記。(《國家圖書館善本書志初稿》史部紀傳類)	氏藏書」朱文方印、「十二橋南烟舍」朱文方印、「宗室文懋公家世藏」朱文長方印、「盛昱之印」白文方印、「江山劉履芬彥精父收得」朱文方印、「江山劉履芬觀」朱文長方印、「國立中央圖書館考藏」朱文方印。(同左)	賞。 四冊書葉間有蠹損。
2.《大金國志》四十卷八冊（舊題宋宇文懋昭撰）	舊鈔本	每半葉 10 行，行 20 字，註文小字雙行，字數同。首卷首行頂格題「大金國志卷之一」。各冊書根題「大金國志」。卷首有「金國初興本末」，次有「經進大金國志表」，再次有「大金國志目錄」，再次有「金國九主年譜」。書眉附書註文。(《國家圖書館善本書志初稿》史部紀傳類)	「拜經樓」白文方印、「吳騫之印」白文方印、「思簡樓」白文方印、「萃鄉文氏周虛鑑藏」朱文方印、「文印素松」白文方印、「國立中央圖書館收藏」朱文長方印。(同左)	
3.《通曆》十五卷四冊（唐馬總撰，宋孫光憲續）	鈔本	每半葉 12 行，行 20 字，註文小字雙行，字數同，版心上方記書名「通曆」，中間記卷第，下方書葉次。首卷首行頂格題「通曆卷第一」，次行低十三格題「史臣李燾著」，卷末有尾題。卷首有元祐二年李燾序。(《國家圖書館善本書志初稿》史部編年類)	「拜經樓吳氏藏書」朱文方印、「莅圃收藏」朱文長方印、「國立中央圖書館收藏」朱文長方印。(同左)	四冊紙面泛黃，略有蠹損。
4.《國語》二十一卷六冊（六冊《書志》誤作五冊），（吳韋昭註，宋宋庠補音）	明新建李克家校刊本	四周單邊。每半葉 9 行，註文小字雙行，行均 20 字。版心花口，單黑魚尾，其下簡記篇章次第及葉次，再下方則記鐫首姓名，某些卷之首葉並兼及書寫者姓名，後記字數，唯不分大小字，只記總數。首卷第一葉首行頂格題「國語卷一」，二、三兩行皆低十格分題「吳高陵亭侯韋昭解／宋鄭國公宋庠補音」，第四行亦頂格題「周語上」，其下即雙行小字註釋。卷末有尾題，而在正文末左下方有「新建李克家校正」一行。書中有吳兔牀眉批，復有張元濟手書題記	「兔牀經眼」朱文長方印、「兔牀山人」白文方印、「竹下書堂」朱文方印、「畏齋藏書」朱文方印、「天尺樓」朱文長方印、「公魯校讀」白文方印、「國立中央圖書館考藏」朱文方印。(同左)	第六冊末數葉間有茶水漬痕跡。

		一紙，以花箋書寫，浮貼於第一冊序文前之護葉，並附印記。（《國家圖書館善本書志初稿》史部雜史類）		
5.《高麗史》一百三十七卷四十冊（朝鮮鄭麟趾等撰）	清初葉舊鈔光緒間（1644～1735）錢塘丁氏補鈔本	每半葉 11 行，行 20 字。版心白口。首卷首行頂格題「世家卷第一」，第二、三行低一格題「正憲大夫工曹判書集賢殿大提學知經筵春秋館事兼成均大司成臣鄭麟趾奉教脩」，第四行低二格題「太祖一」；卷末有尾題。各冊封面題書名、冊次及篇目、卷第。卷首有「進高麗史箋」，次有「纂修高麗史凡例」，再次有「高麗世系」，再次有「修史官」名銜，再次有「高麗史目錄上」、「高麗史目錄下」書前扉葉有清吳重憙手書題記，次有吳騫朱筆手書題記，再次有唐翰題手書題記。（《國家圖書館善本書志初稿》史部外國史類）	「拜經樓吳氏藏書」朱文方印、「露鈔雪購」白文方印、「海豐吳氏」朱文方印、「海豐吳重憙」白文扁方印、「新豐鄉人庚申以後所聚」朱文方印、「石蓮闇所藏書」朱文方印「國立中央圖書館收藏」朱文長方印。（同左）	吳騫朱筆手書題記云：「世家少卅卷至卅三卷、四十三卷至四十六卷、志少一至九，十七至卅九卷，傳少一至五十卷。」唐翰題手書題記云：「此數字亦槎翁手筆，裝時勿遺失，以存當年舊跡。」舊鈔本書葉間有明顯的蠹損痕跡，而補鈔本較為完整。
6.《海昌外志》八卷八冊（清談遷撰）	清康雍間（1662～1735）鈔本	每半葉 10 行，行 24 字，註文小字雙行，字數同。首卷首行頂格題「海昌外志」第二行低十五格題「棗林談遷孺木著」，第三行低一格題「輿地志」。卷首有「海昌外志序」，署「時丁亥秋七月江左遺民談遷題於棗林東原」，序後有「海昌外志」目錄。書前扉葉有同治間唐翰題手書題記，並附印記。書中亦有吳騫朱筆手批。（《國家圖書館善本書志初稿》史部地理類）	「龔印鼎孳」白文方印、「秀水朱氏潛采堂圖書」朱文方印、「海豐吳氏家藏」朱文長方印、「紅藥山房收藏私印」朱文長方、「小桐溪上人家印」白文長方印、「拜經樓」白文方印、「新坡鄉校」白文方印、「國立中央圖書考藏」朱文方印。（同左）	《拜經樓藏書題跋記》卷三著錄。文中說道其書不分卷，分成八門。首有自敍及樓鑰、沈升、蔡完序，又許令典及先生所作趙無聲先生寧志備考引。吳騫還作題記數條。
7.《桂海虞衡志》一卷一冊（宋范成大撰）	明翻刻古今逸史本	左右雙邊。每半葉 10 行，行 20 字，版心花口，單黑魚尾。最上方記書名「桂海虞衡志」，下方記葉次。開卷首行頂格題「桂海虞衡志」，次行低十一格題「宋吳郡范成大紀」。封面左上方墨字題「桂海虞衡志」，下小字	「羅振常讀書記」朱文長方印、「國立中央圖書館收藏」朱文長方印。	此書雖無吳騫藏書印，但可從其題識中，疑為吳騫藏書。

		雙行題「有吳槎客批但爲偷/父切去其字可恨可恨」。葉十八至二十書眉處有清人吳騫朱筆題識。(《國家圖書館善本書志初稿》史部地理類)		
8.《休寧厚田吳氏家譜》六卷(清吳騫編)	清乾隆 52 年(1787)吳氏原刊本	每半葉 9 行,行 20 字,小字雙行,字數同,左右雙欄,版心白口,單黑魚尾。(《國家圖書館善本書志初稿》史部傳記類)	「事學鍾離存義概書求宛委續餘編」朱文長方印、「竹下書堂」朱文方印、「興國福壽院轉輪大藏經」朱文圓印、「茝圃收藏」朱文長方印、「國立中央圖書館收藏」朱文長方印。(同左)	
9.《讀書敏求記》四卷二冊(清錢曾撰)	清乾隆十年(1745)東里沈尙傑刊本	四周單邊。每半葉 9 行,行 20 字,版心黑口,單魚尾。魚尾下方記書名卷第及部名或類名,其下記葉次。卷端首行頂格題「讀書敏求記卷第一」,次行低七格題「也是翁錢曾遵王」。卷首有乾隆十年沈尙傑刊記,次雍正四年趙孟升「原序」,次「目錄」。全書四卷,經史子集各爲一卷。卷末隔二行有尾題。書中有朱、綠筆批校,朱筆係吳騫手筆批校並跋,綠筆則吳騫過錄諸家批校及跋語等。又卷首有章鈺及鄭齋的手書題記,並各附印記。(《國家圖書館善本書志初稿》史部目錄類)	「夢禎」朱文方印、「敬修堂」白文長方印、「兔牀經眼」朱文長方印、「兔牀手校」朱文長方印、「小桐溪上人家」朱文方印、「茝圃收藏」朱文長方印、「沈樹鏞印」白文方印、「國立中央圖書館藏書」朱文方印。(同左)	《拜經樓藏書題跋記》卷三著錄。吳騫校記後有說道此書未刻之前,最爲難得。即朱彝尊與錢曾會飲,私屬錢氏侍史竊出一鈔,蓋前輩之好古如此,亦可起敬也。又傳錄吳焯、朱文藻之跋文於卷首。而鄭齋之手書題記云:「海昌吳氏拜經樓舊藏善本寶之。」
10.《嘯堂集古錄》二卷二冊(宋王俅撰)	明覆宋刊本	左右雙邊。每半葉最多可容納 10 行,行約 15 字。金文與釋文上下對照。版心花口,單魚尾,魚尾上方記書名「嘯堂集古錄」,下方記葉次。首卷首行頂格跨雙行大字題「嘯堂集古錄上」。舊書衣題書名、冊第「嘯堂集古錄上(下)」,首冊扉葉書名葉中間大字題「嘯堂集古錄」,右上方題「梁溪秦仲萠校」,左下方題「金匱山房藏板」卷首有李邴二序,其一爲鈔補書末有宋淳熙丙申曾機「書嘯堂集古錄後」,次元元統元年干父傳題識(鈔補)。全書分	「玉乳山房」朱文圓印、「紅藥山房收藏私印」朱文長方印、「葵里珍玩」白文方印、「兔牀手校」朱文長方印、「宋本」朱文橢圓印、「寒可無衣飢可无食至於書不可一日失此昔人詒厥之名言是可爲拜經樓藏書之雅則」朱文長方印、「十二橋南烟舍」朱文方印、「茝圃收藏」朱文長方印、「國立中央圖書館收藏」朱文長方印。(同左)	《拜經樓藏書題跋記》卷一著錄。文中說道此書嘗有丁杰借閱,但他所還者卻非原書,使得吳騫甚爲懊惱,當初原有兩跋之本展轉傳錄,不知今落誰氏之手。方輔跋云:「丁小疋先生攜此書新安,知爲吳君葵里所弄,好古之情,令人欣慕。」

| | | 作上下二卷，六孔線裝。書中有朱、墨筆批校，朱筆係出自吳騫。又有吳騫及方輔手跋各一。(《國家圖書館善本書志初稿》史部金石類) | |

二、中央研究院歷史語言研究所傅斯年圖書館

書名、卷數	版本	版本簡述	藏書印摘錄	備註
1.《乾道臨安志》三卷（宋周淙撰）	清書帶草堂烏絲欄鈔本	首有清歷鶚序，末有杭世駿跋。有吳騫朱筆手校。(傅斯年圖書館善本古籍檢索系統)	「吳兔牀書籍印」、「兔牀手校」、「臨安志百卷人家」、「麋可齋」。(同左)	《拜經樓藏書題跋記》卷三著錄。
2.《鄂署雜鈔》十二卷（清汪爲熹輯）	清康熙五十八年（1719）綸誥堂刊本	每半葉11行21字，清康熙五十八年（1719）汪氏自序，清乾隆四十年（1721）吳騫手題誌。(傅斯年圖書館善本古籍檢索系統)	「拜經樓吳氏藏書」、「范菴家在洛溪陰」。(同左)	
3.《東都事略》一百三十卷（宋王稱撰）	影鈔宋本	拜經樓舊藏，吳騫手鈔補并朱筆手跋。(傅斯年圖書館善本古籍檢索系統)	「漢鹿齋金石書畫印」、「□（下缺）農藏書」、「竹下書堂」、「蟫隱廬秘籍印」。(同左)	

三、中國國家圖書館（北京）

書名、卷數	版本	版本簡述	藏書印摘錄	備註
1.《淳熙三山志》四十二卷八冊（宋梁客家纂修）	清寫本	每半葉9行，行18字，注雙行同，竹紙無欄格。首梁客家自序，次目錄。(《藏園群書經眼錄》卷五史部三)	「拜經樓吳氏藏書」、「陳仲魚讀書記」、「宋本」、「鶴安校勘秘籍」、「海豐吳重憙印」、「石蓮闇所藏書」。(同左)	《藏園群書經眼錄》著錄館藏書號854。詳見《北京圖書館古籍善本書目》史部地理類。
2.《茅山志》十五卷四冊（元劉大彬撰）	元刻本配明刻本	每半葉13行，行23字或24字，細黑口，左右雙邊。有吳騫、章鈺跋，劉履芬鈔補。(《北京圖書館古籍善本書目》史部地理類)		另藏有存三卷三冊《茅山志》，《拜經樓藏書題跋記》卷三著錄。
3.《海寧縣志》九卷二冊（明蔡完修，張志纂）	明嘉靖間刻本	每半葉10行，行22字。有吳騫、唐翰題、羅振玉題記。(《中國善本書提要》史部地理類)	「拜經樓吳氏藏書」、「崇德呂氏大雅山房心文家藏」、「鶴安校勘秘籍」。(同左)	《拜經樓藏書題跋記》卷三著錄。首有自序，後有海寧學諭東吳張志跋。此書爲茗上書林家良輔翁所贈。《中國善本書提要》著錄館藏地。
4.《翰苑羣書》二卷六冊（宋洪遵輯）	明寫本	墨格，每半葉10行，行18字，似嘉靖間內府寫本。(《藏園群書經眼錄》卷六史部四)	「楊煥之印」、「盛伯羲藏印」、「寒可無衣，飢可無食，至于書不可一日無，此昔人詒厥之名言，是可爲拜經樓藏書之雅則」朱文長方印。(同左)	《藏園群書經眼錄》著錄館藏書號11316。詳見《北京圖書館古籍善本書目》史部職官類。

| 5.《道古樓藏書目》一卷二冊（清馬思贊撰） | 清鈔本 | 每半葉 10 行，行字不等，白口，左右雙邊。（國家圖書館中文古籍書目資料庫） | | 詳見《北京圖書館善本書目》史部目錄類，其著錄館藏書號 5995。 |

四、南京圖書館

書名、卷數	版　本	版　本　簡　述	藏書印摘錄	備　註
1.《漢書殘本》十四卷（漢班固撰）	宋嘉定建安蔡琪刊本	每半葉 8 行，行大 16 字，小 21 字，每卷首小名在上，大名在下，卷末書右將杭本越本及三劉宋祁諸本參校。（《善本書室藏書志》卷六）	「竹垞藏本」、「秀水朱彝尊錫鬯氏」、「竹垞」。（同左）	《拜經樓藏書題跋記》卷二著錄。現著錄於《江南圖書館善本書目》史一。
2.《金國南遷總略》一卷（舊題金張師顏撰）	舊鈔本	四庫全書附入存目。（《善本書室藏書志》卷八）	「穀原鑑賞圖書之章」、「拜經樓吳氏藏書印」、「丁辛老屋非見齋」。（同左）	現著錄於《江南圖書館善本書目》史八。
3.《咸淳臨安志》九十五卷（宋潛說友纂修）	宋刻鈔配本	每半葉 10 行，每行白文 20，註文雙行 20 字。有朱彝尊、吳焯、杭世駿、鮑廷博之跋文。（《拜經樓藏書題跋記》卷三）	「季滄葦圖記」。（同左）	現著錄於《善本書室藏書志》卷十一、《江南圖書館善本書目》史十六。

五、天津圖書館

書名、卷數	版　本	版　本　簡　述	藏　書　印　摘　錄	備　註
1.《渡海輿記》一卷，附《袖海編》一卷（不著撰人姓氏）	清乾隆鈔本	每半葉 10 行 22 字，白口，無邊欄，無魚尾，版本據乾隆四十六年吳騫硃筆題識，卷末有晚香居士墨筆題識一行。（國家圖書館中文古籍書目資料庫）	「兔牀手校」朱文方印、「嘉興忻寶峰字虞卿號澹庵所得金石文字印」朱文長方印。（同左）	
2.《沈華陽傳》一卷（清範文光撰）	清鈔本	毛太紙，無格欄，每半葉 9 行 21 字，版本據本館底片著錄。（國家圖書館中文古籍書目資料庫）	「林下經樓吳氏藏書印」朱方印、「千元十駕人家藏本」白長方印。（同左）	
3.《蜀難敍略》一卷（清沈荀蔚撰）	清鈔本	毛太紙，無格欄，每半葉 9 行 21 字，版本據本館底片著錄。（國家圖書館中文古籍書目資料庫）	「林下經樓吳氏藏書印」朱方印、「千元十駕人家藏本」白長方印。（同左）	

六、日本靜嘉堂文庫

書名、卷數	版　本	版　本　簡　述	藏書印摘錄	備　註
1.《淳祐臨安志》六卷（宋施鍔撰）	舊鈔本	每半葉 7 行，每行大字 19，小字雙行 19。有黃丕烈及陳鱣跋。（《皕宋樓藏書志》卷三十）		《拜經樓藏書題跋記》卷三著錄。現著錄於《靜嘉堂文庫漢籍分類目錄》史部地理類。

七、美國柏克萊加州大學東亞圖書館

書名、卷數	版　本	版　本　簡　述	藏　書　印　摘　錄	備　註
1.《金石古文》八卷二冊（題雙華山人喬輯）	清周亮工抄本	卷末有吳騫隸書題識云：「乾隆乙卯多日，從孫敦與得此以見遺，弟不審雙華山人誰氏也。」（《美國柏克萊加州大學東亞圖書館中文善本書志》史部）	「周元亮鈔本」朱白文方、「周元亮家藏書」朱文方、「周雪客家藏書」朱文長方、「騫」朱文方、「吳騫清祕」朱文方、「拜經樓吳氏藏書印」朱文方、「龔氏墨稼軒珍藏圖書」朱文方印。（同左）	

八、見載於《嘉業堂藏書志》者

書名、卷數	版　本	版　本　簡　述	藏　書　印　摘　錄	備　註
1.《史記》一百三十卷（漢司馬遷撰）	元中統刻本	每半葉 14 行，每行 25 字。左欄外標篇目。（《嘉業堂藏書志》卷二史部）	「直夫」、「山陰陳氏家藏」、「查燕緒字翼夫家在蘇州望信橋」。（同左）	《拜經樓藏書題跋記》卷二著錄。
2.《南唐書注》十八卷（宋陸游撰，周在浚注）	稿本	在浚字雪客，祥符人，周櫟園子，手註此書最有名。前列趙世延《南唐書序》，沈士龍、胡震亨題辭。（《嘉業堂藏書志》卷二史部）	「浚宣號曰紫荼」白文、「泰伯二百世孫」朱文兩方印。（同左）	《拜經樓藏書題跋記》卷二著錄。
3.《述古堂書目》十卷（清錢曾撰）	舊鈔本	此吳翌鳳手鈔，字蹟工雅，朱筆考訂，亦出其手，精審之至。有吳翌鳳及吳騫跋。（《嘉業堂藏書志》卷二史部）	「吳印翌鳳」白文、「小匏」朱文小聯珠方印、「古歡堂」朱文長印、「吳伊仲藏書」朱文方印、「吳氏兔牀書畫印」朱文長方印、「得此好書，費辛苦，後之人，其鑑我」白文、「仲魚圖象」朱文兩長方印。（同左）	

第三節　子　部

　　本節拜經樓藏書之現況，在子部方面，約有十六種，其中有六種藏書於《拜經樓藏書題跋記》中著錄，皆已在第五章介紹過，其餘則一併參考書志。

一、國家圖書館（台北）

書名、卷數	版　本	版　本　簡　述	藏　書　印　摘　錄	備　註
1.《帝範》四卷（唐李世民撰）	清江寧翻刻武英殿聚珍八種本	每半葉 9 行，行 21 字，小字雙行，字數同，左右雙欄，版心花口，單魚尾。書中有朱墨手校，為鮑廷博、吳騫手校。（《國家圖書館善本書志初稿》子部儒家類）	「松齡之印」朱文方印、「葵里珍玩」白文方印、「張印乃熊」白文方印、「芹伯」朱文方印、「迂圃收藏」朱文長方印、「國立中央圖書館收藏」朱文長方印。	《拜經樓藏書題跋記》卷四著錄。

二、中央研究院歷史語言研究所傅斯年圖書館

書名、卷數	版本	版本簡述	藏書印摘錄	備註
1.《新刊初學記》三十卷（唐徐堅等撰）	元重刊本	依古本榮陽鄭氏重印行，有宋紹興四年劉本序。（傅斯年圖書館善本古籍檢索系統）	「吳騫」、「兔牀」。（同左）	

三、中國國家圖書館（北京）

書名、卷數	版本	版本簡述	藏書印摘錄	備註
1.《長短經》存六卷六冊（唐趙蕤撰）	吳氏拜經樓鈔本	每半葉 11 行，行 21 字。按原本十卷，今存九卷，此本僅存六卷。卷三末有兩則周廣業之題記。自敦煌石室開，此書之價值，益不難估定。（《中國善本書提要》子部雜家類）	「歙鮑氏知不足齋藏書」、「拜經樓吳氏藏書」。（同左）	《中國善本書提要》著錄館藏地。

四、南京圖書館

書名、卷數	版本	版本簡述	藏書印摘錄	備註
1.《書史會要》九卷，《補遺》一卷六冊（明陶宗儀撰）	明洪武刊本	前有洪武丙辰宗儀自序及江陰孫作撰南村先生傳，洪武丙辰四明鄭真後序，并引用書目姓氏。（《善本書室藏書志》卷十七）	「海昌馬思贊仲安一號漁村」、「拜經樓吳氏藏書印」、「蘇閣南樓書籍」。（同左）	詳見南京圖書館中文文獻資料庫。

五、日本靜嘉堂文庫

書名、卷數	版本	版本簡述	藏書印摘錄	備註
1.《新刊音點性理羣書句解》二十三卷（宋熊節編）	宋麻沙刊本	建安後學熊剛大集解。（《皕宋樓藏書志》卷四十一）		吳騫舊藏。現著錄於《靜嘉堂文庫漢籍分類目錄》子部儒學類。
2.《地理葬書集註》一卷（吳澂刪定，明鄭謐注）	元刊本	有宋濂序，吳澂、照汸之跋。（《皕宋樓藏書志》卷五十一）		吳騫舊藏。現著錄於《靜嘉堂文庫漢籍分類目錄》子部術數類。

六、見載於《藏園群書經眼錄》者

書名、卷數	版本	版本簡述	藏書印摘錄	備註
1.《圖繪寶鑑》五卷（元夏文彥撰）	元刊本	每半葉 11 行，行 20 字。黑口，雙欄。前有楊維楨行草書序五行，至正乙巳吳星景夏文彥序七行。（《藏園群書經眼錄》卷七子部一）	「廬江王書畫記」、「吳兔牀書籍印」、「蒐圃過眼」、「簡莊審定」、「海寧陳鱣觀」、「海豐吳重憙印」、「鵑安校勘秘籍」、（同左）	《拜經樓藏書題跋記》卷一著錄。
2.《白虎通》四卷（漢班固撰）	舊寫本	每半葉 10 行，行 20 字。莊述祖校訂。有吳騫校語。（《藏園群書經眼錄》卷八子部二）	「查繼佐印」、「伊璜氏」、「吳兔牀書籍印」。（同左）	《拜經樓藏書題跋記》卷一著錄。

3.《珩璜新論》一卷（宋孔平仲撰）	舊寫本	每半葉 11 行，行 22 字。吳騫藏本，以散浦畢氏本校過，補錄佚文七則於後。陳鱣又得吳稷堂鈔本重校一過，凡正定四百五十餘字。（《藏園群書經眼錄》卷八子部二）	「海昌吳葵里收藏記」、「拜經樓吳氏藏書」、「吳兔牀書籍印」、「仲魚」、「鷦安校勘秘籍」、「石蓮閣所藏書」。（同左）	《拜經樓藏書題跋記》卷四著錄。
4.《齊東夢語》二十卷（宋周密撰）	舊寫本	每半葉 9 行，行 20 字。後錄正德乙亥胡文璧、盛杲跋，是從正德本出也。吳騫舊藏。（《藏園群書經眼錄》卷八子部二）	「海昌吳葵里收藏記」、「清曠居圖書記」「石蓮閣所藏書」。（同左）	
5.《震澤長語》二卷（明王鏊撰）	舊寫本	每半葉 9 行，行 20 字。（《藏園群書經眼錄》卷八子部二）	「拜經樓吳氏藏書」、「鷦安校勘秘籍」、「嘉興唐翰題印」、「石蓮閣藏書印」。（同左）	
6.《北夢瑣言》二十卷（宋孫光憲撰）	舊寫本	每半頁 11 行，行 22 字。有唐翰題跋。（《藏園群書經眼錄》卷九子部三）	「海寧楊氏崘木齋藏弆翰墨圖書傳之有緒」、「紅藥山房收藏私印」、「兔牀」、「小桐溪上人家」、「拜經樓吳氏藏書」、「鷦安校理秘籍」、「翰題讀過」、「新豐鄉人庚申已後所聚」。（同左）	藏園有按語。
7.《人海記》一卷（清查慎行撰）	清松陵楊氏傳鈔本	每半葉 10 行，行 21 字。卷中有朱墨校筆。卷末有楊復吉、吳騫兩跋。（《藏園群書經眼錄》卷九子部三）	「兔牀經眼」、「葵里」、「昂駒」、「子仲氏」、「藤蓋軒」。（同左）	
8.《太平廣記》五百卷《目錄》十卷（宋李昉等輯）	明許自昌刊本	每半葉 12 行，行 22 字。陳鱣據宋本手校，有吳騫跋。（《藏園群書經眼錄》卷十子部四）	「兔牀漫叟」朱文方印。（同左）	《拜經樓藏書題跋記》卷四著錄。

七、見載於《嘉業堂藏書志》者

書名、卷數	版本	版本簡述	藏書印摘錄	備註
1.《纂圖互注荀子》二十卷（唐楊倞注）	元刻本	每半葉 11 行，每行大字 21、小字 25。序目不全。左欄外記篇名卷第葉數，上下黑口。（《嘉業堂藏書志》卷三子部）	「拜經樓吳氏藏書印」、「鍾文烝印」、「巍塘鍾氏信美齋庚申以後所得書」、「白嬾」。（同左）	《拜經樓藏書題跋記》卷四著錄。
2.《意林注》五卷（唐馬總撰，清周廣業注）	舊鈔本	此書首載乾隆御製詩四首，廣業識語，又乾隆己亥廣業注書自序，次戴叔倫柳伯存舊序，《新》、《舊唐書》傳，韓退之祭文，例言錄略，後有附錄。此耕崖傳鈔淥飲鮑氏本，附以註，更以聚珍本校勘一過，異同朱書於眉。（《嘉業堂藏書志》卷三子部）	「臨安志百卷人家」白文長印、「陶文沖讀書記」朱文方印、「櫻山居士」白文方印。（同左）	

第四節　集　部

　　本節拜經樓藏書之現況，在集部方面，約有三十種書目，其中十一種藏書於《拜

經樓藏書題跋記》中有著錄，與《拜經樓詩話》提及的《朱靜庵自怡集》、《帶存堂集》、《菊坡叢話》皆記於備註欄中。

一、國家圖書館（台北）

書名、卷數	版本	版本簡述	藏書印摘錄	備註
1.《朱文肅公詩集》一卷一冊 （明朱國楨撰）	舊鈔本	四周單邊，每半葉 10 行，行間無欄格，每行 20 字。註文小字雙行，字數同。版心白口，無魚尾，版心上方偏右側題「文肅公集」，其下約四格記類目，其下空約五格題葉碼，每一類目之葉次皆自爲起訖。版口最下偏右側題「清美堂」三字。正文首葉首行頂格題「朱文肅公詩集」。封面題有「朱文肅公文集」與「壬申八月得之姚虞琴先生」，爲張珩所題。卷前扉葉有手跋三則：一署「乙亥初夏張珩題」，並鈐印記；一署「辛未冬姚景瀛識」；一署「辛未虞秦姚景瀛錄」，均附鈐印記。書後亦有手跋一，末署「辛未十二月鄉後學周慶雲識」。（《國家圖書館善本書志初稿》集部別集類）	「張珩私印」白文方印、「寒可無衣飢可無食至於書不可一日無此昔人詒厥之名言是可爲拜經樓藏書之雅則」朱文長方印、「竹下書堂」朱文方印、「吳興劉氏嘉業堂藏書記」朱文長方印、「姚虞琴詩畫印」白文方印、「虞琴手翰」朱文長方印、「虞琴祕笈」朱文方印、「韞輝齋」白文方印、「麗州學博」白文方印、「國立中央圖書館收藏」朱文長方印。（同左）	
2.《赤霞公詩鈔》不分卷一冊 （明浦義升撰）	舊鈔本	每半葉 9 行，行 24 字。卷端首行頂格題「赤霞公詩鈔」，下小字云「共一百六十四首」，第二行稍低二格題「梁溪浦義升朗公著（空三格）男伯熊渭飛手錄」。卷首有手錄陳鼎新撰「赤霞集序」，次閔自寅撰「赤霞山房集序」。序後錄「浙江海寧訓導赤霞浦公傳略」。文旁有朱筆圈校，并有吳騫之朱批。卷前扉頁有吳騫之手書題記二則，一朱文，一墨文。墨文書于嘉慶十年（1805）。并附「吳氏兔牀書畫印」朱文方印。（《國家圖書館善本書志初稿》集部別集類）	「拜經樓吳氏藏書」朱文方印、「員嶠眞逸」朱文方印、「國立中央圖書館收藏」朱文長方印。（同左）	《拜經樓藏書題跋記》卷五著錄吳騫所手題朱文、墨文之內容。
3.《朱靜庵自怡集》一卷一冊 （明朱妙端撰）	清乾隆間（1736～1795）海寧吳騫鈔本	每半葉 10 行，行 20 字。註文小字雙行夾註，每行字數大抵和原文同。卷端首行頂格題「朱靜庵自怡集」，第二行低九格題「海昌朱妙端著」。封面黏一書簽，題「吳兔牀手寫朱靜庵詩集撝遺」。舊書衣亦見題「朱靜盦詩集撝遺」。卷首有朱靜庵遺文「雙鶴賦」一篇，有朱、藍二筆批校。「自怡集」爲一詩文集，末有附錄一卷，收錄海寧縣志、諸詩話、家譜、小傳等，又見附周濟「遂初賦」和「九日西征答張以元使君」。書末有近人姚景瀛手書題跋，并附「虞琴」朱文方印。由跋文可知書中之校評乃出自姚氏之手筆。六孔線裝。（《國家圖書館善本書志初稿》集部別集類）	「我生無田食破硯」朱文方印、「山不在高有仙則名水不在深有龍則靈斯是陋室惟吾德馨苔痕上階綠草色入簾青談笑有鴻儒往來無白丁可以調素琴閱金經無絲竹之亂耳無案牘之勞形南陽諸葛廬西蜀子雲亭孔子云何陋之有」白文方印、「拜經樓吳氏藏書印」朱文方印、「曾歸光弟」朱文方印、「金鑑堂印」朱文方印、「國立中央圖書館收藏」朱文長方印。（同左）	《拜經樓詩話》卷二有云其人及詩評，見第三章。

4.《拜經樓詩集續稿》不分卷一冊（清吳騫撰）	著者手底定稿本	每半葉 10 行，行 22 字。註文小字雙行，字數同。開卷首行頂格題「拜經樓詩集續稿」。封面左上方墨筆題「拜經樓詩集續稿」，下小字雙行「起壬戌／止丁卯」。卷首有陳鱣、陳敬璋、朱煥雲、查祖香、魏鈖、屈爲章、周春、俞思謙、沈樹、吳衡照等題詩辭。詩凡二百六十三首。詩依撰作年編排。文旁有墨筆校改字，書眉處則幾每葉皆鈐有「拜經」朱文長方印。（《國家圖書館善本書志初稿》集部別集類）	「千元十駕人家藏本」白文長方印、「拜經」朱文長方印、「好學深思心知其意」朱文圓印、「國立中央圖書館收藏」朱文長方印。（同左）	
5.《唐宋四家詩選》不分卷四冊（清不著編人）	舊鈔本	無版匡，每半葉 12 行，行 24 字。註文小字雙行，字數同正文。中縫下端偏右側記葉碼，各冊葉次自爲起訖。正文首葉首行題「少陵詩選」。無序跋。本書四冊恰爲四集：「少陵詩選」、「昌黎詩選」、「香山詩選」、「東坡詩選」。全書有朱筆圈點、批語，爲清康熙間顧嗣立所作。（《國家圖書館善本書志初稿》集部總集類）	「顧十一」朱文橢圓印、「嗣立之印」朱白文方印、「顧俠君」白文方印、「秀野草堂顧氏藏印」朱文方印、「初白莊老人」白文方印、「董浦校定」白文方印、「兔牀」朱文方印、「漫叟」白文方印、「蕟圃收藏」朱文長方印、「張印乃熊」白文方印、「靈芬館圖書記」白文長方印。（同左）	
6.（重校正）《唐文粹》存九十一卷二十四冊（宋姚鉉編）	明嘉靖三年（1529）姑蘇徐□（下缺）刊本	此本卷首只餘姚鉉序，王偉、胡纘宗序缺。序後有目錄，目錄末只有校正人二行，沒有刊行者徐焴一行。卷末有施昌言跋。此本有缺，計少卷十七至卷十八，卷二十六下到卷二十九，卷八十六，卷九十至卷九十二，卷五十七只剩三葉，共缺十四葉，卷四十七缺第一葉，第五葉鈔補，卷四十末數葉有嚴重破損。另此本有四冊紙色較白，從側面看差距很大，疑是配補不同印本，包含卷四十七至卷五十一，卷五十五至五十六，卷六十六至卷七十，卷七十九至卷八十五。這個情形造成各冊份量較他冊少。而且卷七十重覆。書中有朱筆點讀，書眉並有許多評語。（《國家圖書館善本書志初稿》集部總集類）	「海寧陳鱣觀」朱文長方印、「拜經樓」朱文方印、「吳騫幼字益朗」白文方印、「漢長」白文方印、「孫印原忠」白文方印、「陶冪之印」朱文方印、「一字亞子」朱文方印、「國立中央圖書館藏書」朱文方印、「國立中央圖書館考藏」朱文方印。（同左）	
7.《唐音戊籤》存三十卷三冊（明胡震亨編）	清康熙二十四年（1685）海鹽胡氏家刊本	左右雙邊。每半葉 10 行，行 19 字。註文小字雙行，字數同。版心花口，單黑魚尾。魚尾上方記書名「唐音統籤」，魚尾下方右半葉記卷第、葉次，下書口皆記「戊」。首卷首行頂格題「戊籤一」，下越八格題「唐音統籤卷五百五十三」。卷末題「卷終」。原書名葉墨匡，文分三欄，右欄記「海鹽胡孝轅先生手編」，中欄大字記書名「唐音統籤」，左欄上方小字記「計一百七十三家」，下方題「南益堂藏板」。上	「寒中」白文長方印、「吳兔牀書籍印」朱文長方印、「拜經樓吳氏藏書」朱文方印、「玉玲瓏閣主人」朱文方印、「碧桃八十一番花」白文方印、「松齡之印」朱文方印、「蕟圃收藏」朱文長方印、「國立中央圖書館收藏」朱文長方印。（同左）	《拜經樓藏書題跋記》卷五著錄。本爲八百十七卷，至今只存三十卷，宜爲《唐音統籤》之卷五百五十三

		欄外題「晚閏兩唐集詩」。卷首有康熙丙寅胡成之、胡頎同序。書眉文旁有吳騫朱筆過錄、何焯批校，並多處兔牀手記。（《國家圖書館善本書志初稿》集部總集類）		至五百八十二。
8.《唐音戊籤餘》不分卷存一冊（明胡震亨編）	明海鹽胡氏手輯底稿本	每半葉 11 至 12 行，行約 20 字。註文小字雙行，字數同。開卷首行頂格題「戊籤餘」。本書戊籤餘一卷爲胡震亨手輯原稿，由割條聯綴成編，中多鈔葉，筆法古樸，彌足珍貴。書中有朱藍批校。卷首有費寅、區農羲手跋，書後另有吳騫二手跋。（《國家圖書館善本書志初稿》集部總集類）	「拜經樓吳氏藏書」朱文方印、「菦圃收藏」朱文長方印、「國立中央圖書館收藏」朱文方印。（同左）	《拜經樓藏書題跋記》卷五著錄。文中說道吳騫原收得八冊，因海鹽張燕昌愛玩不忍釋手，遂割七冊貽之，故僅存此冊。
9.《菊坡叢話》二十六卷四冊（明單宇編）	清康熙間（1662～1722）烏絲欄影鈔明成化間（1465～1487）刊本	烏絲欄鈔本，此稿紙似專爲影鈔此書而特製者。四周雙邊，每半葉 11 行，行 23 字，行款悉如前書。唯版心白口，單黑魚尾，悉空白未題署。是書內頁中夾有二箋，其一詳記此書鈔寫及校對年月，另一紙則係記吳騫之校記兩條，其一云：「卷十三第三、四頁上，李長源一則上有槎翁朱批十行，辨三生石爲李源事，非長源。」其二記云：「卷二十三第十三頁上，王佐能詩一則上有槎翁朱批六行半，以單字存回文一首，可補竹垞明詩綜之未備。」觀此二紙所記，可知此書係康熙二年以烏絲欄紙影鈔明成化間之刊本，非如目錄上所稱之「明藍格影鈔成化間刊本」也。書中有朱筆點讀校改，並有眉批，皆吳槎客手蹟，卷末向有槎翁朱跋六行，略謂明人習氣大都喜抄古人之書以爲己書，如菊坡叢話之類。（《國家圖書館善本書志初稿》集部詩文評類）	「拜經樓吳氏藏書」朱文方印、「兔牀」朱文方印、「漫叟」白文方印、「事學鍾離存義概書求宛委續餘編」朱文長方印、「新豐鄉人庚申以後所聚」朱文長方印、「鷦安校勘祕籍」朱文方印、「海豐吳氏石蓮盦」朱文長方印、國立中央圖書館考藏」朱文方印。（同左）	《拜經樓詩話續編》卷二中亦有說道此作者爲明單宇，南昌人，進士，正統中嘗爲嵊縣令，有循聲工詩。見書影三。
10.《秋籟同聲集》一卷一冊（清潘允喆等撰）	清海寧吳氏拜經樓鈔本	每半葉 10 行，行 22 字。中縫空白。卷端首行頂格題「秋籟同聲集」，第二、三行低六格題「潘允喆迂雲/徐騰蛟海瑪/任安上李唐/周迪藕塘」。卷首有嘉慶三年史蟠之手書題記。內容收潘、徐、李、周四人之詞作，末附周迪與徐騰蛟，李唐三人之書信。全書最末有吳騫手書「養餘齋記」，版心下方鐫「拜經樓鈔本」，全文並有圈校。（《國家圖書館善本書志初稿》集部詞曲類）	「兔牀」朱文方印、「好學深思心知其意」朱文圓印、「國立中央圖書館收藏」朱文長方印。（同左）	

二、中央研究院歷史語言研究所傅斯年圖書館

書名、卷數	版　本	版　本　簡　述	藏　書　印　摘　錄	備　註
1.《道園學古錄》五十卷二十四冊（元虞集撰）	元刊本	每半葉 13 行 23 字。民國七年鄧邦述手題記，九年又記。（傅斯年圖書館善本古籍檢索系統）	「王昶之印」、「述盦」、「鴻臚寺卿」、「拜經樓吳氏藏書」、「群碧樓」、「群碧翁」、「正闇」、「正闇秘笈」、「元刻本」。（同左）	《拜經樓藏書題跋記》卷五著錄。

三、中國國家圖書館（北京）

書名、卷數	版　本	版　本　簡　述	藏　書　印　摘　錄	備　註
1.《南軒先生詩集》七卷一冊（宋張式撰）	舊寫本	每半葉 12 行，行 20 字。目錄後卷七下記云：「下有文集三十七卷不及盡錄」，是仍從全集鈔出，非別有單行本也。末有「乾隆辛丑春日從海昌書舟得之藏於拜經樓」的綠筆題識一行。（《藏園群書經眼錄》卷十四集部三）	「吳騫幼字益郎」、「海寧陳鱣觀」、「鷦安校勘秘籍」。（同左）	《藏園群書經眼錄》著錄館藏書號 395。詳見《北京圖書館善本書目》集部（上）宋別集類。
2.《陳眾仲文集》存四卷（元陳旅撰）	元至正刻明修本	每半葉 10 行，行 20 字。黑口，左右雙欄。前有明人沈麟手錄國史本傳，次至正辛卯夏晉安林泉生序。有吳騫跋，卷尾粘附黃丕烈手札二通。（《藏園群書經眼錄》卷十五集部四）	「徐嘉炎印」、「華爰收藏書畫」、「檀燕緒字翼夫」、「家在蘇州望信橋」、「燕緒」、「吳兔牀書籍印」、「拜經樓吳氏藏書印」。（同左）	《拜經樓藏書題跋記》卷五著錄。文中記載大致與書志簡述同。《藏園群書經眼錄》著錄館藏書號 8526。詳見《北京圖書館善本書目》集部（中）元別集類。
3.《天台林公輔先生文集》不分卷二冊（明林右撰）	舊寫本	每半葉 10 行，行 24 字。有查慎行題識二則。（《藏園群書經眼錄》卷十六集部五）	「查慎行印」、「南書房史官」、「得樹樓藏書」、「拜經樓吳氏藏書」、「露鈔雪購」、「鷦安校勘秘籍」。（同左）	《拜經樓藏書題跋記》卷五著錄。《藏園群書經眼錄》著錄館藏書號 5671。詳見《北京圖書館善本書目》集部（中）明別集類。

四、上海圖書館

書名、卷數	版　本	版　本　簡　述	藏　書　印　摘　錄	備　註
1.《敬業堂詩集》不分卷（清查慎行撰）	稿本	此稿篇什多於康熙刻本，並經朱彝尊、唐孫華、姜宸英評點。有吳騫、張載華跋。（《館藏精選》鈔校稿本）	「拜經樓吳氏藏書」。（同左）	吳騫另有〈敬業堂文集跋〉，收入《愚谷文存》卷六。
2.《尺苑》不分卷（清吳騫撰）	稿本二冊	《尺苑》一書，是薈萃古今尺度沿革之綜合著錄。前有吳騫自序。（《中國珍稀古籍善本書錄》），頁 260。	「騫」、「兔牀山人」、「兔牀漫叟」、「吳郡」。（同左）	查《愚谷文存》卷七，收有〈孔氏漢銅尺記訂譌〉、〈周尺考訂譌〉、〈周辨訂譌〉，內容較《尺苑》為簡。

五、南京圖書館

書名、卷數	版　本	版　本　簡　述	藏書印摘錄	備　註
1.《新雕宋文鑑》一百五十卷（明呂祖謙撰）	明天順嚴州翻宋刊本	此天順八年冬嚴州府張邵齡據宋本翻刊，後來剗去國朝改爲宋朝。痕跡未泯，是爲明代接宋最初之刻。（《善本書室藏書志》卷三十八）	「拜經樓」。（同左）	現著錄於《江南圖書館善本書目》集四十五。

六、北京大學圖書館

書名、卷數	版　本	版　本　簡　述	藏　書　印　摘　錄	備　註
1.《誠齋詩集》存四十二卷八冊（宋楊萬里撰）	清康熙石門呂氏鈔本	每半葉 8 行，行 21 字。朱藍二色筆點校。（《中國善本書提要》集部別集類）	「以寧之印」、「呂叔子印」、「槙」、「海昌吳葵里收藏記」、「拜經樓吳氏藏書印」、「翰題」、「鷦安校勘秘籍」。（同左）	《拜經樓藏書題跋記》卷五著錄。文中說道此無序目，後題嘉定元年春三月男長孺編，端平元年夏五月門人羅茂良校一條。現著錄於《北京大學圖書館藏古籍善本書目》集部。

七、北京師範大學圖書館

書名、卷數	版　本	版　本　簡　述	藏　書　印　摘　錄	備　註
1.《三秋業策選》不分卷二冊	明崇禎十年（1637）鈔本	每半葉 10 行，24 字，無格。（《北京師範大學圖書館古籍善本書目》集部總集類）	「吳燧寶藏先澤」、「雪痴」、「忠襄名家」、「拜經樓」。（同左）	

八、香港大學馮平山圖書館

書名、卷數	版　本	版　本　簡　述	藏　書　印　摘　錄	備　註
1.《花菴詩鈔》一冊（清許奎撰）	清稿本	每半葉 10 行，行 22 字。題署「花菴詩鈔」，戊戌六月硯翁題簽。有元只陳世仁序（有墨筆改），沈嵩士題詞（殘缺），楊中訥序（殘缺）。（《香港大學馮平山圖書館藏善本書錄》，頁 197。）	「樂行善言」、「養拙」、「松齡之印」、「海寧楊氏崇木藏弃翰墨圖書傳之有緒」、「西山樵子」、「蘊山眼福」、「吳雲之印」、「平齋」、「拜經樓吳氏藏書」、「兔牀過眼」、「爲新」、「苗懷」、「吳興劉氏嘉業堂藏書記」。（同左）	

九、日本靜嘉堂文庫

書名、卷數	版　本	版　本　簡　述	藏書印摘錄	備　註
1.《朱文公校昌黎先生集》四十卷，《外集》十卷，《集傳》一卷，《遺文》一卷（唐韓愈撰，李漢編集）	吳兔牀臨黃山谷吳履齋批點本	有朱子、朱吾弼序及吳氏手跋。（《皕宋樓藏書志》卷六十九）		現著錄於《靜嘉堂文庫漢籍分類目錄》集部別集類。

書名、卷數	版本	版本簡述	藏書印摘錄	備註
2.《重刊校正笠澤叢書》四卷,《補遺》一卷,《續補遺》一卷（唐陸龜蒙撰）	舊鈔本	每半葉 12 行,行 21 字。有趙寬夫、周春、吾進、黃丕烈、何義門之校記。(《皕宋樓藏書志》卷七十一)		《拜經樓藏書題跋記》卷五著錄。現著錄於《靜嘉堂文庫漢籍分類目錄》集部別集類。
3.《古靈先生文集》二十五卷,《年譜》一卷,《附錄》一卷（宋陳襄撰）	宋刊本	此紹興三十年重刊本也。每半葉 10 行,每行 18 字,版心有字數及刻工姓名。(《皕宋樓藏書志》卷七十四)	「拜經樓吳氏藏書」朱文方印。(同左)	《拜經樓藏書題跋記》卷五著錄。現著錄於《靜嘉堂文庫漢籍分類目錄》集部別集類。
4.《富山嬾稿》十九卷（宋方夔著）	舊鈔本	有正統九年周瑄、景泰七年商輅二序。(《皕宋樓藏書志》卷九十三)		《拜經樓藏書題跋記》卷五著錄。文云:前題從曾孫方宗大編集,有周瑄、商輅二序。周序謂曾孫宗大,既嘗編次,今五世孫文傑,又能珍藏校定,以壽諸梓。蓋此本為重編付刊。現著錄於《靜嘉堂文庫漢籍分類目錄》集部別集類。

十、見載於《藏園群書經眼錄》者

書名、卷數	版本	版本簡述	藏書印摘錄	備註
1.《河東先生集》十五卷（宋柳開撰）	舊寫本	每半葉 9 行,行 18 字。前有咸平三年門人張景序,次目錄,題「門人張景編」卷中「通」字缺末筆。有吳騫及唐翰題手跋。(《藏園群書經眼錄》卷十三集部二)	「拜經樓吳氏藏書」、「鷦安校勘秘籍」、「唐翰題」、「海豐吳重憙印」。(同左)	《拜經樓藏書題跋記》卷五著錄。文中記載大致與書志簡述同。
2.《慶湖集》三卷（宋賀鑄撰）	舊寫本	每半葉 8 行,行 17 字。詩視九卷本為少,次第亦大不同,疑別出于一選本也。(《藏園群書經眼錄》卷十三集部二)	「南樓珍藏」、「吳騫字槎客別字兔牀」。(同左)	
3.《李草閣詩集》六卷,《拾遺》一卷,附《筠谷詩》一卷（明李曄、李轅撰）	清寫本	舊為拜經樓吳氏藏書。(《藏園群書經眼錄》卷十六集部五)		
4.《華泉先生集詩》八卷,文六卷（明邊貢撰）	舊寫本	每半葉 9 行,行 24 字。前有名郡魏允孚序。封面有唐翰題字。	「萊孝」、「養貞」、「蘭雪齋」、「吳氏藏書」、「兔牀經眼」。(同左)	
5.《徐迪功集》六卷,附《談藝錄》一卷,《外集》四卷（明徐禎卿撰）	舊寫本	每半葉 9 行,行 24 字。前有李夢陽序。外集有皇甫汸序,皇甫涍後序。(《藏園群書經眼錄》卷十六集部五)	「萊孝」、「養貞」、「蘭雪齋」、「吳氏藏書」、「兔牀經眼」。(同左)	

十一、見載於《嘉業堂藏書志》者

書名、卷數	版　本	版　本　簡　述	藏書印摘錄	備　註
1.《帶存堂集》不分卷（越北退夫曹度撰）	舊鈔本	曹度，字正則，浙江石門人，邑廩生。博通經史，旁及天文曆算，靡不究覽，工書法，善詩文。國變遯居村野，閉戶著書，以遺民終世。前無序目。訂其次序，大致爲序、傳、書、墓誌、狀、祭文、疏、題辭、書後、雜著、葬錄、譜錄十二類。（《嘉業堂藏書志》卷四集部）	「拜經樓吳氏藏書」。（同左）	《拜經樓詩話》卷三亦有提及此書作者─曹度，又曰疊恥民，嘗自作疊恥民傳，僑居語水，少從禹航俞嘉言游，學詩古文，有南村、粟里之風，五言風骨尤高。

第七章　吳騫藏書題跋之分析

　　題跋這類文體，目前一般是作爲書籍出版的題記。但是，有清一代藏書記和大量古籍的題跋，是作爲一己讀書心得、版本考證、敘述遞藏源流、判斷書籍價值，鑑定版本優劣的文字，而吳騫之藏書題跋正符合這些功能與價值，本章試予以探討。

第一節　《愚谷文存》與《拜經樓藏書題跋記》中吳騫藏書題跋之蒐集

　　欲研究吳騫的藏書思想，其所撰題跋，當是最佳的參考資料。可惜的是吳騫既沒有爲他平生心血留下一部完整書目，即當時吳騫所撰題跋之類文字亦多只個別保留在各書中，即使《愚谷文存》收錄其題跋約爲四十一條，但不完整。專門記載其藏書題跋者，則是其次子壽暘所纂《拜經樓藏書題跋記》。該書共五卷，附錄一卷，是在吳騫卒後，拜經樓藏書傳至其次子壽暘，壽暘將若干書上的題跋摘錄彙編，整理手鈔成書。壽暘去世後，壽暘之子吳之淳將父親所編的鈔本《拜經樓藏書題跋記》又手錄一冊，贈予同邑之好友蔣光煦。之淳去世後，蔣光煦不忘舊誼，遂將此書作爲《別下齋叢書》之一而刻印留傳於後世。關於此書的刊印，蔣光煦在道光二十七年（1847）凡所撰〈拜經樓藏書題跋記跋〉中交代其因緣：

> 吾邑藏書家，近數陳簡莊君士鄉堂、吳兔牀明經拜經樓，顧余生也晚，均不獲接其緒論。徵君沒，書籍亦亡失。惟吳氏猶世守之，洎與其孫鱸鄉茂才交，乃得假拜經樓善本，以校所藏之缺失焉。……而是書爲鱸鄉尊人蘇閣先生所記述，鱸鄉曾手錄其稿以見遺，因授之梓，而附其父子詩文若干首於後，以廣其傳，并著平日所閱歷，以見購藏之不易。苟非若兔牀先

生之精於鑑別，雖擁書數萬卷，未足傲南面百城也。〔註1〕

這是最早的刻本，此後有光緒五年（1879）會稽章氏《式訓堂叢書》本、光緒三十年（1904）朱氏《校經山房叢書》本、光緒間武林竹簡齋景印《別下齋叢書》本、民國十一年（1922）上海博古齋景印增輯《拜經樓叢書》本、民國十二年（1923）上海涵芬樓景印《別下齋叢書》本、民國十三年（1924）蘇州江杏溪編印《文學山房聚珍版叢書》本和民國二十八年（1939）上海商務印書館編印的《叢書集成初編》本。目前筆者參照的是民國七十二年（1983）的《書目類編》本及民國八十四年（1995）的《清人書目題跋叢刊》本。傳世的版本雖然很多，但都源於《別下齋叢書》本，所以並不複雜，只是後印諸本偶有訛誤。

《拜經樓藏書題跋記》包括三個部分：吳騫題跋、諸家題跋和吳壽暘按語。吳騫題跋是《拜經樓藏書題跋記》內容的主要成分。書中凡稱「先君子書」、「先君子識」、「先君子云」、「先君子題」、「先君子跋」者皆是。但壽暘對先父遺墨並非悉錄無遺；或已收入《愚谷文存》的不錄，只予說明；或僅作注記「先君子有題記數條」，不錄全文，估計是跋文內容於考證書籍無大補的緣故。〔註2〕

雖說《拜經樓藏書題跋記》僅由吳壽暘一人編成，但他所引用其父吳騫的藏書題跋，大致都摘錄重要內容，且前有聲明「先君子云」……之語，故具有可信度。因此，據筆者統計，《拜經樓藏書題跋記》在三百二十一種藏書之中，吳騫之藏書題跋約一百六十四條，其內容有十三條收入於《愚谷文存》，七條收入於《愚谷文存續編》之中。〔註3〕而在《愚谷文存》卷四、卷五、卷六尚有二十一條藏書題跋，則爲《拜經樓藏書題跋記》所未收者。〔註4〕本章則專就吳騫所撰的一

〔註1〕〔清〕吳壽暘編撰，《拜經樓藏書題跋記附錄》（嚴靈峯編，臺北：成文出版社，1978年，《書目類編》第72冊），頁32972。

〔註2〕參見嚴佐之，《近三百年來古籍目錄舉要》（上海：華東師範大學出版社，1994年），頁46。

〔註3〕這二十條題跋收入《愚谷文存》卷四中有〈六經雅言圖辨跋〉、〈明婁江邵氏經學二書跋〉、〈明黃岡易氏大學論語外傳跋〉、〈宋槧漢書殘本跋〉、〈笠澤叢書題辭〉、〈咸淳臨安志跋〉、〈元大一統志殘本跋〉、〈明廬江王藏元刻圖繪寶鑑跋〉、〈善權古今錄跋〉、〈重校千頃堂書目跋〉；卷五有〈重刻羅昭諫讒書跋〉、〈元海鹽縣尹顧令君陳山龍君行祠記眞蹟題跋書後〉；卷六有〈明楊忠愍獄中與鄭端簡手書跋〉。《愚谷文存續編》卷一有〈詩經澤書序〉、〈棗林詩集序〉、〈霏雪錄題詞〉；卷二有〈四書經疑問對跋〉、〈谷神子注道德指歸跋〉、〈宋槧陳古靈先生集跋〉、〈宋槧王梅溪集百家註東坡先生詩集跋〉。

〔註4〕這二十一條題跋分別爲：卷四〈唐長孫无忌等進五經正義表跋〉、〈元東陽許氏詩譜鈔跋〉、〈石鼓亭宋槧楊雄傳跋〉、〈南部新書跋〉、〈書宋趙孟奎分類唐歌詩殘本後〉、〈經史避名彙考跋〉、〈刻王節愍公遺集跋〉、〈毛西河毛總戎墓誌銘跋〉、〈渤海陳氏

百八十五條藏書題跋作分析。

第二節　題跋有關目錄學方面之義例

　　吳騫所撰的藏書題跋，其在目錄學方面的義例甚多，其中較為重要而具代表性者，可歸納為五大類，分別舉述如下：

一、作者之考述

（一）引用前人書目以作考證

1.《周易議卦》

　　　　按《周易議卦》一卷，明王崇慶撰，見《千頃堂書目》，此誤題趙汝楳周易輯聞，殊不可解。考《周易輯聞》十六卷，通志堂刊入經解中，與此迥別也。前有蘇祐、黃洪毗端溪經義二序、嘉靖丙申崇慶自序。〔註5〕

此舊鈔本，原題《周易輯聞》，宋趙汝楳撰。吳騫引用《千頃堂書目》，以改正其作者當為明「王崇慶」。

2.《四書經疑問對》

　　　　按宗文，樂平人，至正間領鄉薦，授慶元學正，洪武初，為國子學錄。經義存亡考以此書為成化進士常熟董彝撰，蓋以姓氏偶同而誤耳。周松藹大令云，觀此猶可想見有元一代取士之規模也。又《經義考》于元之董彝，別著《經疑問對》十卷，蓋以未見此書而誤，別有跋一篇，刻《愚谷文存續編》中。〔註6〕

　　　　騫按此書乃元至正時坊刻本，而朱氏經義考二百四十七經解類載董彝《經疑問對》十卷，引黃虞稷曰元董彝編云云，又二百五十六四書類載董彝《四書經疑問對》八卷，引繆泳曰：彝，常熟人，成化壬戌進士。二書竹垞皆著未見，殆未經目睹元刻之誤矣。考千頃堂書目經解類載元董彝《四書經

家乘補跋〉、〈陳乾初先生年譜跋〉、〈題忠孝支族譜後〉；卷五〈元和顧氏重刊宋本列女傳書後〉、〈小草齋舊鈔陳古靈先生集跋〉、〈重刻宋湯文清公註陶詩跋〉、〈重刊宋本謝宣城集跋〉、〈補刊宋本謝宣城集跋書後〉；卷六〈錢開少先生十年堂詩選跋〉、〈棗林雜俎跋〉、〈張楊園先生書綠雪亭雜言題後〉、〈敬業堂文集跋〉、〈蟲獲軒筆記跋〉。

〔註5〕　〔清〕吳壽暘編撰，《拜經樓藏書題跋記》（北京：中華書局出版社，1995年8月，《清人書目題跋叢刊》第十冊），卷一，頁601。

〔註6〕　〔清〕吳壽暘編撰，《拜經樓藏書題跋記》（北京：中華書局出版社，1995年8月，《清人書目題跋叢刊》第十冊），卷一，頁608。

疑問對》八卷，又《經疑》十卷，注彝字宗文，樂平人，元至正領鄉薦入明

　爲國子學錄，又云一本合爲一書，然書目於明之董彝卻無著錄。〔註7〕

吳騫引用《千頃堂書目》，以說明朱彝尊《經義考》因未見此書而誤題作者，該書現藏中國國家圖書館，詳見第六章。

3.《字通》

　　按：名肩吾，當作名從周，字肩吾，彭山人，從周著《字通》一卷，

　　見《書錄解題》。〔註8〕

此書爲當塗黃氏戊從四庫館毛氏影宋本錄出，有其手跋（見本章第三節），每頁十行，每行大字十八，小字夾行二十。吳騫引用陳振孫《直齋書錄解題》，以說明其作者李從周，字肩吾。

4.《六經雅言圖辨》

　　按《六經奧論》六卷，明成化中旴江危邦輔所藏黎溫序而行之，云是鄭漁仲所著。唐荊川輯稗編從之，國朝秀水竹垞朱氏以爲觀其議論，與通志略不合，疑非漁仲之書。今此書題莆陽二鄭者，或疑謂漁仲與其從兄景韋。然予觀天文總辨中論鬼料竅有曰夾漈鄭先生得而讀之云云，則不但非漁仲所著，亦并不出於湘鄉之手，且書中間有引朱文公之說，漁仲歿於紹興之末，而朱子得謚在嘉定之初，相距四五十年，其非漁仲又不待辨矣。

〔註9〕（第一跋）

　　予前論《六經雅言圖辨》爲明人改易變亂，謂之《六經奧論》，而諸家簿錄罕有糾正之者。按虞道園歸田稿序鄭氏毛詩，云求之鄭氏子孫夾漈之手筆，猶有五十餘種，故御史中丞馬公伯庸延祐中於泉南，觀得十數種。泰定中齊履謙治閩亦取十餘種去，皆未及刻。然則此書，或亦在所謂五十餘種未刻稿中，未可知也。大約皆二鄭門弟子輩，各據其師説掇拾而綴成之，故書中頗有參差而自相矛盾者。如：《三墳書》，《通志》以謂可信，《雅言圖辨》斥其辭詼詭譎怪，皆不足信。雅言圖辨詩經類辨亡詩六篇乃笙詩，有音而無辭；至書經類書，疑又謂南陔以下詩亡其六，此詩之闕文也。武成辨謂武成一篇乃史官雜識其征伐及其歸周所行之政

〔註7〕〔清〕吳騫，《愚谷文存續編》（上海：上海古籍出版社，2002年，《續修四庫全書》第1454冊），卷二，頁344。

〔註8〕〔清〕吳壽暘編撰，《拜經樓藏書題跋記》（北京：中華書局出版社，1995年8月，《清人書目題跋叢刊》第十冊），卷一，頁615。

〔註9〕〔清〕吳騫，《愚谷文存》（臺北：藝文印書館，1969年，《百部叢書集成》第40冊），卷四，頁3。

事，無害作史之體，先儒謂錯簡非也；而書疑復云武成先後失次，乃錯文也。凡斯之類，皆不似一人手畢，此又經義考所未及者，故復摘其大略如此。〔註10〕（第二跋）

此書為舊鈔本，吳騫撰寫這兩篇跋文，主要在補充《經義考》所未及者，以書中內容自相矛盾之處，從而推測作者不只一人。

（二）引用傳記、年譜以作考證

1. 《楊忠愍公手札》

　　案：忠愍公以嘉靖三十一年壬子秋，陞南戶部主事，未之任。是冬，即調兵部武選司，十二月十八日到任。明年癸丑元旦，日有食之，公欲因此上書，直陳時政，故曰一路日食，奏稿成也。日食次日，乃癸丑正月初二日。考明史世宗紀，癸丑正月朔，獨不言日食，殆是日適逢陰晦，彼君臣方欲諱災，反以內靈臺為妄，故有掌打之事。公見題目不合，遂趨出，別艸疏稿，即於是月十八日奏上，此皆與年譜符合，無可置疑。其所謂南都事，當即興學校，開荒田，緝武備，繕城池等，皆公平日之欲為而未得者，年譜言之悉矣。二王事亦不過言父子不宜疏遠之意，蓋是時世宗尤多嫌忌，稍涉建儲事，便曰欲死時君立新君，立置重辟矣。公豈見不及此乎？至末云湖翁欲老先生還朝，湖翁當即徐少湖。按《端簡本傳》，以南太常召為吏部郎，歷階刑部尚書，皆如公所言也。偶觀諸公所題，多有異同者，聊復識之。〔註11〕

吳騫嘗於乾隆四十七年（1782）獲得《明楊忠愍獄中與鄭端簡手書》，即命工裝為上下二冊，並有諸多名人題跋，對其真蹟極為珍藏愛惜。〔註12〕此跋文引用《楊忠愍年譜》及《鄭端簡本傳》，以證手札之史實。

2. 《六臣注文選》

　　按《唐書·曹憲傳》云：憲始以梁昭明太子文選授諸生，而同郡魏模、公孫羅、江夏、李善相繼傳授，於是其學大興。句容許淹者，自浮屠還為儒，多識廣聞，精故訓，與羅等竝名家，羅官沛王府參軍事、無錫丞。模

〔註10〕〔清〕吳騫，《愚谷文存》（臺北：藝文印書館，1969 年，《百部叢書集成》第 40 冊），卷四，頁 4。

〔註11〕〔清〕吳壽暘編撰，《拜經樓藏書題跋記》（北京：中華書局出版社，1995 年 8 月，《清人書目題跋叢刊》第十冊），卷四，頁 657。

〔註12〕參見〔清〕吳騫，《愚谷文存》（臺北：藝文印書館，1969 年，《百部叢書集成》第 40 冊），卷六，頁 4。

武后時爲左拾遺，子景倩亦世其學，以拾遺召，後歷度支員外郎。善見子
邕傳，今世第傳文選六臣之注，而餘人罕有著聞者。〔註13〕

吳騫引用《唐書・曹憲傳》，以說明注解《文選》之六位作者。

3.《秋思草堂集》

右錄陸氏萃行遺書一卷，萃行爲麗京先生女，適袁花祝氏，今其後
嗣無可考。當從祝氏之老訪之，或借其家譜查之，不知此外尚有著述否？

〔註14〕

此集爲錢塘女史陸萃行所作，老父雲遊始末，有其甥吳磊跋；吳騫欲從鄉老或其家
譜，以更詳知作者是否另有著述。

（三）據書中可疑部分提出質疑

如《元秘書監志》：

《曝書亭集》作《秘書監志》，監字似不可少，又書目錄前云此志既
用國書，語多鄙俚，而每卷立題，尤荒謬不通，恐并非王商手筆，或後人
妄撰此目，未可知。惜竹垞、竹汀諸公，均未論及。〔註15〕

此書十一卷，元承務郎秘書監著作郎王士點、承事郎秘書監著作佐郎商企翁同編，
首載至正二年聖旨。朱彝尊序稱「秘書監志」，而書題「秘書志」，吳騫認爲「監」
字似不可少，且亦據書中目錄荒謬不通而懷疑作者恐非作官之人。

二、作者生平之介紹

1.《明婁江邵氏經學二書》

《詩序解頤》一卷、《春秋通議略》二卷，皆明邵氏弁著，弁字偉元，
太倉州人，歲貢生。〔註16〕

此兩舊鈔合爲一本，同一位作者明邵弁。

2.《古民先生集》

陳梓字俯恭，一字古銘，家秀水之濮院，學宗洛閩，工詩，書法得晉

〔註13〕〔清〕吳壽暘編撰，《拜經樓藏書題跋記》（北京：中華書局出版社，1995年8月，
《清人書目題跋叢刊》第十冊），卷五，頁676。

〔註14〕〔清〕吳壽暘編撰，《拜經樓藏書題跋記》（北京：中華書局出版社，1995年8月，
《清人書目題跋叢刊》第十冊），卷五，頁684。

〔註15〕〔清〕吳壽暘編撰，《拜經樓藏書題跋記》（北京：中華書局出版社，1995年8月，
《清人書目題跋叢刊》第十冊），卷三，頁643。

〔註16〕〔清〕吳騫，《愚谷文存》（臺北：藝文印書館，1969年，《百部叢書集成》第40冊），
卷四，頁5。

唐之遺，晚右臂病攣，常運左筆，後居姚江以老。此稿詩字俱佳，陳子珍
之，槎客記。〔註17〕

此為陳梓先生手稿詩一卷，其集名曰「來雨」，吳騫嘗贊此稿詩字俱佳，作者極為珍
愛。

3.《汪氏雜著》

　　此前輩汪茂才立仁遺稿也。立仁本歙縣人，僑居小桐溪，少工詩，善
屬文，以屢困場屋，悒悒不得志而沒，無子，遺稿多散逸。每展斯編，未
嘗不為之興歎也。〔註18〕

此為同里汪立仁先生所著，吳騫極為珍藏。

4.《釣餘集》

　　朱可人先生，名達，海寧人，諸生，英袖先生之子也。〔註19〕

此為朱達先生雜文一冊，朱型家手寫本。

5.《明詩綜》

　　張為儒《蟲獲軒筆記》，……為儒字承之，海寧人，貢生，生平湛深
經學，惜身後著述多散佚。〔註20〕

此初印本，紙墨並佳。吳騫在其首冊《蟲獲軒筆記》嘗記說朱彝尊選《明詩綜》，喜
刪改前人之句，然有大失作者之旨者。

6.《又韓隨筆》

　　《癸亥集》一冊，近從苕賈得之。據序稱又韓所撰，又韓未詳其姓名，
似是禹航人，曾任麻城令，觀其書，亦一超覽之士。〔註21〕

此鈔本一冊，題「隨筆癸亥集」，前有叔紹貞序，周春嘗讀之，認為明人著書題《癸
亥集》應為「眉公派」，話雖如此，吳騫卻說只知以爛熟八比取功名者，亦大有人在。

7.《蟲獲軒筆記》

　　《蟲獲軒筆記》，鄉先輩張誠之先生所著。誠之名為儒，侍御曾裕孫，

〔註17〕〔清〕吳壽暘編撰，《拜經樓藏書題跋記》（北京：中華書局出版社，1995年8月，
　　　　《清人書目題跋叢刊》第十冊），卷五，頁681。
〔註18〕〔清〕吳壽暘編撰，《拜經樓藏書題跋記》（北京：中華書局出版社，1995年8月，
　　　　《清人書目題跋叢刊》第十冊），卷五，頁682。
〔註19〕〔清〕吳壽暘編撰，《拜經樓藏書題跋記》（北京：中華書局出版社，1995年8月，
　　　　《清人書目題跋叢刊》第十冊），卷五，頁683。
〔註20〕〔清〕吳壽暘編撰，《拜經樓藏書題跋記》（北京：中華書局出版社，1995年8月，
　　　　《清人書目題跋叢刊》第十冊），卷五，頁683。
〔註21〕〔清〕吳壽暘編撰，《拜經樓藏書題跋記》（北京：中華書局出版社，1995年8月，
　　　　《清人書目題跋叢刊》第十冊），卷四，頁656。

長於學問，尤篤意經術。〔註22〕

三、書名與卷數之考述

（一）引用前人書目以考證卷數

1. 《從古正文》

> 按《千頃堂書目》，《從古正文》六卷，……《讀書敏求記》云一卷，

疑誤。〔註23〕

此舊刻本，無序目。吳騫依《千頃堂書目》知其六卷，黃諫輯，天順己卯序，今本失其序，然亦舊印，較明隆萬間書，迴然不同。

2.《六經雅言圖辨》

> 予得舊鈔《六經雅言圖辨》八卷，有目無序，第一卷六經，二卷詩，
> 三卷書，四卷五卷易，六卷禮樂禮記，七卷周禮，八卷春秋。題曰《莆陽
> 二鄭先生六經雅言圖辨》，甲科府教許一鶚家藏，甲科府教方澄孫校正。
> 考之諸家籍錄多不載，惟焦氏《經籍志》及黃氏《千頃堂目》僅有《莆陽
> 二鄭六經圖辨》，並未著二鄭名氏，而卷數亦各不符（焦氏作四卷，黃氏
> 作十卷，注云一作四卷）。〔註24〕

吳騫參考《國史經籍志》及《千頃堂書目》，兩者所著錄之卷數各不相同。

3. 《元秘書監志》

> 丙寅五月，仲魚孝廉為予從吳中購得此志，其卷數門類與《十駕齋養
> 新錄》所載悉同，惟葉數，《養新錄》共二百六十五葉，而此計二百六十
> 八葉，豈宮詹所見本，尚有闕葉歟。〔註25〕

此書為吳騫託請陳鱣購得，該書卷數、門類皆與錢大昕《十駕齋養新錄》所載相同，但其葉數似有差別。

4. 《谷神子注道德指歸》

> 考《晁氏讀書志》云：唐志有嚴君平《道德指歸論》四十卷（按《唐

〔註22〕〔清〕吳騫，《愚谷文存》（臺北：藝文印書館，1969年，《百部叢書集成》第40冊），卷六，頁10。

〔註23〕〔清〕吳壽暘編撰，《拜經樓藏書題跋記》（北京：中華書局出版社，1995年8月，《清人書目題跋叢刊》第十冊），卷一，頁613。

〔註24〕〔清〕吳騫，《愚谷文存》（臺北：藝文印書館，1969年，《百部叢書集成》第40冊），卷四，頁2。

〔註25〕〔清〕吳壽暘編撰，《拜經樓藏書題跋記》（北京：中華書局出版社，1995年8月，《清人書目題跋叢刊》第十冊），卷三，頁644。

書藝文志》實止十四卷，蓋晁氏譌倒），谷神子著。十三卷，馮廓注。此本卷數與廓注同。題谷神子而不顯名，疑即廓也。又按錢遵王《讀書敏求記》得其族人所貽錢叔寶家鈔本，自七卷至十三卷，前有總序，後有「人之饑也」至「信言不美」四章（當作六章），與總序相同。焦弱侯作《老子翼》，亦未見，此真祕書也。騫詳玩此本與「也是園」所載卷帙相符。〔註26〕

吳騫先指出《郡齋讀書志》所載卷數訛倒，再依《讀書敏求記》所藏之家鈔本，此書宜爲十三卷。

5. 《沈氏弋說》

按《千頃堂書目》，《沈氏弋說》十卷，《月旦》六卷。今此編不列卷數，又無序目，疑非全書也。〔註27〕

此爲吳騫收得龍山查堯卿上舍所藏之舊鈔本一冊，作者沈長卿，字幼宰，杭州人，萬曆間舉人。

6. 《元珠密語》

《元珠密語》十六卷，不見于《新舊唐書藝文志》及《文獻通考》，惟晁氏《讀書志》有天元玉冊三十卷，云啓元子撰。啓元子，即唐王砅也，書推五運六氣之變，今此只十六卷，未知與天王玉冊相同否。《夾漈通志》，《元珠密語》十卷，不著撰人。焦氏《經籍志》同。《讀書敏求記》，《元珠密語》十七卷，七或六之譌，盱江張三錫運氣格，以爲託名《元珠密語》。〔註28〕

此書爲唐王砅著，前有其自序，後有滬城成孚氏跋。吳騫嘗參照《郡齋讀書志》、《通志》、《國史經籍志》、《讀書敏求記》等諸書，其所著錄之卷數，各有差異。

7. 《痘疹仁端錄》

按《簡明書目》，《仁端錄》十六卷（十字疑衍），明徐謙著，其門人陳蔡刪定。今此本六卷，視近時坊刻五卷者，不翅倍蓰，究不知陳蔡定本何如，恐未必如此本之詳也。〔註29〕

〔註26〕〔清〕吳騫，《愚谷文存續編》（上海：上海古籍出版社，2002年，《續修四庫全書》第1454冊），卷二，頁345。

〔註27〕〔清〕吳壽暘編撰，《拜經樓藏書題跋記》（北京：中華書局出版社，1995年8月，《清人書目題跋叢刊》第十冊），卷四，頁656。

〔註28〕〔清〕吳壽暘編撰，《拜經樓藏書題跋記》（北京：中華書局出版社，1995年8月，《清人書目題跋叢刊》第十冊），卷四，頁658。

〔註29〕〔清〕吳壽暘編撰，《拜經樓藏書題跋記》（北京：中華書局出版社，1995年8月，《清人書目題跋叢刊》第十冊），卷四，頁660。

此鈔本六卷，吳騫嘗補鈔首序二篇，並懷疑《簡明書目》所記「十六卷」有誤。

　　8.《韓文考異》

　　　　按《書錄解題》載《韓文考異》四十卷，外集十卷，今此本文集止二
　　十卷，外集不分卷數，不知何故。〔註30〕

此書二十卷，爲元刻本，每葉二十六行，每行大字二十，小字夾行二十，無撰作者
姓氏，吳騫嘗因《直齋書錄解題》所載卷數較多而感到困惑。

　　9.《碧雲集》

　　　　按晁氏《讀書志》及《文獻通考》所引，並云二卷，惟《曝書亭藏書
　　目》作三卷，予此本得之烏夜村張氏，卷數適與之相符，何古今本之不同
　　也。又序言五六七言二百篇，而此實三百餘篇，豈後人附益而重編之歟，
　　書此以俟它日考定云。〔註31〕

吳騫嘗參照《郡齋讀書志》、《文獻通考》二書，皆記載《碧雲集》爲「二卷」，而
《曝書亭藏書目》記爲「三卷」；故對今古本著錄不同而感到疑惑。

　　10.《陳衆仲集》

　　　　按《千頃堂書目》，《陳旅安雅堂集》十三卷，今世行本大約相同。予
　　舊藏此元刻本二冊，題曰《陳衆仲文集》。考諸家簿錄，皆未見有此目，
　　未審其同異若何？卷首林泉子序，作于至正辛卯，距衆仲之卒已十年，當
　　是其子籲最初刻本，雖僅存四卷，而詩則已全，零編盡簡，何可不什襲珍
　　之。兔牀記，又書別紙云，按《元史本傳》，文集十四卷，不知即此集否。
　　《簡明書目》，《安雅堂集》十三卷（遺書目云十四卷）。元百家詩選小傳，
　　安雅堂集一百廿四首。元刻《陳衆仲集》，一二卷一百六十九首，三卷一
　　百五十九首，通計三百廿八首，較元詩選多二百四首。〔註32〕

此書元刻不全本，僅存詩賦三卷、序一卷，而根據當初《千頃堂書目》及《簡明書
目》所載應爲十三卷。

（二）據刊刻者以考證書名、卷數

　　1.《四書經疑問對》

〔註30〕〔清〕吳壽暘編撰，《拜經樓藏書題跋記》（北京：中華書局出版社，1995年8月，
　　　　《清人書目題跋叢刊》第十冊），卷四，頁663。

〔註31〕〔清〕吳壽暘編撰，《拜經樓藏書題跋記》（北京：中華書局出版社，1995年8月，
　　　　《清人書目題跋叢刊》第十冊），卷五，頁667。

〔註32〕〔清〕吳壽暘編撰，《拜經樓藏書題跋記》（北京：中華書局出版社，1995年8月，
　　　　《清人書目題跋叢刊》第十冊），卷五，頁674。

　　　　竊疑《四書經疑問對》、《四書疑》實止一書，今考元刻於卷首第一行
　　有題《四書經疑問對》者，又有曰《四書經疑》者，曰《四書疑者》，曰
　　《四書》擬題《經疑問對》者，此皆坊間人刻書參錯不檢之過，而黃朱二
　　家均不免譌以傳譌耳。〔註33〕

此書爲元刻八卷，吳騫以爲其卷首題名有出入，乃因坊間刊刻工人所誤。

2.《明史稿列傳》

　　　　萬季野先生所撰《史稿》，方望溪侍郎以爲四百六十卷，諸志未成，
　　全謝山庶常以爲五百卷。今此僅列傳二百六十七卷，雖似未全，蓋華亭開
　　雕時，亦尚有刪併也。〔註34〕

吳騫以爲此書僅存原本的一半卷數，乃因當初刊刻時就有所刪減。

3.《吳越春秋》

　　　　《吳越春秋》十卷，本元徐天祐音註，刻《漢魏叢書》者，削去天祐
　　之名，又併其卷爲六，盡失本來面目。明人刻書，往往如此，可歎也。茲
　　從元刻《吳越春秋》補鈔序目，附釘於前，而大德年中校刊諸人姓名官閥，
　　亦附錄于後，庶使觀者知舊本之可貴云。〔註35〕

吳騫嘗從元刻補鈔，其目錄宜爲十卷，但至明代所刻的《漢魏叢書》時，竟變爲六
卷。

（三）未見載於《千頃堂書目》者

　　如《錢開少先生十年堂詩選》：

　　　　明潤州《錢開少先生邦芑十年堂集》，不見於諸家簿錄，黃氏《千頃
　　堂書目》亦未載。此舊鈔本爲予友陳仲魚孝廉得自吳中，古香可愛。凡上
　　下二卷。上卷古歌詞十五首，琴操十七首，三言詩四首，四言詩二十二首，
　　騷八首，樂府六十二首，五言古詩一百二十八首。下卷七言古詩五十七首，
　　七言排律八首，五言律詩六十八首，七言律詩一百十三首，五言絕句六十
　　四首，六言絕句二十三首，七言絕句五十五首，通計古近體歌詩六百四十
　　四首，詩餘十一首。卷首題《十年堂集選》，疑全集尚不止此編中。歸田

〔註33〕　〔清〕吳騫，《愚谷文存續編》（上海：上海古籍出版社，2002 年，《續修四庫全書》
　　　　　第 1454 冊），卷二，頁 344。
〔註34〕　〔清〕吳壽暘編撰，《拜經樓藏書題跋記》（北京：中華書局出版社，1995 年 8 月，
　　　　　《清人書目題跋叢刊》第十冊），卷二，頁 621。
〔註35〕　〔清〕吳壽暘編撰，《拜經樓藏書題跋記》（北京：中華書局出版社，1995 年 8 月，
　　　　　《清人書目題跋叢刊》第十冊），卷二，頁 618。

詩共十八首，而《明詩綜》止錄一首，豈竹垞并此選亦未見邪。〔註36〕
此書爲陳鱣得自吳中，吳騫既錄其佳者於《拜經樓詩話》，又補其書名於所藏《千頃
堂書目》，使後人得以考見。

四、特色與價值之評論

1.《元大一統志殘本》

> 上其書於古今建置沿革及山川古蹟形勢人物風俗土產之類，網羅極爲
> 詳備，誠可云宇宙之鉅觀，堪輿之宏製矣。惜乎明初脩元史者編纂草草，
> 而地理一門尤爲疏略。苟憑此志爲權輿，更加之檢核。……〔註37〕

此殘本六巨冊，自六百十五至七百五十一，其中少九十七卷，僅存三十九卷，全卷
二十八，不全卷二十一，共四百三番。每番二十行，行二十字，字大悅目。

2.《道古樓書畫目錄》

> 此爲插花山馬寒中上舍所輯，上自三代，下迄有明，凡金石碑版，以
> 至法書名畫，眞蹟題跋，靡不甄錄，蓋將勒成一書，如珊瑚網、清河書畫
> 舫之流，此乃其艸創總目，上下添注者，猶是寒中手筆。〔註38〕

五、個人意見或心得之表達

（一）與周廣業交換讀書心得

如《樂記逸篇》：

> 勤補云，《樂記補亡》，用意甚善，但必云某書是某逸篇，則不可，或
> 類集其近似者而云此可補奏樂，此可補樂器，以存其彷彿，庶乎可也。幸
> 與小疋商之，所見亦是，惜效曾病廢，無從以斯言告之耳。〔註39〕

此書嘗經丁杰校訂，周廣業亦曾借閱之。

（二）與鮑廷博交換讀書心得

1.《蘇詩補注》

〔註36〕〔清〕吳騫，《愚谷文存》（臺北：藝文印書館，1969年，《百部叢書集成》第40冊），
卷六，頁7。

〔註37〕〔清〕吳騫，《愚谷文存》（臺北：藝文印書館，1969年，《百部叢書集成》第40冊），
卷四，頁13～14。

〔註38〕〔清〕吳壽暘編撰，《拜經樓藏書題跋記》（北京：中華書局出版社，1995年8月，
《清人書目題跋叢刊》第十冊），卷三，頁643。

〔註39〕〔清〕吳壽暘編撰，《拜經樓藏書題跋記》（北京：中華書局出版社，1995年8月，
《清人書目題跋叢刊》第十冊），卷一，頁610。

右為初白先生手定注稿，視嘉善刻本多有異同。嘉慶已巳試燈日，老友鮑淥飲自梧桐鄉過訪，謂有初白注蘇詩手稿，予出此眎之，相對怳然，蓋先生注此書，數易其稿始成，具見良工之苦心也。〔註40〕

此書五十卷，查慎行手稿，桐鄉汪氏藏本，有「擁書樓」所藏圖記。

2.《王梅溪集百家注東坡先生詩集》

吾友鮑君以文，嘗疑百家姓氏中，胡銓字邦衡，為後人妄添，謂胡銓姓名偶同，而實非忠簡公。予竊以為不然。按注中明有引邦衡曰者，則其為忠簡無疑。鮑君又謂，忠簡，廬陵人，不應冠以苕溪。予按書中只以苕溪冠胡仔姓氏上，而胡銓上偶失著廬陵耳。如潘大陵、大觀皆黃崗人，而列豫章之後，徐俯，臨川人，而列臨安之後，此並注家之鹵莽也。〔註41〕

此書為宋刻本，每葉二十行，每行大字十九，小字夾注二十五，前有建安萬卷堂刊梓於家塾長墨印，卷首有慶元路提學副使曬理書籍關防鈐記，及濮陽李廷相雙檜堂書畫私印圖記。此跋文乃是吳騫對鮑廷博所提疑問之反駁。

（三）透露出愛書之心情

如《剡源文鈔》：

予心慕《剡源文集》數十年，嘉慶甲子，始購得是編而讀之。漫識卷尾，齊雲采藥翁（時年七十又二）。〔註42〕

此書為刻本四卷，前有本傳自序。吳騫嘗對其文集心儀數十年之久，終於在他七十二歲時買到，又附錄馬思贊的跋語於卷首。

（四）與書商討論

如《王百穀集》：

嘉慶庚申，搆得百穀先生集，其評點者，未審何人，苕估謂是前輩許仲韋明經筆，未知然否。兔牀志。〔註43〕

此書六冊，分別為晉陵、金昌、燕市、竹箭、青雀、明月、荊溪、疏延、令纂諸集。

〔註40〕〔清〕吳壽暘編撰，《拜經樓藏書題跋記》（北京：中華書局出版社，1995年8月，《清人書目題跋叢刊》第十冊），卷五，頁669。

〔註41〕〔清〕吳壽暘編撰，《拜經樓藏書題跋記》（北京：中華書局出版社，1995年8月，《清人書目題跋叢刊》第十冊），卷五，頁669。

〔註42〕〔清〕吳壽暘編撰，《拜經樓藏書題跋記》（北京：中華書局出版社，1995年8月，《清人書目題跋叢刊》第十冊），卷一，頁673。

〔註43〕〔清〕吳壽暘編撰，《拜經樓藏書題跋記》（北京：中華書局出版社，1995年8月，《清人書目題跋叢刊》第十冊），卷一，頁680。

第三節 題跋有關版本學方面之義例

吳騫所撰之藏書題跋，其在版本學方面的義例亦不少，其中較為重要而具代表性者，共有六大類，分別舉述如下：

一、記述前人藏家之授受歷程

1.《太平廣記》

此明刻本《太平廣記》，為譚愷開雕，較世行坊刻，猶有古意。卷首有郁逢慶叔遇圖記。按叔遇，嘉興人，性喜收藏書畫。崇禎中嘗手輯古今名人法書名畫題跋記正續各十二卷，可與汪氏珊瑚網、孫氏庚子銷夏記相頡頏，惜未有為刊行者。此書間有闕番，皆郁氏原補。〔註44〕

此書嘗經陳鱣依宋版手校一過，可謂插架之良本。

2.《宋槧王梅溪集百家注東坡先生詩集》

卷首有朱文鈐記云，慶元路提學副使邵曦理書籍關防，凡十四字。蓋元時曾以充慶元路官書為儒學副提舉所掌收，亦可備典故。又有朱文長印云，濮陽李廷相雙檜堂書畫私印，又知在明曾為濮州李文敏司徒藏書。文敏宏治進士，閱今亦三百年矣。〔註45〕

《續文獻通考》，元時儒學提舉副司，管祭祀諸職，兼送到典牒。按李廷相，錦衣衛籍，濮州人，洪治壬戌進士，累官戶部尚書兼太子賓客，贈太子太保，諡文敏，有《南銓稿》二卷，聯句一卷，見《千頃堂書目》。〔註46〕

吳騫的這兩條跋語皆說明此書鈐有李廷相私印，並為其生平作簡介。

二、考述版本之優劣異同

（一）參考前人所述版本

1.《周禮纂圖互注重言重意》

按《經義考》，載《周禮附音重言重意互注》十二卷，引謬泳謂元人所輯，並無指實，且與纂圖互注毛詩出唐宋人之說自相矛盾。此本的係宋槧，非明尹洪兩廣重刻本也。諸卷前後原有印記，不知何時割去，迹尚可

〔註44〕〔清〕吳壽暘編撰，《拜經樓藏書題跋記》（北京：中華書局出版社，1995年8月，《清人書目題跋叢刊》第十冊），卷四，頁649。

〔註45〕〔清〕吳騫，《愚谷文存續編》（上海：上海古籍出版社，2002年，《續修四庫全書》第1454冊），卷二，頁347。

〔註46〕〔清〕吳壽暘編撰，《拜經樓藏書題跋記》（北京：中華書局出版社，1995年8月，《清人書目題跋叢刊》第十冊），卷五，頁668。

辨。〔註47〕

吳騫認爲《經義考》說法有誤，此書當爲宋刻本，並非明重刻本。

2.《鑑誡錄》

昔朱竹垞檢討嘗得宋槧本，乃項氏天籟閣舊藏，首闕劉曦度序。此本
從金閶宗人伊仲借錄，蓋影宋鈔也。劉序亦無，間多闕文。聞桐鄉金雲莊
比部（德輿）新購得宋刻本，亦有闕文，未知與此本同否，當更借校之。

〔註48〕

此書十卷，吳騫從吳翌鳳家中借錄，另得知臨邑友人亦有宋刻本，不知與家藏本是
否相同。

3.《谷神子注道德指歸》

明末胡孝轅等取《道德指歸論》六卷刻入《祕冊彙函》，卷末人之饑
也以下六篇闕，今此本俱全，倂可補其佚，宜遵王珍爲祕冊。而陸放翁謂
玉笈道藏書二千卷，以《道德指歸》爲第一也。嚴氏指歸既闕一卷至六卷，
此本又取唐元宗元德纂疏，冠於七卷之前以補全，豈亦谷神子所爲耶。谷
神子注，刻本今惟道藏中有之，此本亦似從彼傳錄者，視卷首編排千文能
六能八字號可見，第魚魯尚多。又若晁氏《讀書志》謂谷神子注，其章句
頗與諸本不同，如以曲則全章末十七字爲後章之首之類，今此本仍與河上
公王弼諸家注本相同，則又不可解。敏求記本，今歸吳趨黃蕘圃處，安得
借道藏刻本及蕘圃本合而契勘之，尤爲全嫩矣。〔註49〕

由谷神子所注的刻本，至今只於道藏中有之，與其他注本頗有差別。

4.《宋槧漢書殘本》

《漢書》以宋眞宗景祐中雕本爲第一，當時惟位登兩府者，始得拜賜。
厥後仁宗景德重刊本亦佳，故前輩論宋槧本之精者，舉無出漢書之右。此
一十四冊，每冊爲一卷，皆列傳，中間有闕番，且考其首尾，刊書歲月莫
可稽。〔註50〕

〔註47〕　〔清〕吳壽暘編撰，《拜經樓藏書題跋記》（北京：中華書局出版社，1995年8月，
　　　　　《清人書目題跋叢刊》第十冊），卷一，頁606。

〔註48〕　〔清〕吳壽暘編撰，《拜經樓藏書題跋記》（北京：中華書局出版社，1995年8月，
　　　　　《清人書目題跋叢刊》第十冊），卷四，頁649。

〔註49〕　〔清〕吳騫，《愚谷文存續編》（上海：上海古籍出版社，2002年，《續修四庫全書》
　　　　　第1454冊），卷二，頁345。

〔註50〕　〔清〕吳騫，《愚谷文存》（臺北：藝文印書館，1969年，《百部叢書集成》第40冊），
　　　　　卷四，頁6。

吳騫在跋文末又提及此刊本雖無歲月可稽，但其中多避孝宗、光宗諱，疑即慶元嗣歲建安劉之同校刊本。

（二）論述所見版本

1. 《賈子新書》

　　按：遠猶，即欽遠猷，抱經堂盧氏本所稱李空同本，正德八年刻，後有欽遠猷者，不知何時人是也。又謂何氏於文義不順者，頗加竄改，又於過秦論後，補審取合一篇，乃錄大戴禮察篇全文，今不用。其宋本，當即盧氏所謂建本，明毛斧季、吳元恭皆據以改近世之本者是也，以有建寧府陳八郎一行，故稱建本云。

　　乙巳夏五，有書賈持明刻賈子一部，欲售於予，先爲汪氏映月軒所得，因借閱之。其字視今時本頗大，前有黃寶序，已不全，似即所謂陸良弼在長沙所刻本。是日手校二卷，屬有事未竟，他日當再借以卒業也。〔註51〕

吳騫嘗以盧氏抱經堂本、明刻大字本作對校。

2. 《宋槧陳古靈先生集》

　　自明以來，若謝在杭小草齋及曹秋岳古林舊鈔本，予皆取以手校，大抵俱從此本傳出，故其所闕字皆與此本相同。兩鈔本前俱有《古靈年譜》，宋槧本無年譜而有使遼語錄一篇，則鈔本俱無，其間雖不免漫漶，然猶可據以考史。〔註52〕

《陳古靈先生集》的宋刻本與鈔本之差異處，已在前文詳述過。

3. 《宋槧王梅溪集百家註東坡先生詩集》

　　東坡先生詩集，舊有《王梅溪集百家註》，施德初與顧景蕃合注二本，人但稱爲王注、施注。王分類，施編年。王注有坊刻及茅維朱從延等刊本行世，故行本較廣，施注頗少。宋商邱得宋刻不全本，屬邵子湘馮山公等刪定補注而刊之。吳下論者每以分類編年及體例定二家優劣。至王註之疏略挂漏，則時行百家註多經後人刪薙，並非王氏本來面目。此本予舊藏乃南宋建安萬卷堂刊梓家塾，蓋即文獻通考所稱建安本也。書分卷二十五，門七十八，卷數門類亦與時本夐然不同。其註則較時本幾多什之二三，即如定惠院海堂詩自然富貴出天姿，不待金盤薦華屋，有次公曰言不待金盤

〔註51〕〔清〕吳壽暘編撰，《拜經樓藏書題跋記》（北京：中華書局出版社，1995年8月，《清人書目題跋叢刊》第十冊），卷四，頁647。

〔註52〕〔清〕吳騫，《愚谷文存續編》（上海：上海古籍出版社，2002年，《續修四庫全書》第1454冊），卷二，頁346。

之盛而薦於華屋之下，時本皆無之。二月三日在黃州點燈會客，試開雲夢
羔兒酒，快瀉錢塘藥玉船，註子仁曰：先生又有獨酌試藥玉傳詩云，鎔鉛
煮白石，作玉徒自欺；琢削爲酒杯，規摹定州瓷。此段時刻亦刪去。讀者
皆不知藥玉滑盞之即藥玉船，且前詩快瀉二字，正可與滑盞互證，益見坡
詩用字之妙，若斯之類，尚不勝枚數。〔註53〕

吳騫對此宋刻本特別鍾愛，在其跋文中詳述王注本和施注本的差別處。

4.《歝堂集古錄》

《歝堂集古錄》，世傳刊本，首敘即闕文二百四十餘言，而筆畫之訛
舛，尤不勝計。昨歲陳君仲魚得舊本，迺新安陳書崖昂所鈔藏者，首序既
全，而字畫精好，與刊本有豪釐千里之殊。卷末又有元統改元，吳郡干待
制文傳跋，亦刊本所無者。〔註54〕

此書嘗經吳騫手校，丁杰借觀久之，以此本寄還，但非原書。

三、鈔錄前人序跋

1.《明婁江邵氏經學二書》

《詩序解頤》見於黃氏《千頃堂書目》，而秀水《經義考》不載。予細
觀之，其書多直取考亭詩序辨說之文，自下已意間有之，竹垞不著於錄，
豈有見而然與！《春秋通義略》，《經義考》作《通義略》二卷，并錄其自
序云，幽居文籍、罟接、坐臥，以經籍自隨，日有記札，輒疏爲或問一卷，
凡例一卷，《微旨辨疑》八卷，總名之曰《春秋通議略》。騫按：《微旨辨疑》
八卷六字，竹垞蓋亦承黃氏書目之譌說，若如所列，則當云十卷，而非二
卷矣。此舊鈔本序中無此句，故知二家皆不免譌以傳譌也。〔註55〕

此跋文末的按語則是吳騫根據該作者自序所言，當知其原書宜爲十卷。

2.《字通》

黃跋謂所引說文有與今本小異者，如茲从艸，茲省聲，今說文乃作絲省聲，未
必不有功于小學也。按今說文解字作艸，絲省聲，此云从艸，茲省聲，與五音韻譜
同。豈字通所云說文，乃韻譜耶。然艸絲省聲之說，似當。若艸茲省聲，夫已作茲

〔註53〕〔清〕吳騫，《愚谷文存續編》（上海：上海古籍出版社，2002年，《續修四庫全書》
第1454冊），卷二，頁346。

〔註54〕〔清〕吳壽暘編撰，《拜經樓藏書題跋記》（北京：中華書局出版社，1995年8月，
《清人書目題跋叢刊》第十冊），卷一，頁613。

〔註55〕〔清〕吳騫，《愚谷文存》（臺北：藝文印書館，1969年，《百部叢書集成》第40冊），
卷四，頁5。

矣，尚何省之有。書此以俟明於小學者證之。〔註56〕

四、記載刊刻事略

1.《南唐書注》

> 大梁周雪客先生《南唐書注》，當時最有名，以未有刊本，故流傳絕少。昔襄平蔣蘿村梅中兄弟合刻馬陸二書時，曾得此校閱，既以示朱竹垞檢討，竹垞極賞之，謂蘿村已刊馬陸二書，是以不復從臾，攜過廣陵，曹荔帷先生見之，勸其弟燕客郡丞開雕，卒亦未果，迄今又七十餘載矣。吾友張君文魚從易州山中得此書，數千里懷之以歸，喜不自勝，亟謀付之梨棗。予閒從借讀，觀其徵引之富，眞竹垞所謂具費苦心者。
> 〔註57〕

此書在第五章已有提及，其書而後由張燕昌刊刻，吳騫得以借校，贊其友博雅嗜古，誠爲不朽之盛事。

2.《宣明論方》

> 河間宣明論方，原刻七卷，後人翻刻，妄分爲十五卷，而行款亦多改換。余家舊本，有大定己亥古唐馬□□（下缺）序。〔註58〕

此書紙墨古雅，當是明以前刻本。

3.《韓文考異》

> 按此當即留耕王氏原刻，所謂南劍本也。第余考秀水王惺齋讀韓記疑云，王伯大本，每卷末附音釋若干條，而此未見。其音釋惟散入注中，譌舛亦甚多，又豈後人翻王本歟。〔註59〕

此按語是針對吳氏所藏的元刻本。

五、敍述字體、墨色或裝幀

1.《毛詩闡秘》

> 是書先君子得於吳門書肆中，鈔寫甚精，硃筆圈點及題識皆親筆，裝

〔註56〕 〔清〕吳壽暘編撰，《拜經樓藏書題跋記》（北京：中華書局出版社，1995年8月，《清人書目題跋叢刊》第十冊），卷一，頁615。

〔註57〕 〔清〕吳壽暘編撰，《拜經樓藏書題跋記》（北京：中華書局出版社，1995年8月，《清人書目題跋叢刊》第十冊），卷二，頁622。

〔註58〕 〔清〕吳壽暘編撰，《拜經樓藏書題跋記》（北京：中華書局出版社，1995年8月，《清人書目題跋叢刊》第十冊），卷四，頁659。

〔註59〕 〔清〕吳壽暘編撰，《拜經樓藏書題跋記》（北京：中華書局出版社，1995年8月，《清人書目題跋叢刊》第十冊），卷五，頁663。

褫雅潔，印記累累，嘗取以補入《經義考》。〔註60〕

此書爲魏沖叔子著，不分卷，國風爲一冊，小雅大雅各爲一冊，三頌爲一冊。有天啓四年秋七月沖自序，現藏國家圖書館，詳見第六章。

2.《宋槧漢書殘本》

然楮墨精好，字兼歐柳筆，如銀鉤銕畫，實目所僅覯。至其行款之古。……〔註61〕

此書爲宋本《前漢書》的列傳，共爲十四卷，其後記正文、注文字數，筆畫工整，紙墨古雅，實爲宋刻之最佳者。現藏南京圖書館，詳見第六章。

3.《石鼓亭宋槧揚雄傳》

今春過石鼓亭，出以見眎，合諸予本，行款字畫，無纖屑異，蓋實出一板，惟楮墨略有後先耳。惜此卷失其首尾，無從契勘。〔註62〕

此爲張燕昌的藏本，吳騫將其書與自藏宋大字本《漢書》作對照，並爲之題跋數語，以見彼此書癖之好。

4.《明盧江王藏元刻圖繪寶鑑》

此書雖未著王名，然其裝潢極精，外用磁青花假緞包裹前後，復以黃緞界烏絲闌細標卷目帖於面，款制迴非民間藏書可比，又豈特所謂宣綾包角藏經箋而已。〔註63〕

吳騫正當七十時收得此書，其卷首有盧江王書畫記印章，蓋明藩邸舊藏者。

5.《宋槧陳古靈先生集》

舊藏宋槧《古靈先生集》，世所希覯，字倣歐柳，紙若銀板，墨香可掬。〔註64〕

6.《宋槧王梅溪集百家注東坡先生詩集》

至其楮墨之精，書體歐虞，字如銀鉤鐵畫，凡皇朝御聖等字註中皆敬

〔註60〕〔清〕吳壽暘編撰，《拜經樓藏書題跋記》（北京：中華書局出版社，1995年8月，《清人書目題跋叢刊》第十冊），卷一，頁604。

〔註61〕〔清〕吳騫，《愚谷文存》（臺北：藝文印書館，1969年，《百部叢書集成》第40冊），卷四，頁7。

〔註62〕〔清〕吳騫，《愚谷文存》（臺北：藝文印書館，1969年，《百部叢書集成》第40冊），卷四，頁8。

〔註63〕〔清〕吳騫，《愚谷文存》（臺北：藝文印書館，1969年，《百部叢書集成》第40冊），卷四，頁17。

〔註64〕〔清〕吳騫，《愚谷文存續編》（上海：上海古籍出版社，2002年，《續修四庫全書》第1454冊），卷二，頁346。

空。〔註65〕

　　先君子長歌一首，見《拜經樓詩集》。此本後附錄，並記云：《宋王梅溪集百家注東坡詩》，近所行本，皆後人妄行竄亂芟併，全失本眞，與宋商邱所刊施注蘇詩無異，觀者每以不能一見宋刻爲恨。今夏有苕賈持此書抵余家求售，適余他出，不值而去。明日余歸，操舟訪之，始得諸硤石南湖中，遂以善直購焉。此書楮墨精雅，古香襲人，眞舊本之最佳者。〔註66〕

《拜經樓書目》亦有記載此本與世行本迥然不同，故吳騫視爲珍寶，並作長歌一首，約爲三百三十一字，其內容收入於《拜經樓詩集》卷五中。此外，吳騫的《拜經樓詩話》亦提及其家中有宋建本《王梅溪集百家注東坡詩集》，楮墨極精，視近刻之注，亦多什三、四，而分門別類及卷數俱不同。〔註67〕

六、記避諱字

1. 《宋槧陳古靈先生集》

　　宋令云，凡遇濮安懿王諱則爲字不成，此書中於廟諱外兼避濮諱，尤足徵其愼重。〔註68〕

2. 《韓文考異》

　　查氏得樹樓本，外集，別刻目錄、潮州謝孔大夫狀，後尚有疏一首，題名七首。然查本刻法亦有誤，題下注在後一行，字畫校此本端整，宋諱如廟諱愼字、敦字，皆不缺筆，蓋亦元刻也。〔註69〕

第四節　題跋有關校勘學方面之義例

　　吳騫一生精力多專注於校書上，這在第二章及第五章已有提及之，本節再根據《拜

〔註65〕〔清〕吳騫，《愚谷文存續編》（上海：上海古籍出版社，2002 年，《續修四庫全書》第 1454 冊），卷二，頁 346。

〔註66〕〔清〕吳壽暘編撰，《拜經樓藏書題跋記》（北京：中華書局出版社，1995 年 8 月，《清人書目題跋叢刊》第十冊），卷一，頁 668。

〔註67〕參見〔清〕吳騫，《拜經樓詩話》（上海：上海古籍出版社，2002 年，《續修四庫全書》第 1704 冊），卷一，頁 109。

〔註68〕〔清〕吳騫，《愚谷文存續編》（上海：上海古籍出版社，2002 年，《續修四庫全書》第 1454 冊），卷二，頁 346。

〔註69〕〔清〕吳壽暘編撰，《拜經樓藏書題跋記》（北京：中華書局出版社，1995 年 8 月，《清人書目題跋叢刊》第十冊），卷五，頁 663。

經樓藏書題跋記》的記載，歸納出校勘方法、校勘體例兩大類，茲亦分別舉述如下：

一、校勘方法

吳騫校書主要以對校爲主，兼采他校、理校等各種方法。

（一）對校法，即以同書不同版本相校，亦稱「死校」法。例如：

1. 《春秋左傳注疏》

先君子嘗以宋本校汲古本云。〔註70〕

2. 《春秋金鎖匙》

右鈔本一卷，亦子常著。《讀書敏求記》云：是書曾於牧翁架上見之，後不知散佚何處，此則焦氏家藏舊鈔本也。惜多訛舛。先君子曾從沈層雲先生借紅櫚書屋新刊本校勘，頗多是正。〔註71〕

3. 《南部新書》

《南部新書》十卷，舊鈔本。先君子從溧飲先生借手鈔本，照錄諸家校勘於上，並補錄首序，並王聞遠叔子及貞復堂二跋，又附錄屬本延祐丙辰子貞子、洪武五年清隱老人、正德十年約齋、辛丑清常各校，雍正庚戌蟬花居士、乾隆乙酉貞復堂諸跋。乙未歲，先君子復從著書齋借稽古堂刊本重校。識後云，乾隆乙未閏十月，又從周芐分先生借得高寓公稽古堂刊本重校，凡鈔本中有原字與刻本同者，不復注刻作某，有不同字，而刻本顯然紕繆者，亦不復註。〔註72〕

4. 《讀書敏求記》

右刻本四卷，先君子校閱。……嗣從朱朗齋文學借汪氏振綺堂校錄瓶花齋藏本對勘。〔註73〕

5. 《帝範》

右四卷，知不足齋叢書校刻本。溧飲先生記面頁云，第三次校修。先君子又爲覆勘，書後云，戊戌冬夜，橫河舟次，用吳郡黃省曾嘉靖巳丑刊

〔註70〕〔清〕吳壽暘編撰，《拜經樓藏書題跋記》（北京：中華書局出版社，1995年8月，《清人書目題跋叢刊》第十冊），卷一，頁604。

〔註71〕〔清〕吳壽暘編撰，《拜經樓藏書題跋記》（北京：中華書局出版社，1995年8月，《清人書目題跋叢刊》第十冊），卷一，頁605。

〔註72〕〔清〕吳壽暘編撰，《拜經樓藏書題跋記》（北京：中華書局出版社，1995年8月，《清人書目題跋叢刊》第十冊），卷二，頁622。

〔註73〕〔清〕吳壽暘編撰，《拜經樓藏書題跋記》（北京：中華書局出版社，1995年8月，《清人書目題跋叢刊》第十冊），卷三，頁641。

本讎勘，凡拈出八十餘處。〔註74〕

6.《碧雲集》

右李中撰。卷分上下，首有孟賓于序。舊鈔本。先君子以琴川毛氏、東山席氏二家刊本校，硃筆記歲月於後。〔註75〕

（二）他校法，亦稱外證法、旁證法，如吳騫在校勘《笠澤叢書》，除利用不同版本對校外，還旁以《文苑英華》、《唐文粹》等類書作參校。〔註76〕

（三）理校法，即意校，如吳騫嘗在〈元秘書監志跋〉云：

此本舛錯甚多，予雖以意校，終未能釋然。〔註77〕

近人高榮盛在點校此書時，使用兩種版本：倉聖明智大學刊行《廣倉學宭叢書》本（簡稱「倉聖本」）和臺灣偉文、文海書局印行的鈔本。「倉聖本」後載有吳騫、劉履芬、唐翰和王國維諸人的題記，對有關本書的版本由來及流傳作過概略的介紹。此志源於拜經樓舊藏本。嘉慶十一年（1806），陳鱣於蘇州購閱後，便照錄一部，歧異之處，依據拜經樓藏本作校錄並傳於唐翰之手，此亦王國維所見本，並由此發現卷四、卷五間錯葉之處，勘正後以活字印行（即今見「倉聖本」）。〔註78〕

二、校勘體例

吳騫的校書體例極爲嚴謹，主要表現在四方面：

（一）有訛誤必改，刪衍補脫，以利於學人閱讀，如〈九經白文跋〉云：

此本首闕傳文，豈先輩不敢以傳先經之意與。至傳文末，又有《春秋左傳》一百九十八卷一行，殊不可解，姑誌於此，以竢博古者詳焉。〔註79〕

又如〈皇祐新樂圖記跋〉云：

《皇祐新樂圖記》，予購之於吳門錢聽默書林。雖近手鈔，亦尚不至惡，至鍾字即鐘字，妄人逐字硃改，可笑之甚。自來古書，遭庸妄子任意

〔註74〕〔清〕吳壽暘編撰，《拜經樓藏書題跋記》（北京：中華書局出版社，1995年8月，《清人書目題跋叢刊》第十冊），卷四，頁648。

〔註75〕〔清〕吳壽暘編撰，《拜經樓藏書題跋記》（北京：中華書局出版社，1995年8月，《清人書目題跋叢刊》第十冊），卷五，頁667。

〔註76〕參見〔清〕吳壽暘編撰，《拜經樓藏書題跋記》（北京：中華書局出版社，1995年8月，《清人書目題跋叢刊》第十冊），卷五，頁664。

〔註77〕〔清〕吳壽暘編撰，《拜經樓藏書題跋記》（北京：中華書局出版社，1995年8月，《清人書目題跋叢刊》第十冊），卷三，頁644。

〔註78〕參見〔元〕王士點、商企翁編撰，高榮盛點校，《秘書監志》（浙江：浙江古籍出版社，1992年6月），頁1～4。

〔註79〕〔清〕吳壽暘編撰，《拜經樓藏書題跋記》（北京：中華書局出版社，1995年8月，《清人書目題跋叢刊》第十冊），卷一，頁607。

改竄，不知凡幾矣。乙丑冬日，按《潛研堂文集》，謂《宋史·樂志書》以瑗爲大理寺丞，《儒林傳》書樂成遷太常寺丞，與樂志有異，「太常」殆「大理」之譌。〔註80〕

（二）存疑存眞，一併注明他書之異同及自己觀點，以保存古書原貌，便於後人研究。如〈歡堂集古錄跋〉云：

> 復從歐陽公《集古錄》、《呂氏考古》、《宣和博古二圖》、薛氏《鐘鼎欵識》等書參伍校訂，其顯然謬誤者，即爲改正，稍有異同，各注於其上，疑則闕之，蓋恐所據各有不同，未敢臆斷也。〔註81〕

（三）詳述歷來校本之源流，如〈水經注跋〉：

> 《水經注》四十卷，明項氏刻本，先君子以柳氏鈔本手校。每卷皆有題記，卷末跋云：山海經而後，地理之書，莫過於水經，而水經之所以超陵羣籍者，亦藉有酈亭之注存焉爾。水經原水一百三十有七，注中又得一千二百五十有二，包舉華夏，囊括古今，俾學者足不必踰户庭，舉凡天下經流原委，瞭然若指諸掌，藉令郭宏農疑山海之筆而爲之。……自唐以後，闕失頗多，宋館閣所藏，止三十五卷，蜀本僅二十卷，故歐陽公且未見足本，今幸復四十卷之舊，而其間經注混淆，訛文脱簡，不勝悉數。金源有蔡氏珪補正水經，已不可復得。自明以來，校讎刊布者，家數漸廣，如楊氏愼、黃氏省曾、吾族人琯、陳氏仁錫、鍾氏惺、譚氏元春及項氏絅此本，而南昌王孫謀㙔之箋爲最傳。其用舊本傳錄是正者，又有若歸氏有光舊鈔本、趙氏琦美三校本、朱氏之臣補正本、全氏元立、天敘、吾騏三世校本、馮氏夢禎勘定本。錢氏曾依宋刻校本、黃氏宗羲芟本、孫氏潛再校本、顧氏炎武校本、黃氏儀校本并圖、劉氏獻廷注疏本、姜氏宸英校本、何氏焯再校本、沈氏丙巽集釋本、全氏祖望七校本，而柳氏僉影宋鈔本爲最精。他如周氏嬰、閻氏若璩、胡氏渭、顧氏祖禹、董氏熄、杭氏世駿、齊氏召南，皆嘗援據辨證，以匡其失，逮仁和趙氏一清，復博采史傳，斟酌諸家之説，繩愆糾謬，定爲《水經注釋》四十卷，又別纂朱箋刊誤十二卷，自謂集古今之大成，于桑酈二家，可稱功臣。所遺憾者，惟未覩柳氏本耳。〔註82〕

〔註80〕〔清〕吳壽暘編撰，《拜經樓藏書題跋記》（北京：中華書局出版社，1995年8月，《清人書目題跋叢刊》第十冊），卷三，頁638。

〔註81〕〔清〕吳壽暘編撰，《拜經樓藏書題跋記》（北京：中華書局出版社，1995年8月，《清人書目題跋叢刊》第十冊），卷一，頁613。

〔註82〕〔清〕吳壽暘編撰，《拜經樓藏書題跋記》（北京：中華書局出版社，1995年8月，《清人書目題跋叢刊》第十冊），卷三，頁630。

（四）根據補本，仍不厭其煩地再予以校錄，如〈文心雕龍跋〉云：

> 胡夏客曰：隱秀篇舊脫四百餘字，余家藏宋本獨完。丁丑冬，復得崑
> 山張誕嘉氏雅芑緘寄家藏鈔本，爲校定數字，以貽之朋好。夏客字宣子，
> 海鹽人，孝轅先生子也。然據所錄補四百餘言，尚不無魯魚，爰復爲校訂，
> 錄於簡端。〔註83〕

近人詹瑛撰寫一文關於《文心雕龍・隱秀》補文的眞僞問題，即有引用此跋作說明，並從版本流傳方面證明〈隱秀〉篇的補文應非僞造。雖然胡夏客收藏的宋本及吳騫的校錄本都已失傳，但亦因此跋語而顯現其價值。〔註84〕

〔註83〕〔清〕吳壽暘編撰，《拜經樓藏書題跋記》（北京：中華書局出版社，1995 年 8 月，
　　　　《清人書目題跋叢刊》第十冊），卷四，頁 649。

〔註84〕參見詹瑛，《文心雕龍的風格學》（北京：人民文學出版社，1982 年 5 月），頁 78～
　　　　94。

第八章 結 論

　　在顧志興於〈清代海寧州私家藏書文化特徵〉一文中，嘗論及清代海寧私家藏書出現鼎盛局面，無論以人數和影響而計，都超過之前任何一代。就清代三百餘年而論，縱向看，順治、康熙、雍正三朝有查繼佐、查慎行、查昇、馬思贊等；乾隆、嘉慶時有周春、吳騫、陳鱣諸家；道光、咸豐以迄同治、光緒，管庭芬、蔣光煦、蔣光、馬瀛、王國維緊踵其後，中間並無斷層，造就了清代海寧燦爛的藏書文化。橫向比較，清代海寧州屬杭州府，據粗略統計，有事蹟可考的藏書家，錢塘為六十八人（少數人至民國仍有藏書活動，以下各地均按此口徑統計），仁和為五十八人，海寧為五十一人。海寧與錢塘、仁和相近，居第三。以今嘉興地區分：嘉興為三十四人（含秀水十四人），平湖十四人，桐鄉十四人，海鹽十八人，嘉善七人，石門四人。海寧則遠超過今嘉興所屬各縣（市），實居頭籌。

　　還有點值得注意的，清代海寧藏書家，所藏之書品質很高，如馬思贊之「道古樓」、查慎行之「得樹樓」、周春之「著書齋」、吳騫之「拜經樓」、陳鱣之「向山閣」、馬瀛之「漢晉齋」、蔣光煦之「別下齋」、蔣光之「衍芬草堂」等皆是一代名樓，不僅在浙江，而且在全國亦有很高地位。

　　據顧先生的研究，清代海寧州私家藏書的文化特徵可歸納為四點：「清代海寧私家藏書多為典型的學者型藏書家」、「重收藏宋元舊本、精本」、「收藏範圍擴大，除收藏典籍而外，兼藏金石碑帖、書畫等等，形成一代風氣」、「抄校刻並重，增益藏書，提升藏書品質」。〔註1〕而吳騫正是身處於此地的著名藏書家之一，且已具備前四項的藏書特徵。其一生的寫照，可取陳鱣的詩句──「人生不用覓封侯，但聞奇書且校讎。」來形容。吳騫一生不慕榮華，雖僅是一名貢生，卻竭畢生精力於藏書、校書、讀書及

〔註1〕 參見顧志興，〈清代海寧州私家藏書文化特徵〉，《海寧藏書文化研究》（杭州：西泠印社出版社，2004年4月），載於網址：http://www.hnlib.com/bngp/cswhlw.htm

著述中。其一生的學術成就與貢獻，大抵與其藏書等方面有關，歸結如下：

一、列名為清代重要校勘學家

清末張之洞嘗為學人入門國學而編有《書目答問》一書，其書末附二有〈國朝著述諸家姓名略〉，分門別類地選取了清代著名學者六百餘人，並稱「凡卷中諸家，即為諸生擇得無數之良師也」；且「所錄諸家，其自著者及所稱引者，皆可依據，詞章諸家，皆雅正可學」。而其中吳騫則列名於「校勘之學家」，可謂推崇備至。〔註2〕然近人洪湛侯在《文獻學》一書中，亦肯定吳騫校本，為世所稱。〔註3〕

二、「千元十駕」名留千古

吳騫與黃丕烈同為當時著名藏書家，且交誼至深，黃丕烈所聚宋本藏於專室，既題曰「百宋一廛」時，吳騫亦不甘示弱，遂自題其室為「千元十駕」，號稱自己收有千種元版古籍。雖然這看似僅是他的理想，但卻成為後世傳頌的一段佳話。吳隱〔註4〕稱譽曰：「兔牀山人拜經樓收藏秘笈之富，與吳中黃氏士禮居相埒，嘗因蕘翁『百宋一廛』鐫『千元十駕』印以自誇耀，實東南文藝之淵藪。所刊傳叢書、各精本著作暨詩文著作，久為海內士林所珍秘。」〔註5〕

三、以一己之力奠定拜經樓藏書基礎

吳騫拜經樓築於乾隆四十五年（1780），「拜經」名，乃因襲清代學者臧庸之室名。拜經樓建成後，吳騫終生與樓為伴，以書為友。他少有先世的遺存，完全靠個人辛勤搜求，累積藏書至五萬餘卷。當吳騫過世後，拜經樓藏書由吳氏子孫保存，其藏書整整保存了一百多年，大約在太平天國之時，拜經樓藏書方逐漸散佚。

四、所刊《拜經樓叢書》校勘精審

吳騫輯刻《拜經樓叢書》，劉承幹稱其「多稀見之本」，有價值頗高的善本古籍，如《陶靖節先生詩》、《謝宣城詩集》、《王節潛公集》、《孫氏詩評摭遺》等；當地文獻，如《拙政園詩集》、《玉窗遺稿》、《珠樓遺稿》、《梅花園存稿》等；以及個人著述，如

〔註2〕 參見范希曾編，方霈點校，《書目答問補正》（南京：江蘇古籍出版社，2000年5月），頁302～315。

〔註3〕 參見洪湛侯，《文獻學》（臺北：藝文印書館，2004年3月再版），頁157。

〔註4〕 吳隱（1866～1922），浙江紹興人。原名金培，字石潛、石灊、石泉，號潛泉、灊泉、遯庵。齋堂為竹松堂。書工篆、隸，極古樸。善鐫碑版。畫山水秀潤而有新意。善製印泥，為上海印泥廠（上海西泠印社）的生產技術打下了深厚的基礎。光緒三十年（1904），與丁仁、王禔、葉為銘在杭州孤山創設西泠印社，又自設分社於上海。

〔註5〕 參見智曠，〈吳騫拜經樓藏書考略〉，《海寧藏書文化研究》（杭州：西泠印社出版社，2004年4月），載於網址：http://www.hnlib.com/bngp/cswhlw.htm

《愚谷文存》、《拜經樓詩集》、《國山碑考》等，且更注重校勘品質，精益求精。

五、所撰藏書題跋價值頗高

從《愚谷文存》與《拜經樓藏書題跋記》之中，可得見吳騫之藏書題跋為其藏書提供重要資料，其義例涉及目錄學、版本學、校勘學各方面。管庭芬嘗親眼目睹吳騫題跋之遺墨，不禁在其〈拜經樓藏書題跋記跋〉予以稱許：

> 其中辨誤析疑，兼及藏書之印記、書版之行款、鈔書之歲月，莫不詳識。

錢泰吉亦撰有〈拜經樓藏書題跋記序〉，云：

> 況兔牀先生生平得一異本，必傳示知交，共相鈔校，非私為己有者。其所題記正訛糾謬，既詳備矣。世之君子得讀其文，已如目睹舊本，獲益神智，何必私有其書而後快然自足耶！

可見吳壽暘所編成《拜經樓藏書題跋記》，資料內容包括作者生平、版本行款、鈔校流傳過程和各種藏書章等，能彰顯其父之重要成就。

六、所撰詩文，大抵以考證為重

錢大昕嘗在〈拜經樓詩集序〉讚美吳騫有作詩之才：

> 槎客詩才情飆發，詞旨鏗耀，至詩之為道與經學通。

而秦瀛亦評云：

> 槎客之詩根柢厚而性情正，詞必己出而不入於俚俗言。

此外，吳騫的後學徐熊飛〔註6〕，則於〈拜經樓詩集續編序〉稱讚其詩集價值：

> 夫以先生學術之淵邃，才情之閎雅，其於古人規矩猶神明變化，未嘗稍踰尺寸，則世之放而不知收者，讀先生是集，其亦可以自反也。〔註7〕

另在《續修四庫全書總目》中，有關吳騫《愚谷文存》、《拜經樓詩集》之提要云：

> 其學尤深於目錄校讎，悉見之序跋題詠集中，如〈子夏易傳釋存〉、〈孫毓詩評摭遺〉、〈唐石經考異〉、〈蜀石經毛詩殘本考異〉、〈詩譜補亡後訂〉諸書自序，可徵其經學之精覈。所刻書諸序，略見其校訂之一斑。……古

〔註6〕 徐熊飛，字渭揚，浙江武康人。嘉慶九年（1804）舉人。少孤，奉母至孝，嘗客平湖，貧無以自存。然勵志於學，工詩及駢體文。嘗投啟阮元，元謂其不失唐人風範。其詩多清峭風骨超然，晚養疴家居以著述自娛。著有《白鵠山房詩初集》、《詩選》、《挂笙吟》、《風鷗集》、《前溪風土詞》、《六花詞》、《駢體文鈔》、《前溪碑碣》、《武康伽藍記》、《上柏志》等。詳見《清史列傳》（周駿富編，臺北：明文書局，1985年12月，《清代傳記叢刊》第一百零五冊），卷七十三，頁33。

〔註7〕 〔清〕吳騫，《拜經樓詩集續編》（上海：上海古籍出版社，2002年，《續修四庫全書》第1454冊），頁128。

刻古器考訂不遺細物，表章鄉閭士女，並足發潛闡幽。……詩則璆然清音，與文相副，雅不傷格，異於獺祭炫博之流。〔註8〕

而於《愚谷文存續編》、《拜經樓詩集再續編》亦嘗提及：

> 騫博學嗜古，富於藏書，旁及金石古物，周不博搜精考。是編所載於祕籍則有宋槧《王梅溪集百家注東坡詩集》、宋槧《陳古靈先生集》、元槧董彝《四書經疑問對》諸跋。古器則有〈釋戣〉、〈漢雞鳴戈說〉、〈金提控印考〉。

> 古刻則有〈舊搨保母甎〉、〈唐好時縣石刻心經〉、〈梁紹泰甎〉、〈蘇文忠公鹽官絕句殘字〉諸跋。圖書則有〈沈啓南仿大癡連山夾礀圖〉、〈文衡山拙政園圖」〉、〈仇實父文姬歸漢圖〉、〈沈朗倩富春山居圖〉諸跋，皆有考證。

> 關於文獻，詩亦多詠古之作。年躋大耋，猶於此孜孜不倦，好事風流，披卷如見。子壽暘嗣守家學，所撰《拜經樓藏書題跋記》，碎金零璧，幾於隻字無遺，更足補諸編之未備也。〔註9〕

可見吳騫在詩文創作方面，不僅內容多樣化，亦精於考證，此尤體現於《拜經樓詩話》。秦瀛在嘉慶二年（1797）所撰〈拜經樓詩話序〉評云：

> 今復見所著《拜經樓詩話》，無俚辭，無譎言，有倫有要，足為儒者揚扢之資，要非琴歌酒座，僅供才人之談麈，名士相標榜之比。王新城《尚書漁洋詩話》、朱竹垞《檢討靜志居詩話》而後，此其尤雅歟。槎客自序謂詩話非胸具良史才不易為。余觀是書所引淄澠黑白較然不淆，且有可與史學相發明者。

《續修四庫全書總目》中亦有關《拜經樓詩話》之評云：

> 蓋騫藏書既富，瀏覽多，不但考證精確，見地亦有獨到。所錄詩十分之五、六採自前人著述，十之四、五得自傳聞，裒錄前人議論亦不少，大半均為精當之論。如陳愛立條、蔣山傭詩律蒙告條、侯官曾弗人與趙十五論詩條、何無忌論詩條、賀黃公條，均足為後學取法。惟自著議論處甚少，殆有取於述而不作之旨歟。騫既有藏書之癖，故每論及收藏版本校刊，輒津津有味。如記常熟毛斧季訪購分類唐歌詩殘本條，不但為詩人掌故，亦

〔註8〕 中國科學院圖書館編，《續修四庫全書總目提要》（稿本）（濟南：齊魯書社，1996年），頁10～211。

〔註9〕 中國科學院圖書館編，《續修四庫全書總目提要》（稿本）（濟南：齊魯書社，1996年），頁10～142。

藏書之佳話也。他如所記于忠肅楊忠愍事，亦均足補史乘之闕。……〔註10〕
由於其詩話所記載史料豐富，後人引用頗多，如胡玉縉《四庫全書總目補正》：王士
禎《分甘餘話》之案語；〔註11〕又如周清〈陸游詞《釵頭鳳》本事辨析〉一文，皆
有所引據。〔註12〕

　　綜而言之，吳騫誠如來新夏所言，是為「學有專攻的藏書家」。〔註13〕

〔註10〕中國科學院圖書館編，《續修四庫全書總目提要》（稿本）（濟南：齊魯書社，1996
　　　　年），頁33～356。

〔註11〕參見〔清〕王士禎撰、張世林點校，《分甘餘話》（北京：中華書局出版社，1989年
　　　　2月），頁111。

〔註12〕參見周清，〈陸游詞「釵頭鳳」本事辨析〉（《遠程教育雜誌》1994年第1期），頁22
　　　　～24。

〔註13〕參見來新夏，〈海寧藏書家淺析〉，《海寧藏書文化研究》（杭州：西泠印社出版社，
　　　　2004年4月），載於網址：http://www.hnlib.com/bngp/cswhlw.htm

主要參考書目

一、專　著

1. 休寧厚田吳氏宗譜，〔清〕吳騫編定，清乾隆 52 年（1787）吳氏原刊本。
2. 浙江省海寧州志稿，許傅霈等原纂，臺北，成文出版社，1983 年。
3. 海鹽縣志，海鹽縣志編纂委員會，杭州，浙江人民出版社，1992 年 3 月。
4. 中國東南的宗族與宗譜，王鐵，上海，漢語大詞典出版社，2002 年 9 月。
5. 江浙藏書家史略，吳辰伯，臺北，文史哲出版社，1982 年 5 月。
6. 中國著名藏書家傳略，鄭偉華、李萬健，北京，書目文獻出版社，1986 年 9 月。
7. 中國藏書家考略，楊立誠、金步瀛合編、俞運之校補，上海，上海古籍出版社，1987 年 4 月。
8. 浙江藏書家藏書樓，顧志興，杭州，浙江人民出版社，1987 年 11 月。
9. 清代藏書樓發展史，譚卓垣，瀋陽，遼寧人民出版社，1988 年 6 月。
10. 藏書紀事詩，葉昌熾著、王欣夫補正、徐鵬輯，上海，上海古籍出版社，1989，年 9 月。
11. 祁承㸁及澹生堂藏書研究，嚴倚帆，臺北，漢美圖書出版公司，1991 年 6 月。
12. 錢謙益藏書研究，簡秀娟，臺北，漢美圖書出版公司，1991 年 7 月。
13. 鐵琴銅劍樓藏書研究，藍文欽，臺北，漢美圖書出版公司，1991 年 7 月。
14. 觀海堂藏書研究，趙飛鵬，臺北，漢美圖書出版公司，1991 年 7 月。
15. 鐵琴銅劍樓研究文獻集，仲偉行等編，上海，上海古籍出版社，1997 年 7 月。
16. 中國歷代國家藏書機構及名家藏讀敍傳選，袁咏秋、曾季光主編，北京，北京大學出版社，1997 年 12 月。
17. 藏書與文化：古代私家藏書文化研究，周少川，北京，北京師範大學出版社，1999 年 4 月。
18. 藏書紀事詩，〔清〕葉昌熾撰，王鍔、伏業鵬點校，北京，北京燕山出版社，

1999，年 5 月。

19. 文獻家通考，鄭偉章，北京，中華書局，1999 年 6 月。

20. 中國古代藏書樓研究，黃建國、高躍新主編，北京，中華書局，1999 年 7 月。

21. 蕘圃藏書題識，〔清〕黃丕烈撰、屠友祥校注，上海，上海遠東出版社，1999 年 10 月。

22. 明清著名藏書家、藏書印，林申清，北京，北京圖書出版社，2000 年 10 月。

23. 中國藏書樓，任繼愈等，瀋陽，遼寧人民出版社，2001 年 1 月。

24. 中國藏書通史，傅璇琮、謝灼華等，寧波，寧波人民出版社，2001 年 2 月。

25. 藏書故事，余章瑞，北京，北京出版社，2001 年 5 月。

26. 中國私家藏書史，范鳳書，鄭州，大象出版社，2001 年 7 月。

27. 黃丕烈評傳，姚伯岳，南京，南京大學出版社，2002 年 5 月重印。

28. 清代民國藏書家年譜，張愛芳、賈貴榮選編，北京，北京圖書館出版社，2004，4 月。

29. 中國歷代藏書史，徐凌志，南昌，江西人民出版社，2004 年 7 月。

30. 藏書家（珍藏版），齊魯書社編，濟南，齊魯書社，2005 年 9 月。

31. 近三百年來古籍目錄舉要，嚴佐之，上海，華東師範大學出版社，1994 年 9 月。

32. 中國文言小說總目提要，寧稼雨，山東，齊魯書社，1996 年 12 月。

33. 續修四庫全書總目提要（稿本），中國科學院圖書館編，濟南，齊魯書社，1996 年。

34. 清代目錄提要，來新夏主編，濟南，齊魯書社，1997 年 1 月。

35. 書目答問補正，范希曾編、方霏點校，南京，江蘇古籍出版社，2000 年 5 月。

36. 清人別集總目，王欲祥等，安徽，安徽教育出版社，2000 年 7 月。

37. 清人詩文集總目提要，柯愈春，北京，北京古籍出版社，2002 年 2 月。

38. 清代詩話知見錄，吳宏一主編，臺北，中央研究院中國文哲研究所，2002 年 2 月。

39. 新訂清人詩學書目，張寅彭，上海，上海古籍出版社，2003 年 7 月。

40. 江浙訪書記，謝國楨，上海，上海書店出版社，2004 年 1 月。

41. 清人文集別錄，張舜徽，武漢，華中師範大學，2004 年 3 月。

42. 欽定四庫全書總目，〔清〕永瑢等編撰，臺北，藝文印書館，2004 年 10 月。

43. 清詩話考，蔣寅，北京，中華書局，2005 年 1 月。

44. 善本書室藏書志 〔清〕丁丙，書目叢編本，臺北，廣文書局，1967 年。

45. 皕宋樓藏書志，〔清〕陸心源撰，書目續編本，臺北，廣文書局，1968 年 3 月。

46. 群碧樓善本書目，鄧邦述，書目續編本，臺北，廣文書局編譯所，1968 年 10 月。

47. 藏園群書經眼錄，〔清〕傅增湘，北京，中華書局，1983 年 9 月。

48. 中國善本書提要，王重民，上海，上海古籍出版社，1986 年 4 月。

49. 嘉業堂藏書志，繆荃孫、吳昌綬、董康，上海，復旦大學出版社，1997 年 12 月。

50. 北京圖書館善本書目，北京圖書館編，北京，北京圖書館出版社，1959 年 8 月。

51. 江南圖書館善本書目，江南圖書館編，書目四編本，臺北，廣文書局，1970 年 6 月。

52. 香港大學馮平山圖書館藏善本書錄，饒宗頤編，香港，龍門，1970 年 12 月。

53. 靜嘉堂文庫漢籍分類目錄，靜嘉堂文庫編，臺北，大立出版社，1980 年 6 月。

54. 國立中央圖書館善本題跋真跡，國立中央圖書館特藏組編，臺北，國家圖書館，1982 年 12 月。

55. 北京圖書館古籍善本書目，北京圖書館編，北京，書目文獻出版社，1987 年 6 月。

56. 中國善本書提要補編，王重民，北京，書目文獻出版社，1991 年 12 月。

57. 國家圖書館善本書志初稿，國家圖書館特藏組編，臺北，國家圖書館，1996 年 4 月——2000 年 5 月。

58. 館藏精選，上海圖書館、上海科學技術情報研究所編，上海，上海科學技術文獻出版社，1996 年 11 月。

59. 北京大學圖書館藏善本書錄，張玉範、沈乃文，北京，北京大學出版社，1998 年 5 月。

60. 美國哈佛大學哈佛燕京圖書館中文善本書志，沈津，上海，上海辭書出版社，1999 年 2 月。

61. 北京大學圖書館藏古籍善本書目，北京大學圖書館編，北京，北京大學出版社，1999 年 6 月。

62. 北京師範大學圖書館古籍善本書目，北京師範大學圖書館古籍部編，北京，北京圖書館出版社，2002 年 7 月。

63. 蘇州圖書館古籍善本提要（經部），蘇州圖書館編，南京，鳳凰出版社，2004 年 5 月。

64. 國家圖書館古籍藏書印選編，國家圖書館分館普通古籍組編，北京，線裝書局，2004 年 9 月。

65. 柏克萊加州大學東亞圖書館中文古籍善本書志，柏克萊加州大學東亞圖書館編，上海，上海古籍，2005 年 3 月。

66. 中國珍稀古籍善本書錄，沈津，桂林，廣西師範大學出版社，2006 年 10 月。

67. 叢書子目類編索引，臺北，文史哲出版社，1986 年 6 月再版。

68. 中國叢書廣錄，陽海清編撰，武漢，湖北人民出版社，1999 年 4 月。

69. 中國叢書綜錄續編，施廷鏞編撰，北京，北京圖書館出版社，2003 年 3 月。

70. 竹汀日記鈔，〔清〕錢大昕原撰、何元錫編次，臺北，廣文書局，1971 年 8 月。

71. 文心雕龍的風格學，詹瑛，北京，人民文學出版社，1982 年 5 月。

72. 曝書雜記，〔清〕錢泰吉，叢書集成新編本，臺北，新文豐出版社，1985 年。

73. 前塵夢影錄，〔清〕徐康，叢書集成新編本，臺北，新文豐出版社，1985 年。

74. 書林清話，〔清〕葉德輝，臺北，文史哲出版社，1998 年 10 月再版。

75. 清詩史，朱則杰，南京，江蘇古籍出版社，2000 年 5 月。

76. 河莊詩鈔，〔清〕陳鱣，續修四庫全書本，上海，上海古籍出版社，2002 年 3 月。

77. 簡莊文鈔，〔清〕陳鱣，續修四庫全書本，上海，上海古籍出版社，2002 年 3 月。

78. 小峴山人詩集，〔清〕秦瀛，續修四庫全書本，上海，上海古籍出版社，2002，年 3 月。

79. 歷代印學論文選，韓天衡編，杭州，西泠印社出版社，2005 年 4 月。

80. 雲麓漫鈔，（宋）趙彥衛撰、傅根清點校，歷代史料筆記叢刊本，北京，中華書局，1996 年 8 月。

81. 秘書監志，高榮盛點校，元代史料叢刊本，浙江，浙江古籍出版社，1992 年 6 月。

82. 分甘餘話，〔清〕王士禎撰、張世林點校，歷代史料筆記叢刊本，北京，中華書局，1989 年 2 月。

83. 清代筆記叢刊，〔清〕劉獻廷等著，濟南，齊魯書社，2001 年 1 月。

84. 中國文獻學，周彥文，臺北，五南圖書出版有限公司，1993 年 7 月。

85. 文獻學概要，杜澤遜，北京，中華書局，2003 年 9 月。

86. 文獻學，洪湛侯，臺北，藝文印書館，2004 年 3 月。

87. 目錄學發微，余嘉錫，臺北，藝文印書館，1987 年 10 月。

88. 中國目錄學史，姚名達，臺北，商務印書館，1988 年 2 月。

89. 中國目錄學，劉兆祐，臺北，五南圖書出版有限公司，2002 年 3 月。

90. 古書版本鑑定，李致忠，北京，文物出版社，1997 年 2 月。

91. 中國圖書版本學，姚伯岳，北京，北京大學出版社，2004 年 12 月。

92. 校讎廣義—典藏編，程千帆、徐有富，山東，齊魯書社，1998 年 4 月。

93. 漢語古籍校勘學，管錫華，成都，巴蜀書社，2003 年 11 月。

二、單篇論文

1. 清代大藏書家吳騫，韓淑舉，圖書館研究與工作，1990 年第 3 期，頁 8〜12。

2. 清儒陳鱣年譜，陳鴻森，中央研究院歷史語言研究所集刊，1993 年第六十二本第一分，頁 149〜224。

3. 吳騫與拜經樓，陳少川，圖書館雜誌，2000 年第 5 期，頁 56～57。

4. 藏書家吳騫的小說，王火青，明清小說研究，2000 年第 4 期，頁 143～150。

5. 拜經樓吳氏藏書的特色及影響，焦桂美，山東圖書館季刊，2004 年第 3 期，頁 23～26。

6. 吳騫拜經樓藏書考略，智曠，海寧藏書文化研究，杭州，西泠印社出版社 2004 年 4 月，載於網址：http://www.hnlib.com/bngp/cswhlw.htm。

7. 海寧藏書家淺析，來新夏，海寧藏書文化研究，杭州，西泠印社出版社，2004 年 4 月，載於網址：http://www.hnlib.com/bngp/cswhlw.htm。

8. 清代海寧州私家藏書文化特徵，顧志興，海寧藏書文化研究，杭州，西泠印社出版社，2004 年 4 月，載於網址：http://www.hnlib.com/bngp/cswhlw.htm。

9. 菉圃藏書題識與清代學術史料，趙飛鵬，成大中文學報，2000 年第 8 期，頁 127～138。

10. 陸心源「皕宋樓」宋元版藏書來源初探，林淑玲，國立中央圖書館臺灣分館館刊，2001 年第 3 期，頁 104～113。

11. 張鈞衡及其適園藏書，張健，蕪湖職業技術學院學報，第 5 卷第 4 期，2003 年 12 月，頁 31～33。

12. 徐燦《拙政園詩餘》研究，沈婉華，國立暨南國際大學中國語文學系研究所碩士論文，2004 年 11 月。

13. 海寧吳騫拜經樓，劉清萍，江西圖書館學刊，第 37 卷第 1 期，2007 年 1 月，頁 126～127。

附錄一：吳家世系圖

（筆者根據《休寧厚田吳氏宗譜》所繪製）

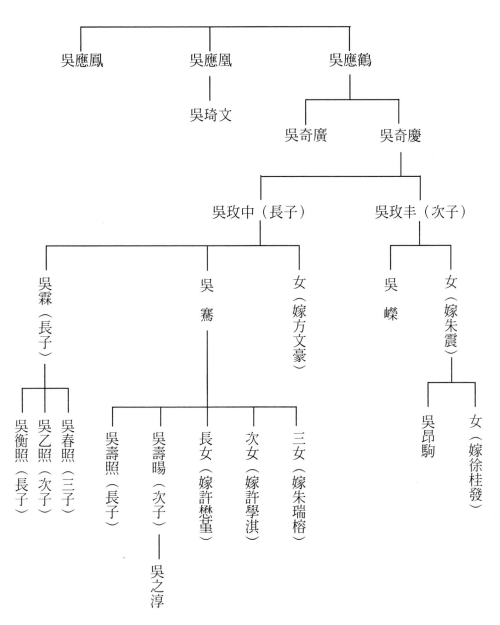

吳萬鍾（三十三世祖）

吳應鳳　　　吳應凰　　　吳應鶴

吳琦文

吳奇廣　　吳奇慶

吳玫中（長子）　　　吳玫丰（次子）

吳霖（長子）　　吳騫　　女（嫁方文豪）　　吳嶸　　女（嫁朱震）

吳衡照（長子）　吳乙照（次子）　吳春照（三子）　吳壽照（長子）　吳壽暘（次子）　長女（嫁許樅重）　次女（嫁許學淇）　三女（嫁朱瑞榕）　吳昂駒　女（嫁徐桂發）

吳之淳

附錄二：兔牀先生八十歲像

採自《百部叢書集成》第四十冊

書　影

書影一：吳騫《子夏易傳義疏》手稿本（北京大學圖書館藏）
　　　　採自《北京大學圖書館藏善本書錄》

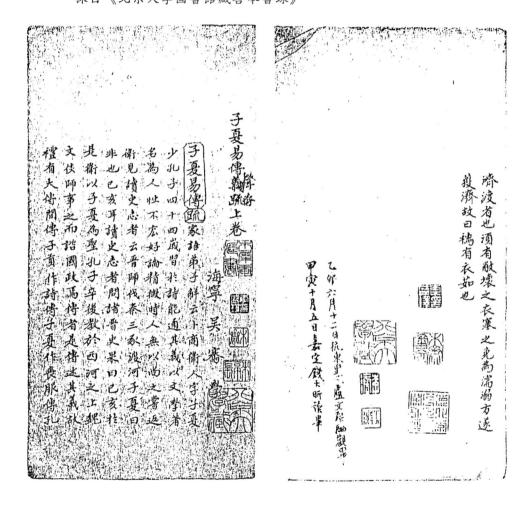

書影二：宋程頤傳、朱熹本義《周易傳義》明刻本（中國國家圖書館藏）
有「吳兔牀書籍印」、「露鈔雪購」之印
採自《國家圖書館古籍藏書印選編》

書影三：明單宇《菊坡叢話》明藍格影鈔成化間刊本（國家圖書館藏）
　　　　清吳騫手校並跋，有「兔牀」、「漫叟」之印
　　　採自《國立中央圖書館善本題跋真跡》

菊坡叢話卷之二十六　終　二十三種此其二也　翰題記

甚多褙未浮善本校之

第恐卿藘之風終不知其味耳　書中亥亥亦譌舛

書雖采輯眾家披細讀之処多可喜以未可盡淅

昔人謂購此書者為老鼠卿藘殆以此與

坡叢話之類釀庇風集乳其自得者殊無幾

明人習氣大都喜抄集古人之書以為己書如菊

會宗無限當時好明月如今揔屬續溪翁蓋謂此也

宗之詞故余嘗有鄙句云三間小閣賈芸老一首嘉詞沈

亭載書至東山公廨購浮

同治六年丁卯十二月戴希

書影四：清黃虞稷撰《千頃堂書目》三十二卷舊鈔本（國家圖書館藏）

清吳騫手校並跋　採自《國立中央圖書館善本題跋眞跡》

千頃堂書目卷之一〔每卷首列此條俱從畫本增〕

易類

〔凡某類字盡本俱高一格。有按字者並騫所補　甲午八月以後補著者用硃筆〕

黃志簡約而文義
不異者並不取彼以
易此

周易傳義大全二十四卷義例一卷　胡廣……永樂十三年……命學士楊榮金……侍講楊榮金取程傳朱子語類文集諸經……頒行天下學宮……

周易直指十卷

朱升周易旁註前圖十二卷……前圖二卷

鮑恂大易鈎元三卷……

梁寅周易參義十二卷……程朱二家釋經意殊……融合二
家會西

書影五：吳騫主要藏書印（一）　　採自《明清著名藏書家、藏書印》

吳騫之印　　　　　　　吳騫幼字益朗　　　　　拜經樓吳氏藏書印

拜經樓　　　　　　　　拜經樓吳氏藏書

書影六：吳騫主要藏書印（二）　1-2 採自《明清著名藏書家、藏書印》　3 採自
　　　　《國立中央圖書館善本題跋眞跡》

1 臨安志百卷人家　　　　　　　　　　2 小桐溪上人家

3 寒可無衣飢可無食至於書不可一日失此昔人詒厥之名言是可為拜
　經樓藏書之雅則